すぐに使える！

韓国語フレーズ集

日常会話

徐銀河 ［著］

HANGUL
PHRASE
BOOK

高橋書店

本書を手にとられたみなさまへ

日本語と韓国語は語順が似ていると、よくいわれます。けれども日本語をそのまま韓国語に置き換えるだけではうまく通じないこともあるでしょう。また、どんなに正確に発音しても、単語1つではなかなか表現しきれません。ですから、フレーズを丸ごと覚えて話すのが韓国語上達の近道です。

本書では、さまざまなシチュエーションで実践的に使える"生きた韓国語"の表現を厳選して収録しました。発音や文法にとらわれすぎず、まずは話してみることから始めてみませんか。この一冊が韓国語を楽しむみなさんの一助となれば幸いです。

著　者

本書の特長と使い方

本書は、旅先や日常生活、ショッピング、コンサートなどで言いたい韓国語のフレーズ集です。よく使う定番の表現から、韓流ファンなら言ってみたいフレーズ、韓国人の友人や恋人に伝えてみたいフレーズを網羅しています。

豊富なフレーズ

「よく使うフレーズ」「旅行フレーズ①・②」「エンタメフレーズ」「日常フレーズ①・②」「ITライフフレーズ」のシーンに分けて使えるフレーズを紹介しています。

入れ替えフレーズ

単語を入れ替えるだけで、いろいろな表現ができるページです。かわいいイラスト入りで見ているだけでも楽しめます。

入れ替え単語

フレーズによっては、単語を入れ替えて楽しめるものもあります。

ミニ知識

フレーズにまつわるミニ情報を紹介しています。種類はカルチャー、韓国ツウ、文法、単語、フレーズ、＋αの6つです。

その他、役立つ情報が満載

項目にちなんだ豆知識を「MINIトリビア」のコーナーで紹介しています。章末には「韓国ネタ帳」を設け、おもしろい単語や表現を紹介しています。

索引

五十音順にフレーズ索引を掲載しています。

すぐに使える！
韓国語 日常会話フレーズ集

CONTENTS

本書を手にとられたみなさまへ
本書の特長と使い方 …… 4

ハングル 基本のきほん

韓国の文字　ハングル …… 14
まずおさえておきたい
　母音14個 …… 16
組み合わせて作られた
　母音7個 …… 18
基本の
　子音10個 …… 20
子音の仲間
　激音と濃音9個 …… 22
パッチムの発音 …… 23
発音の変化 …… 24
固有数詞 …… 26
漢数詞 …… 28
ハングル表 …… 30
韓国語文法のポイント …… 34

よく使うフレーズ

[あいさつ]
出会い・再会のあいさつ …… 36
別れのあいさつ …… 38
お礼・感謝 …… 40
おわび …… 42
あいづち・感嘆 …… 44

[基本の表現]
肯定・否定 …… 46
疑　問 …… 48
お願い …… 50
気もち❶ …… 52
気もち❷ …… 54

[交流]
ほめる・拒否する …… 56
同情・励まし …… 58
自己紹介❶ …… 60
自己紹介❷ …… 62

旅行フレーズ❶

[旅行]

身じたく ……………… 66
ホテルの予約 ………… 68
空 港 ………………… 70
機 内 ………………… 72
チェックイン・チェックアウト
……………………………… 74
フロントへの依頼 …… 76
ホテルのトラブル …… 78
タクシー❶ …………… 80
タクシー❷ …………… 82
バ ス ………………… 84
地下鉄・電車❶ ……… 86
地下鉄・電車❷ ……… 88
散策❶ ………………… 90
散策❷ ………………… 92
観光❶ ………………… 94
観光❷ ………………… 96
観光❸ ………………… 98

[飲食店]

予約・入店❶ ………… 100
予約・入店❷ ………… 102
注文❶ ………………… 104
注文❷ ………………… 106
食事❶ ………………… 108
食事❷ ………………… 110
味・食感❶ …………… 112
味・食感❷ …………… 114
味・食感❸ …………… 116
ファストフード・カフェ … 118
屋 台 ………………… 120
テイクアウト ………… 122
会 計 ………………… 124
飲食店でのトラブル … 126

旅行フレーズ ❷

[買い物]

ショッピング ❶	130
ショッピング ❷	132
ショッピング ❸	134
コスメ	136
ファッション	138
雑　貨	140
CD・本	142
おみやげ	144
コンビニ	146
薬　局	148

[美容]

エステ・マッサージ ❶	150
エステ・マッサージ ❷	152
足つぼ	154
あかすり	156
汗蒸幕・チムジルバン	158
ヘアサロン・ネイルサロン ❶	160
ヘアサロン・ネイルサロン ❷	162
ヘアサロン・ネイルサロン ❸	164

[遊び]

占い ❶	166
占い ❷	168
文化体験	170
変身写真	172
観劇・ショー	174
スポーツ観戦	176
カラオケ	178
居酒屋 ❶	180
居酒屋 ❷	182
バー	184
ナイトクラブ	186
カジノ	188
旅のトラブル	190

エンタメフレーズ

[ショー・ライブ]

チケット入手	194
会場入り	196
待ち時間	198
スターからのメッセージ	200
プラカード・合いの手	202
入り待ち・出待ち	204

[応援]
入隊・除隊 ……………… 206
インタビュー・
　ファンミーティング❶ … 208
インタビュー・
　ファンミーティング❷ … 210
インタビュー・
　ファンミーティング❸ … 212
[人の描写]
外見・雰囲気❶ ………… 214
外見・雰囲気❷ ………… 216
顔つき❶ ………………… 218
顔つき❷ ………………… 220
整形・痩身 ……………… 222
体格❶ …………………… 224
体格❷ …………………… 226
性　格 …………………… 228
[K-POP]
歌詞によくある表現❶ … 230
歌詞によくある表現❷ … 232
[ドラマ・映画]
よくある台詞❶ ………… 234
よくある台詞❷ ………… 236
時代劇によくある台詞 … 238

✉ **そのまま使える手紙文例**
❶［定番編］…………… 240
❷［アルバム発売お祝い編］
　……………………… 242
❸［体調気遣い編］…… 244
❹［結婚お祝い編］…… 246
❺［入隊応援編］……… 248
応援うちわ・プラカードの作り方
　……………………… 250
封筒の書き方 ………… 252
日本語のハングル表記 … 253
ハングルの入力 ……… 254

日常フレーズ ❶

[一日の流れ]

起 床	258
家 事	260
朝の身じたく	262
通勤・通学	264
学校 ❶	266
学校 ❷	268
学校 ❸	270
オフィス ❶	272
オフィス ❷	274
人の呼び方	276
電話 ❶	278
電話 ❷	280
帰 宅	282
スーパーマーケット	284
食事のしたく	286
ちょっとした一言 ❶	288
ちょっとした一言 ❷	290
ちょっとした一言 ❸	292
ちょっとした一言 ❹	294
冗 談	296
ダイエット	298
エクササイズ	300
入 浴	302
就 寝	304

[行事]

年中行事 ❶	306
年中行事 ❷	308
お祝い ❶	310
お祝い ❷	312
お悔やみ	314

[数]

月日・時間 ❶	316
月日・時間 ❷	318

日常フレーズ ❷

[恋愛]

好きな気もち ❶	322
好きな気もち ❷	324
好きな気もち ❸	326
告白・ナンパ ❶	328
告白・ナンパ ❷	330
待ち合わせ	332
デート	334
メイクラブ	336
浮気・不倫 ❶	338
浮気・不倫 ❷	340

けんか ❶	342
けんか ❷	344
愚痴	346
別れ ❶	348
別れ ❷	350

[結婚]

プロポーズ	352
結婚式 ❶	354
結婚式 ❷	356
仮面夫婦	358
離婚	360
妊娠・出産 ❶	362
妊娠・出産 ❷	364

[生活]

子育て・育児 ❶	366
子育て・育児 ❷	368
教育・しつけ ❶	370
教育・しつけ ❷	372
大きい買い物	374
引っ越し	376
病気・通院	378
入院・看病	380
介護	382

IT ライフフレーズ

[IT]

携帯電話・スマートフォン	386
パソコン・WEB ❶	388
パソコン・WEB ❷	390
パソコン・WEB ❸	392
メール	394
SNS ❶	396
SNS ❷	398
ブログ	400
ネットトラブル ❶	402
ネットトラブル ❷	404

さくいん　407

韓国ネタ帳

1. おもしろ擬態語＆擬音語……64
2. 「食べ物」にまつわることわざ……128
3. 色の表現あれこれ……192
4. 日本語が語源の言葉……256
5. 知って得する 数詞の使い分け……320
6. 身近な動物の呼び方……384
7. よく使われる略語＆顔文字……406

MINI トリビア

財布にやさしい？
　韓国の地下鉄・電車……87
韓国の人気スポットって？……97
店探しは食べたい料理を決めてから
　……101
韓国の消費税あれこれ……135
買い物 LOVE！な韓国人……141
韓国のシビアなアルバム事情……143
韓国にドラッグストアは
　存在しない?!……149
みんな大好き！
　汗蒸幕とチムジルバン……159
韓国人は入場禁止のカジノ……189
フレンドリーな韓国のライブ……199
韓国人男性の義務「軍役」……207
現実的な韓国のファンたち?!……213
韓国人は歯並びにうるさい?!……219
韓国でもてるのは「背の高い人」
　……227
韓国ドラマのジャンルは何がある？
　……235
日本人顔負け？ 勉強熱心な韓国人
　……263
大学受験は、国をあげての一大事
　……267
細いだけでは NG！……299
自宅で風呂には入らない？……303
記念日を忘れたら大変?!……313
カップルは不良だった？
　韓国の恋愛観……323
韓国の伝統的な結婚式……355
教育熱心なお国柄……373
韓国人はハイスペックが
　お気に入り！……387
パソコンなしでは生きられない?!
　……391

デザイン：髙橋朱里（フレーズ）
イラスト：細田すみか
校正：（株）ぷれす
編集協力：（株）エディポック

💬 THEME

ハングル
基本のきほん

韓国の文字
ハングル

庶民のために開発された文字

ハングルとは、韓国語を表記する際に使う文字の名称です。昔、朝鮮半島では固有の文字が存在しなかったため、中国の漢字を使っていました。しかし、漢字の読み書きができたのは教育を受けた一部の人たちでした。そこで庶民を哀れに思った王、세종대왕(セヂョンデワン)が、民を訓(おし)える正しい音という意味の훈민정음(訓民正音 フンミンジョンウム)を作りました。20世紀はじめの1910年に学者たちはその名称を、「大きい、正確な」の意味をもつ한(ハン)、「文字」の意味をもつ글(クル)を組み合わせた、한글(ハングル)に変えます。한글(ハングル)は世界で唯一、作った人、公表日、作られた原理が知られている文字なのです。

組み合わせて使う文字

ハングルは、ローマ字のように子音と母音に分かれており、それらをヨコやタテに組み合わせて発音を表します。
ハングルで最初にくる文字を初声(しょせい)といいます。これは必ず子音で、舌などの発声器官をまねて作られており、形を見るだけで発音を想像できるようになっています。初声の次にあたるのが中声(ちゅうせい)です。これは母音があてられ、初声(子音)の右や下に書きます。そして、最後にくる子音を終声(しゅうせい)といい、「支え、下敷き」の意味をもつパッチムとも呼ばれます。その意味のとおり、初声(子音)と中声(母音)を支えるように下に書くのが特徴です。

子音 (初声) ＋ 母音 (中声) の組み合わせ

① ヨコの組み合わせ

カ

② タテの組み合わせ

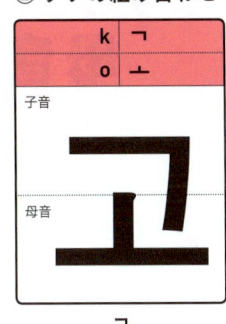

コ

子音 (初声) ＋ 母音 (中声) ＋ パッチム (終声) の組み合わせ

パッチムは、上の文字を支えるように下に書きます。
バランスが崩れないようにしましょう。

③ ヨコの組み合わせ＋パッチム

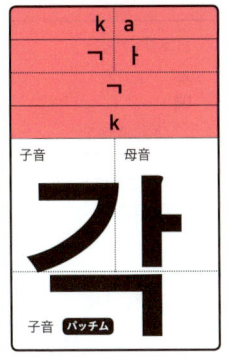

カク

④ タテの組み合わせ＋パッチム

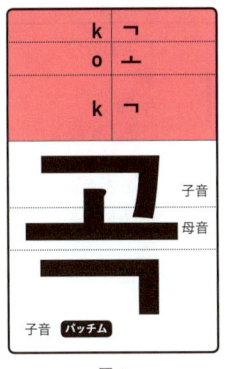

コク

※パッチムの子音が2つ付くこともあります。

まずおさえておきたい
母音14個

日本語のアのように、発音する際に舌の位置が変わらない母音を韓国語では単母音といいます。単母音は8個あり、それらに短い棒線を足すとヤ行の音になり、これを二重母音といいます。ここでは、単母音とヤ行の二重母音を覚えましょう。

単母音		二重母音	
ア **아**	日本語の「ア」 例 아이 アイ（子ども）	ヤ **야**	日本語の「ヤ」 例 아야 アヤ（痛い時の感嘆詞）
エ **애**	日本語の「エ」 例 우애 ウエ（友愛）	イェ **얘**	日本語の「イェ」 例 얘 イェ（この子）
オ **어**	口を大きく横と下に開けて「オ」 例 어디 オディ（どこ） ⚠日本語にはない音	ヨ **여**	口を大きく横と下に開けて「ヨ」 例 여우 ヨウ（きつね） ⚠日本語にはない音

※音をもたない子音「ㅇ」と組み合わせて紹介します。

単母音		二重母音	
エ **에**	日本語の「エ」 例 에이 エイ（A）	イェ **예**	日本語の「イェ」 例 예 イェ（はい）
オ **오**	日本語の「オ」 例 오이 オイ（きゅうり）	ヨ **요**	日本語の「ヨ」 例 요요 ヨヨ（ヨーヨー）
ウ **우**	日本語の「ウ」 例 우유 ウユ（牛乳）	ユ **유**	日本語の「ユ」 例 여유 ヨユ（余裕）
ウ **으**	唇を横に引いて「ウ」 例 으아 ウア （驚いた時の感嘆詞） ⚠日本語にはない音		
イ **이**	日本語の「イ」 例 이 イ（歯）		

組み合わせて作られた
母音7個

ここでは、先に紹介した母音のうち、単母音を2つ組み合わせた文字7個を紹介します。発音する際は、すばやく口を動かし、2つの単母音を1つの音で発音します。難しい時は、「右のほうの母音」だけ発音してごまかすこともできます。

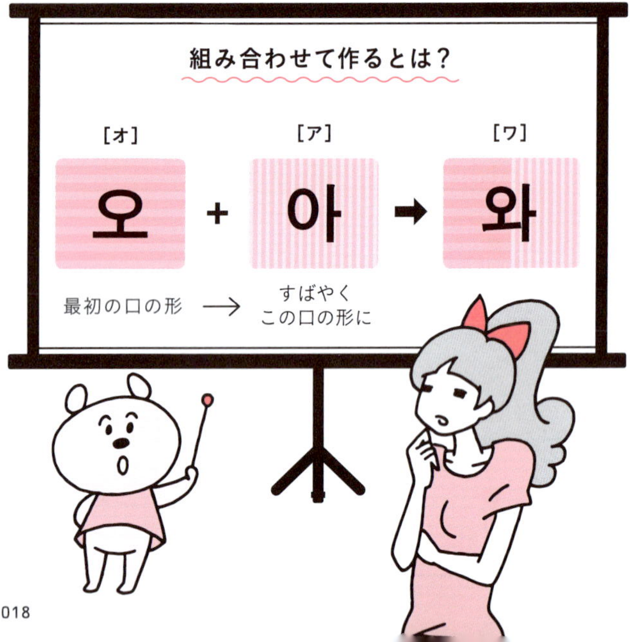

組み合わせて作るとは？

[オ]　　　　　[ア]　　　　　[ワ]

오　+　아　→　와

最初の口の形　→　すばやくこの口の形に

「オ」の口から始まる母音

ワ **와**	日本語の「ワ」 難しければ「ア」でも 오 + 아 **例** **와요** ワヨ (来ます)
★ウェ **외**	日本語の「ウェ」 難しければ「エ」でも 오 + 이 **例** **외워요** ウェウォヨ (覚えます)

★ これは無条件に「ウェ」と覚えましょう。

ウェ **왜**	日本語の「ウェ」 難しければ「エ」でも 오 + 애 **例** **왜** ウェ (なぜ)

「ウ」の口から始まる母音

ウォ **워**	日本語の「ウォ」 難しければ「オ」でも 우 + 어 **例** **더워** トウォ (暑い)
ウィ **위**	日本語の「ウィ」 難しければ「イ」でも 우 + 이 **例** **위** ウィ (上)
ウェ **웨**	日本語の「ウェ」 難しければ「エ」でも 우 + 에 **例** **웨이터** ウェイト (ウエイター)

唇を横に引いた「イ」の口から始まる母音

ウィ **의**	唇を横に引いて「ウィ」 ただし、単語によって発音が異なる 으 + 이 **例** **의사** ウィサ (医者) **회의** フェイ (会議) **나의** ナエ (私の)

基本の
子音10個

ハングルの子音にはその音の特徴によって、平音、激音(げきおん)、濃音(のうおん)などと呼ばれるものがあります。平音は、あまり力を入れずに発音します。その平音から口の中の空気を激しく出すと激音、平音からのどなどをつまらせながら強く発音すると濃音になります。

平 音			
가	日本語の「カ行・k」の音。**語中ではにごって「g」の音** 例 고기 コギ(肉)	**사**	日本語の「サ行・s」の音 例 수사 スサ(捜査)
다	日本語の「タ行・t」の音。**語中ではにごって「d」の音** 例 다도 タド(茶道)	**자**	日本語の「チャ行・ch」の音。**語中ではにごって「j」の音** 例 자주 チャジュ(しょっちゅう)
바	日本語の「パ行・p」の音。**語中ではにごって「b」の音** 例 부부 ププ(夫婦)		

※母音の「ㅏ」と組み合わせて紹介します。

その他

나	日本語の「ナ行・n」の音 例 누나 ヌナ(姉)	**아**	初声にくると無音。パッチムになると「ng」の音 例 아이 アイ(子ども)
마	日本語の「マ行・m」の音 例 미모 ミモ(美貌)	**하**	日本語の「ハ行・h」の音 例 후회 フフェ(後悔) フウェ(後悔) ＊語頭の際は「h」の音で聞こえるが、語中では聞こえないこともある
라	日本語の「ラ行・r」の音 例 로마 ロマ(ローマ)		

子音の仲間
激音と濃音 9個

<激音> 平音に線を1本足します。例外として、「ㅂ」は「ㅍ」になります。

平音	가 (カ)	다 (タ)	바 (パ)	자 (チャ)
激音	카 (カ)	타 (タ)	파 (パ)	차 (チャ)
	激しい「カ」	激しい「タ」	激しい「パ」	激しい「チャ」

<濃音> 平音を2回連ねて書くと、濃音になります。

平音	가 (カ)	다 (タ)	바 (パ)	사 (サ)	자 (チャ)
濃音	까 (ッカ)	따 (ッタ)	빠 (ッパ)	싸 (ッサ)	짜 (チャ)
	まっかの「ッカ」	いったの「ッタ」	かっぱの「ッパ」	ほっさの「ッサ」	まっちゃの「ッチャ」

パッチムの発音

パッチムにはさまざまな子音が使われますが、発音は7つのみです。

文字と音	発音のコツ	文字の例	単語例
k ㄱ, ㄲ, ㅋ	舌を下げたまま息をつまらせる	アㇰ(ak) **악**	例 기역 キヨㇰ(子音ㄱの名称)
t ㄷ, ㅌ, ㅅ, ㅆ, ㅈ, ㅊ, ㅎ	舌を上の歯茎に付けたまま息をつまらせる	アッ(at) **앋**	例 디귿 ティグッ(子音ㄷの名称)
p ㅂ, ㅍ	口を閉じたまま息をつまらせる	アㇷ゚(ap) **압**	例 비읍 ピウㇷ゚(子音ㅂの名称)
ng ㅇ	舌を下げたまま息を鼻からぬく	アン(ang) **앙**	例 이응 イウン(子音ㅇの名称)
n ㄴ	舌を上の歯茎に付けたまま息を鼻からぬく	アン(an) **안**	例 니은 ニウン(子音ㄴの名称)
m ㅁ	口を閉じたまま息を鼻からぬく	アム(am) **암**	例 미음 ミウン(子音ㅁの名称)
l ㄹ	舌を上の歯茎に付ける	アル(al) **알**	例 리을 リウル(子音ㄹの名称)

発音の変化

発音しやすくするために音を変化させて読むことがあります。代表的な音変化のみ、紹介しましょう。　　※変化後のつづりは存在しないものなので(　)に入れています。

❶ 濁音化

あまり力を入れない平音(ㄱ・ㄷ・ㅂ・ㅈ)が語中にきた時、1音1音にアクセントを付けずに読むと少しにごった音に聞こえます。

（例）肉

ko ki コキ 고기 ➡ ko gi コギ 고기

❷ 連音化

パッチムの次の音が無音ㅇの時、ㅇのあとにくる母音とパッチムを一緒に読むことで発音が途切れることを防ぐ音変化です。

（例）口が

ip i イプ イ 입이 ➡ i bi イビ (이비)

❸ 濃音化

パッチムの「k・t・p」の音のあとに「ㄱ・ㄷ・ㅂ・ㅅ・ㅈ」が続くと、それぞれが「ㄲ・ㄸ・ㅃ・ㅆ・ㅉ」の濃音に聞こえます。濃音化がおこるところを強く発音しましょう。

（例）食堂

sik tang シク タン 식당 ➡ sik ttang シクッタン (식땅)

※本書の中では、発音しやすさを考慮して「シクタン」のように表記しています。

❹ 激音化

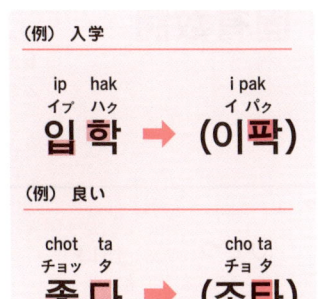

平音ㄱ・ㄷ・ㅂ・ㅈがㅎ(h)の音と一緒になって、それぞれㅋ・ㅌ・ㅍ・ㅊの激音に聞こえる現象です。ㅎ(h)の音が空気を吐き出す音なので、その影響で激音に聞こえます。

(例) 入学

ip hak イプ ハク **입학** ➡ i pak イパク **(이팍)**

(例) 良い

chot ta チョッ タ **좋다** ➡ cho ta チョ タ **(조타)**

❺ 鼻音化

パッチムの後ろにある初声(子音)が鼻音「ㄴ・ㅁ」である場合、パッチムk(ㄱ・ㅋ・ㄲ)、t(ㄷ・ㅌ・ㅅ・ㅆ・ㅈ・ㅊ・ㅎ)、p(ㅂ・ㅍ)がそれぞれㅇ(ng)、ㄴ(n)、ㅁ(m)に変わります。

(例) 学問

hak mun ハク ムン **학문** ➡ hang mun ハン ムン **(항문)**

(例) 良いね

chot ne チョッ ネ **좋네** ➡ chon ne チョン ネ **(존네)**

❻ 流音化

パッチムと初声(子音)でㄴとㄹが並んだ時、nをlに発音します。

(例) 韓流

han ryu ハン リュ **한류** ➡ hal ryu ハル リュ **(할류)**

固有数詞

日本語にひとつ、ふたつ…という数え方と一、二…という数え方があるように、韓国語にも2種類の数字があります。まず、韓国固有の数字「固有数詞」と、それと組み合わせて使う「序数詞」を紹介します。

ひとつ	ハナ 하나	11	ヨラナ 열하나
ふたつ	トゥル 둘	12	ヨルトゥル 열둘
みっつ	セッ 셋	13	ヨルセッ 열셋
よっつ	ネッ 넷	14	ヨルネッ 열넷
いつつ	タソッ 다섯	15	ヨルタソッ 열다섯
むっつ	ヨソッ 여섯	16	ヨルリョソッ 열여섯
ななつ	イルゴプ 일곱	17	ヨリルゴプ 열일곱
やっつ	ヨドル 여덟	18	ヨルリョドル 열여덟
ここのつ	アホプ 아홉	19	ヨラホプ 열아홉
とお	ヨル 열	20	スムル 스물

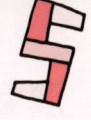

HANGUL PHRASE

21	スムラナ 스물하나	個	ケ 개
22	スムルトゥル 스물둘	枚	チャン 장
30	ソルン 서른	時	シ 시
40	マフン 마흔	人	サラム 사람
50	シュィン 쉰	歳	サル 살
60	イェスン 예순	匹	マリ 마리
70	イルン 일흔	台	テ 대
80	ヨドゥン 여든	冊	クォン 권
90	アフン 아흔	瓶	ビョン 병
99	アフナホプ 아흔아홉	時間	シガン 시간

漢数詞

「漢数詞」と、それと組み合わせて使う「序数詞」を紹介します。

一	일 *イル*	十一	십일 *シビル*
二	이 *イ*	十二	십이 *シビ*
三	삼 *サム*	十六	십육 *シムニュク*
四	사 *サ*	二十	이십 *イシプ*
五	오 *オ*	二十一	이십일 *イシビル*
六	육 *ユク*	二十二	이십이 *イシビ*
七	칠 *チル*	二十六	이십육 *イシムニュク*
八	팔 *パル*	三十六	삼십육 *サムシムニュク*
九	구 *ク*	四十六	사십육 *サシムニュク*
十	십 *シプ*	五十六	오십육 *オシムニュク*

六十六	ユクシムニュク 육십육	年	ニョン 년
七十六	チルシムニュク 칠십육	日	イル 일
八十六	パルシムニュク 팔십육	週	チュイル 주일
九十六	クシムニュク 구십육	分	プン 분
百	ペク 백	秒	チョ 초
千	チョン 천	階	チュン 층
万	マン 만	ウォン	ウォン 원
十万	シムマン 십만	番	ポン 번
億	オク 억	人分	インブン 인분
零／ゼロ	ヨン／コン 영／공	か月	ケウォル 개월

ハングル表
(その1)

	ㄱ	ㄴ	ㄷ	ㄹ	ㅁ	ㅂ	ㅅ	ㅇ	ㅈ
ㅏ	가 カ	나 ナ	다 タ	라 ラ	마 マ	바 パ	사 サ	아 ア	자 チャ
ㅑ	갸 キャ	냐 ニャ	댜 ティャ	랴 リャ	먀 ミャ	뱌 ピャ	샤 シャ	야 ヤ	쟈 チャ
ㅓ	거 コ	너 ノ	더 ト	러 ロ	머 モ	버 ポ	서 ソ	어 オ	저 チョ
ㅕ	겨 キョ	녀 ニョ	뎌 ティョ	려 リョ	며 ミョ	벼 ピョ	셔 ショ	여 ヨ	져 チョ
ㅗ	고 コ	노 ノ	도 ト	로 ロ	모 モ	보 ポ	소 ソ	오 オ	조 チョ
ㅛ	교 キョ	뇨 ニョ	됴 ティョ	료 リョ	묘 ミョ	뵤 ピョ	쇼 ショ	요 ヨ	죠 チョ
ㅜ	구 ク	누 ヌ	두 トゥ	루 ル	무 ム	부 プ	수 ス	우 ウ	주 チュ
ㅠ	규 キュ	뉴 ニュ	듀 ティュ	류 リュ	뮤 ミュ	뷰 ピュ	슈 シュ	유 ユ	쥬 チュ
ㅡ	그 ク	느 ヌ	드 トゥ	르 ル	므 ム	브 プ	스 ス	으 ウ	즈 チュ
ㅣ	기 キ	니 ニ	디 ティ	리 リ	미 ミ	비 ピ	시 シ	이 イ	지 チ

(子音: 横軸, 母音: 縦軸)

ㅎ	ㅋ	ㅌ	ㅍ	ㅊ	ㄲ	ㄸ	ㅃ	ㅆ	ㅉ
하 ハ	카 カ	타 タ	파 パ	차 チャ	까 ッカ	따 ッタ	빠 ッパ	싸 ッサ	짜 ッチャ
햐 ヒャ	캬 キャ	탸 ティャ	퍄 ピャ	챠 チャ	꺄 ッキャ	땨 ッティャ	뺘 ッピャ	쌰 ッシャ	쨔 ッチャ
허 ホ	커 コ	터 ト	퍼 ポ	처 チョ	꺼 ッコ	떠 ット	뻐 ッポ	써 ッソ	쩌 ッチョ
혀 ヒョ	켜 キョ	텨 ティョ	펴 ピョ	쳐 チョ	껴 ッキョ	뗘 ッティョ	뼈 ッピョ	쎠 ッショ	쪄 ッチョ
호 ホ	코 コ	토 ト	포 ポ	초 チョ	꼬 ッコ	또 ット	뽀 ッポ	쏘 ッソ	쪼 ッチョ
효 ヒョ	쿄 キョ	툐 ティョ	표 ピョ	쵸 チョ	꾜 ッキョ	뚀 ッティョ	뾰 ッピョ	쑈 ッショ	쬬 ッチョ
후 フ	쿠 ク	투 トゥ	푸 プ	추 チュ	꾸 ック	뚜 ットゥ	뿌 ップ	쑤 ッス	쭈 ッチュ
휴 ヒュ	큐 キュ	튜 ティュ	퓨 ピュ	츄 チュ	뀨 ッキュ	뜌 ッティュ	쀼 ッピュ	쓔 ッシュ	쮸 ッチュ
흐 フ	크 ク	트 トゥ	프 プ	츠 チュ	끄 ック	뜨 ットゥ	쁘 ップ	쓰 ッス	쯔 ッチュ
히 ヒ	키 キ	티 ティ	피 ピ	치 チ	끼 ッキ	띠 ッティ	삐 ッピ	씨 ッシ	찌 ッチ

ハングル表
(その2)

子音 / 母音

	ㄱ	ㄴ	ㄷ	ㄹ	ㅁ	ㅂ	ㅅ	ㅇ	ㅈ
ㅐ	개 ケ	내 ネ	대 テ	래 レ	매 メ	배 ペ	새 セ	애 エ	재 チェ
ㅒ	걔 ケェ	냬 ネェ					섀 セェ	얘 イェ	쟤 チェ
ㅔ	게 ケ	네 ネ	데 テ	레 レ	메 メ	베 ペ	세 セ	에 エ	제 チェ
ㅖ	계 ケェ	녜 ネェ	뎨 テェ	례 レェ	몌 メェ	폐 ペェ	셰 セェ	예 イェ	
ㅘ	과 クァ	놔 ヌァ	돠 トァ	롸 ルァ	뫄 ムァ	봐 プァ	솨 スァ	와 ワ	좌 チュア
ㅙ	괘 クェ		돼 トェ			봬 プェ	쇄 スェ	왜 ウェ	좨 チェ
ㅚ	괴 クェ	뇌 ヌェ	되 トェ	뢰 ルェ	뫼 ムェ	뵈 プェ	쇠 スェ	외 ウェ	죄 チェ
ㅝ	궈 クォ	눠 ヌォ	둬 トォ	뤄 ルォ	뭐 ムォ	붜 プォ	숴 スォ	워 ウォ	줘 チュオ
ㅞ	궤 クェ	눼 ヌェ	뒈 トェ	뤠 ルェ	뭬 ムェ	붸 プェ	쉐 スェ	웨 ウェ	줴 チェ
ㅟ	귀 クィ	뉘 ヌィ	뒤 トィ	뤼 ルィ	뮈 ムィ	뷔 プィ	쉬 スィ	위 ウィ	쥐 チュイ
ㅢ	긔 クィ	늬 ヌィ	듸 トィ					의 ウィ	

※空欄に入る文字は理論上は存在しますが、使われません

HANGUL PHRASE

ㅎ	ㅋ	ㅌ	ㅍ	ㅊ	ㄲ	ㄸ	ㅃ	ㅆ	ㅉ
해 ヘ	캐 ケ	태 テ	패 ペ	채 チェ	깨 ッケ	때 ッテ	빼 ッペ	쌔 ッセ	째 ッチェ
헤 ヘ	케 ケ	테 テ	페 ペ	체 チェ	께 ッケ	떼 ッテ	뻬 ッペ	쎄 ッセ	쩨 ッチェ
혜 ヘ	켸 ケ	톄 テ	폐 ペ	쳬 チェ	꼐 ッケ				
화 ファ	콰 クァ	톼 トァ	퐈 プァ	촤 チュア	꽈 ックァ	똬 ットァ		쏴 ッスア	쫘 ッチュア
홰 フェ	쾌 クェ	퇘 トェ		쵀 ックェ	뙈 ットェ			쇄 ッスェ	쫴 ッチェ
회 フェ	쾨 クェ	퇴 トェ	푀 プェ	최 チェ	꾀 ックェ	뙤 ットェ	뾔 ップェ	쐬 ッスェ	쬐 ッチェ
훠 フォ	쿼 クォ	퉈 トォ	풔 プォ	춰 チュォ	꿔 ックォ	뚸 ットォ		쒀 ッスォ	쭤 ッチュォ
훼 フェ	퀘 クェ	퉤 トェ		췌 チェ	꿰 ックェ	뛔 ットェ		쒜 ッスェ	
휘 フィ	퀴 クィ	튀 トィ	퓌 プィ	취 チュィ	뀌 ックィ	뛰 ットィ		쒸 ッスィ	쮜 ッチュィ
희 フィ		틔 トィ				띄 ットィ		씌 ッスィ	

033

韓国語文法
のポイント

日本語と韓国語は語順が同じ

韓国語の語順は日本語と同じ「主語 ➡ 目的語など ➡ 述語」の順で、日本語をそのまま韓国語に置き換えても通じます。

例 私は デパートで かばんを 買いました。
　　　主語　　　　　　　目的語　　　述語

　　저는 백화점에서 가방을 샀어요.
　　主語　　　　　目的語　　述語

動詞と形容詞は活用する

動詞、形容詞などの用言は活用します。

例 私はデパートでかばんを買います。➡ 買いました。
　　저는 백화점에서 가방을 사요. ➡ 샀어요.

1つの用言に、さまざまな表現を組み合わせて、いろいろな言い方ができます。その組み合わせの語順も日本語とほとんど同じです。

日本語	基本形	丁寧な요体
買う	サダ 사다	サヨ 사요.
買いたい	サゴ シプタ 사고 싶다	サゴ シポヨ 사고싶어요.
買いたくない	サゴ シプチ アンタ 사고 싶지 않다	サゴ シプチ アナヨ 사고 싶지 않아요.
買いたくなかった	サゴ シプチ アナッタ 사고 싶지 않았다	サゴ シプチ アナッソヨ 사고 싶지 않았어요.
買いたくなかったけど	サゴ シプチ アナンヌンデ 사고 싶지 않았는데	サゴ シプチ アナンヌンデヨ 사고 싶지 않았는데요.

THEME

よく使うフレーズ

THEME: あいさつ

出会い・再会のあいさつ

おはようございます。
アンニョンハシムニカ
안녕하십니까?
安寧でいらっしゃいますか

こんにちは。
アンニョンハセヨ
안녕하세요?
安寧でいらっしゃいますか

はじめまして。
チョウム ペプケッスムニダ
처음 뵙겠습니다.
初めて　　お目にかかります

📝 **文法**
뵙다 ペプタ は 보다 ボダ
（見る）の謙譲語で、目上
の人にお会いするという
意味で使われる言葉

お会いできてうれしいです。
マンナソ パンガプスムニダ
만나서 반갑습니다.
会って　　　　うれしいです

⭐ **+α**
반갑다 パンガプタ は人に
会ってうれしい時にだけ使
う

久しぶりですね。
オレンマニネヨ
오랜만이네요.
長い間ぶりですね

📝 **文法**
오랜만 オレンマンは오래
간만 オレガンマンの縮約
形で、過去のある時点から
長い時間が過ぎたことをいう

出会い・再会のあいさつ

お変わりありませんでしたか？
ピョルリル オプス シジョ
별일 없으시죠?
別こと ありませんよね

⭐ +α
별일 ピョルリルは「特別違うこと、珍しいこと、いろいろと変わったこと」などの意味がある

元気だった？
チャルジ ネッソ
잘 지냈어?
よく 過ごした

元気です。
チャルジ ネヨ
잘 지내요.
よく 過ごしています

(私は) 変わりないですよ。
チョヤ ヨジョナジョ
저야 여전하죠.
私 は 相変わらずですよ

✏️ 文法
야 ヤは、強調の助詞で、パッチムのある名詞に付く時は이야 イヤになる

ご飯、食べた？
パム モ ゴッソ
밥 먹었어?
ご飯 食べた

👓 カルチャー
親しい人とはあいさつの代わりに「ご飯を食べたか、何を食べたか」を尋ねることが多い

食事されましたか？
シクサ ハショッソヨ
식사하셨어요?
食事なさいましたか

⭐ +α
返答の際は밥 먹었어요. パム モゴッソヨ (ご飯食べました) と言う

THEME: あいさつ

別れのあいさつ

さようなら。
アンニョンヒ ガ セヨ
안녕히 가세요.
安寧に 行ってください

★ +α
去る人に対してはアンニョンヒ ガセヨを、その場に残る人に対してはアンニョンヒ ゲセヨを使う

さようなら。
アンニョンヒ ゲ セヨ
안녕히 계세요.
安寧に いてください

（アンニョンヒ ゲセヨ）（アンニョンヒ ガセヨ）

バイバイ！
アンニョン
안녕!
安寧

★ +α
親しい人に会った時にも使える。目上の人には使えない

じゃあね！
チャル ガ
잘 가!
よく 行って

★ +α
これから帰る人に向かって使うタメ口。残る人に対しては잘 있어！チャリッソ

もう行くね。
クマン ガルケ
그만 갈게.
もう 行くね

★ +α
그만 クマンの代わりに이제 イジェ、省略して갈게 カルケだけでもOK

お気を付けて。
チョシメソ ガ セヨ
조심해서 가세요.
気を付けて 行ってください

+α どこかに行く人にかける言葉。来る人には **조심해서 오세요.** チョシメソ オセヨを使う

お元気で。
コンガンハ セヨ
건강하세요.
健康でいらしてください

文法 語尾を上げると「お元気ですか?」の質問文になる

よろしくお伝えください。
アンブ チョネ ジュセヨ
안부 전해 주세요.
安否 伝えて ください

+α **전해 주세요.** チョネ ジュセヨは「渡してください」の意味でも使える

また会いましょう。
ット マンナ ヨ
또 만나요.
また 会いましょう

文法 目上の人には **또 뵙겠습니다.** ット ペプケッスムニダ

連絡するね。
ヨル ラ カル ケ
연락할게.
連絡するね

日本で会いましょう。
イルポネソ マンナ ヨ
일본에서 만나요.
日本 で 会いましょう

THEME: あいさつ

お礼・感謝

ありがとうございます。
コマウォヨ
고마워요.
ありがとうございます

⭐ +α
日常会話や親しい間柄で使う

ありがとうございます。
カムサ ハムニ ダ
감사합니다.
感謝　　します

⭐ +α
漢字語の「感謝」で、ビジネスなどで使われる少し硬いイメージの表現

ありがとね！
コマ ウォ
고마워!
ありがとう

⭐ +α
タメ口で、目上の人には使えない。ちなみに、漢字語の감사 カムサ（感謝）は友達間では使わない

サンキュー！
ッテンキュ
땡큐!
サンキュー

大変お世話になりました。
シンセ　マ ニ　ジョッスムニ ダ
신세 많이 졌습니다.
世話　　たくさん　受けました

👓 カルチャー
あいさつ代わりに使うことはなく、本当に世話をしてもらった時に使う

どうしよう、すみません…。
어떡해, 죄송해요….
オットケ チェソンヘヨ
どうしよう すみません

📝 **文法**
어떡해 オットケは어떻게 해 オットケ ヘの縮約形。独り言でもよく使う

これだけで十分ですよ。
이것만으로도 충분해요.
イゴンマヌロド チュンブネヨ
これ だけ で も 十分です

ほんの気もちです。
제 작은 정성이에요.
チェ チャグン ジョンソンイ エヨ
私の 小さな 誠意 です

⭐ **+α**
작은 정성 チャグン ジョンソンの代わりに마음 マウム(心)を使うと、告白のニュアンスにもなる

今度は私がおごりますね。
다음엔 제가 살게요.
タウメン チェガ サルケヨ
次 には 私が 買います

先生のおかげです。
선생님 덕분이에요.
ソンセンニム トゥブニエヨ
先生 様 おかげ です

⭐ **+α**
덕분 トゥブンは「恩恵、助け」の意味で、덕분에 トゥブネ(おかげさまで)と使うことも多い

ほめすぎですよ。
과찬이세요.
クァチャニセヨ
ほめすぎでございます

💋 **フレーズ**
友達からほめられたら、뭐 먹고 싶어? ムォ モク コ シポ(何食べたい?)と冗談で話をにごしたりする

THEME: あいさつ

おわび

ごめんなさい。
ミアナムニダ
미안합니다.
すみません

⭐ **+α**
知らない人に、失礼なことや迷惑をかけた際に用いる

すみません。
ミアネヨ
미안해요.
すみません

💋 **フレーズ**
미안합니다 ミアナムニダ よりはフレンドリーで、知人に丁寧に謝る表現

申し訳ありません。
チェソンハムニダ
죄송합니다.
申し訳ありません

⭐ **+α**
もっともかしこまった謝罪の表現。呼びかけや聞きづらい話を切り出す際にも用いる

悪かった。
チャルモ テッソ
잘못했어.
誤ったことしたよ

👓 **カルチャー**
タメ口。両手のひらを合わせてこするジェスチャーを伴うこともある

約束守れなくてごめん。
ヤクソク モッ チ キョソ ミアン
약속 못 지켜서 미안.
約束　守れなくて　ごめん

👓 **カルチャー**
韓国人は約束を気軽にしがちで、よく忘れられるので確認するよう要注意

遅れてすみません。
ヌジョソ チェソンハムニダ
늦어서 죄송합니다.
遅れて　申し訳ありません

カルチャー
地下鉄が普及していなかった時は、渋滞でバスが遅れることが多く、「コリアンタイム」という言葉もあった

間違えました。
チェガ シルス ヘッソヨ
제가 실수했어요.
私が　ミスしました

+α
日本人はミスした際に「失敗した」と言うが、韓国では挑戦したことに対してのみ실패 シルペ(失敗)を用いる

私のせいです。
チョッテムニエヨ
저 때문이에요.
私　せい　です

文法
때문 ッテムンは「〜のせい」の意味が多いが、「〜のため」の意味で使われることもある

許してください。
ヨンソ ヘ ジュセヨ
용서해 주세요.
許して　ください

今回だけ許すよ。
イボン ハンボンマン ヨンソ ヘ ジュルケ
이번 한번만 용서해 줄게.
今回　一度 だけ　許して　あげるよ

言い訳しようもありません。
イビョル ケラド ハルマリ オムネヨ
입이 열 개라도 할 말이 없네요.
口 が 10 個でも　する 話 がありませんね

韓国ツウ
韓国では、どんなに口がたくさんあっても言うべき言葉が見つからない、という言い方をする

HANGUL PHRASE おわび

043

THEME: あいさつ

あいづち・感嘆

なるほど！
クロクナ
그렇구나!
そうなんだあ

本当?!
チョンマル
정말?!
本当

🗣 **フレーズ**
정말이에요？ チョンマリエヨ（本当ですか？）

マジで？
チンッチャヤ
진짜야?
マジなの

うんうん。
ウン　ウン
응, 응.
うん　うん

👓 **カルチャー**
韓国人は、友達（同い年）と、親しい年下の人に**네** ネ（はい）や**예** イェ（はい）とは言わない

そう？
クレ
그래?
そう

⭐ **+α**
語尾を下げると「わかった、そうしよう」の表現にもなる

044

うそ!
거짓말!
コジンマル
うそ

⭐ +α
話が信じられない、信じたくないというニュアンスで使われる

それで、それで?
그래서, 그래서?
クレソ　　クレソ
それで　　それで

やっぱり!
역시!
ヨクシ
やっぱり

⭐ +α
「さすが」の意味でもよく使われ、**과연! クァヨン**と言うこともある

本当にいいね。
참 좋다.
チャムジョタ
本当に いいね

✏ 文法
感嘆の意味の**좋다. チョタ**を丁寧に言う時は**좋아요. チョアヨ**ではなく、**좋네요. チョンネヨ**

すばらしいですね。
훌륭하네요.
フルリュンハネヨ
すばらしいですね

⭐ +α
語尾に~**네요. ネヨ**が付く時は独り言ではなく、気もちを相手に伝えている状況が多い

同感だよ。
동감이야.
トンガミヤ
同感　だよ

あいづち・感嘆

HANGUL PHRASE

045

THEME: 基本の表現

肯定・否定

はい。／うん。
ネ　　ウン
네．／응．
はい　うん

⭐ +α
네 ネと예 イェは目上の人や礼を守るべき人に対して使う。응 ウンはタメ口

いいえ。／ううん。
アニヨ　　　アニ
아니요．／아니．
いいえ　　ううん

✏️ 文法
タメ口の아니 アニに요 ヨを付けることで丁寧になる。縮約して아뇨．アニョとも

大丈夫です。
クェンチャナ　ヨ
괜찮아요．
大丈夫です

⭐ +α
「いいえ」で答えづらい、遠慮や辞退の際に用いる

いいです。／OKです。
チョア　ヨ
좋아요．
いいです

⭐ +α
話を受け入れる際に用いる。그렇게 해요．クロケヘヨ（そうしましょう）と言うことも

もちろん!
ムルロン
물론!
もちろん

👄 フレーズ
물론이죠．ムルロニジョ（もちろんです）
그럼요．クロムニョ（そうですとも）

私の意見と同じです。
チェ マリ ク マリエヨ
제 말이 그 말이에요.
私の 話 が その 話 です

★ +α
自分が言いたかったことと、まったく同じであることを強調する表現

おっしゃるとおりです。
マンヌン マルッスミムニダ
맞는 말씀입니다.
合っている お言葉 です

★ +α
相手の話や意見が正しいことを認める表現

はい、そうです。
イェ マジャヨ
예, 맞아요.
はい 合っています

★ +α
同意する時にもっとも一般的に使われる表現で、「正解です」の意味でも用いる

違います。
クロチ アナヨ
그렇지 않아요.
そうでは ありません

★ +α
相手の発言を遠回しに否定する時に使う。タメ口で強く否定する際は、**아니, アニャ**と言う

嫌です。
シロヨ
싫어요.
嫌です

それはちょっと…。
ク ゴン ジョム
그건 좀….
それは ちょっと

★ +α
はっきり断りづらい時に使うと便利。**어렵겠는데요, オリョッケンヌンデヨ**（難しそうですが）でも

047

入れ替えフレーズ
THEME: 基本の表現

疑　問

　　　ですか?
　　　예요?
　　　エヨ

トイレはどこ
화장실은 어디
ファジャンシルン オディ

あれは誰
저건 누구
チョゴン ヌグ

いつ
언제
オンジェ

これは何
이건 뭐
イゴン ムォ

いくら
얼마
オルマ

今、何時
지금 몇 시
チグム ミョッ シ

☐ ですか?
☐ 이에요?
イエヨ

前の単語の最後にパッチムがある時、이에요を使う

HANGUL PHRASE 疑問

何年
몇 년
ミョン ニョン

何日
며칠
ミョチル

何曜日
무슨 요일
ムスン ニョイル

本当
정말
チョンマル

電話番号は何番
전화번호는 몇 번
チョヌァボノヌン ミョッ ポン

入れ替えフレーズ

THEME: 基本の表現

お願い

□ ください。
주세요.
ジュセヨ

まけて
깎아
ッカッカ

教えて
가르쳐
カルチョ

会計して
계산해
ケサネ

手伝って
도와
トワ

持って
들어
トゥロ

撮って
찍어
ッチゴ

迎えにきて
마중 나와
マジュン ナワ

見せて
보여
ポヨ

書いて
써
ッソ

包装して
포장해
ポジャンヘ

050

日本語でお願いします。
イルボノロ ヘ ジュセヨ
일본어로 해 주세요.
日本語　で　して　ください

👓 カルチャー
高校の第二外国語で日本語を習っている人も多いので、わからない時は言ってみよう

英語でお願いします。
ヨンオロ プタケヨ
영어로 부탁해요.
英語　で　お願いします

⭐ +α
부탁해요. プタケヨ（お願いします）の代わりに해 주세요. ヘ ジュセヨ（してください）も使える

もう一度話してください。
タ シ ハンボン マルッスメ ジュセヨ
다시 한번 말씀해 주세요.
もう　一度　話して　ください

👄 フレーズ
크게 말씀해 주세요. クゲ マルッスメ ジュセヨ（大きい声で話してください）

触ってもいいですか？
マンジョ バド デヨ
만져 봐도 돼요?
触って　みても　いいですか

👓 カルチャー
触ってはいけない品物には만지지 마세요. マンジジ マセヨと書いてあることも

たばこ、吸えますか？
タムベ ピウル ス イッソヨ
담배 피울 수 있어요?
たばこ　　　　吸えますか

👓 カルチャー
韓国では、目上の人の前でたばこを堂々と吸うのは行儀の悪い行為なので、要注意

ご自由にしてください。
ピョナシルテロ ハセヨ
편하실대로 하세요.
楽なとおりに　してください

⭐ +α
편하다 ピョナダは「楽だ」の意味で、その人にとって楽なほうを選ばせる時に使う表現

THEME: 基本の表現

気もち❶

うれしくて、どうしよう。
チョア ソ オッチョルチュルル モル ゲッソ ヨ
좋아서 어쩔 줄을 모르겠어요.
うれしくて どうするか を わかりません

📝 **文法**
좋다 チョタは「よい」「好きだ」「うれしい」と多くの意味をもつので、文脈で判断すること

口が耳にかかりました。
イ ビ クィエ ゴルリョッソ ヨ
입이 귀에 걸렸어요.
口 が 耳に かかりました

🌟 **韓国ツウ**
とてもうれしい時、笑顔になり口角が上がるため「口が耳にかかった」「口が裂けた」と表現する

夢みたい。
ックムマン ガ タ ヨ
꿈만 같아요.
夢の ようです

💋 **フレーズ**
夢か現実かを確かめるために내 볼 꼬집어 봐. ネポル ッコジボ パ(私のほっぺをつねってみて)の表現も

やった！
アッサ
앗싸!
やった

⭐ **+α**
うれしい時に出る感嘆詞。やり遂げた場合は해냈어! ヘネッソを用いる

とても興奮しました。
ノム フンブ ネッソヨ
너무 흥분했어요.
とても 興奮 しました

052

うれしいです。

キッポ ヨ
기뻐요.
うれしい です

↓

入れ替え単語

チェミ イッソ	ヘンボケ	キデデ
재미있어	**행복해**	**기대돼**
おもしろい	幸せ	楽しみ

感動的ですね。
カムドンジョギ ネ ヨ
감동적이네요.
感動的　　　ですね

📝 **文法**
漢字に적 チョクを付けて「〜的」と表現する。〜적인 チョギンで「〜的な」の表現もよく使われる

ラッキーだね！
ッテンジャバンネ
땡잡았네!
幸運をつかんだね

👄 **フレーズ**
よく使われる俗語。재수가 좋다 チェスガ ジョタ、운이 좋다 ウニ ジョタとすると少し品がよくなる

わくわくする！
トゥグンドゥグンヘ ヨ
두근두근해요!
わくわく　　します

⭐ **+α**
두근두근 トゥグンドゥグンは、驚いた時や不安な時の心臓の音。動詞の설레다 ソルレダも使える

あはは。
ア ハ ハ
아하하.
あはは

👄 **フレーズ**
女性は上品に호호호 ホホホ、笑いをこらえる際はㅋㅋㅋ ククク、年配の男性なら허허허 ホホホのイメージ

HANGUL PHRASE　気もち ❶

THEME: 基本の表現

気もち ❷

とても悲しいです。
너무 슬퍼요.
ノム スルポヨ
とても 悲しいです

📝 **文法**
너무 ノムは「ある限度を超えて」の意味をもつので、「〜すぎる」の意味になる時がある

(孤独な)寂しいです。
외로워요.
ウェロ ウォヨ
寂しいです

📝 **文法**
韓国語は感情を表現する形容詞が多く、寂しさを表す感情も細かく分かれている

本当に頭にくる。
진짜 열 받아.
チンッチャ ヨル パダ
まじ 熱 受ける

ありえない!
말도 안 돼!
マルド アン デ
話 も ならない

(濡れ衣を着せられて)悔しいです。
억울해요.
オグレヨ
抑うつです

👄 **フレーズ**
惜しくも負けた時の「悔しい」は、아깝다. アッカプタ (もったいない)

(感情的な) 気分悪いです。

キブニ ナッパヨ
기분이 나빠요.
気分 が 悪いです

★ +α
기분 キブン (気分) は、常に感情を表す。その時の気分で動く人を**기분파 キブンパ**(気分派)という

狂っちゃいそう…。

ミチゲッソ
미치겠어….
狂いそう

★ +α
미치다 ミチダ (狂う) は、いらいらする時や異常にその気もちが強い時に韓国人がよく使う

もう…。

ソクサンヘヨ
속상해요….
心痛みます

★ +α
怒りや心配で心が落ち着かず憂うつな時に使う

いらいらする!

ッチャジュンナ
짜증나!
いらいらする

涙が出そう。

ヌンムリ ナル コッ カタヨ
눈물이 날 것 같아요.
涙 が 出そうです

はあ…。(ため息)

エヒュ
에휴….
はあ

THEME: 交流

ほめる・拒否する

いつも素敵ですね。

オンジェナ モシンネヨ
언제나 멋있네요.
いつも 格好いいですね

💋 フレーズ
멋지다 モッチダ（素敵だ）を使って、멋지네요. モッチネヨとも言える

若いですね。

チョルムシネヨ
젊으시네요.
お若いですね

💋 フレーズ
実際に若い人には、어리네요. オリネヨ（幼いですね）と表現する

そのネイル、ユジンさんらしいですね。

ク ネイル ユジン ッシダムネヨ
그 네일 유진 씨답네요.
その ネイル ユジン さんらしいですね

愛妻家なんですね。

エチョガグンニョ
애처가군요?
愛妻家 なんですね

📖 単語
「愛妻家」はいいと愛 アネ サラン（妻愛）ともいう。공처가 コンチョガ（恐妻家）

ジフンさんの恋人は幸せですね。

チフンッシ エイヌン ヘンボカゲッソヨ
지훈 씨 애인은 행복하겠어요.
チフン さん 愛人 は 幸福でしょう

✨ +α
韓国で애인 エインは、結婚を前提に付き合っている人をさす

056

興味ありません。
クァンシモプソヨ
관심없어요.
関心 ありません

⭐ **+α**
흥미 フンミ(興味)を用いると「おもしろさ」のようなニュアンスが入る

話がじょうずですね。
イヤギ ルル チャラネヨ
이야기 를 **잘하네요.**
話　　を　　じょうずですね

↓

入れ替え単語

ノレ	アブ	ヨリ
노래	**아부**	**요리**
歌	お世辞	料理

必要ありません。
ピリョオプソヨ
필요없어요.
必要　ありません

💋 **フレーズ**
필요해요. ピリョヘヨ (必要です)

つまらない!
チェミ オプタ
재미없다!
おもしろくない

⭐ **+α**
「つまらない」という表現は、재미 チェミ(おもしろさ、楽しさ)があるかないかで表現する

見るのも嫌です。
ポギド シロヨ
보기도 싫어요.
見るのも　嫌です

💋 **フレーズ**
만지기도 싫어요. マンジギド シロヨ (触るのも嫌です)

HANGUL PHRASE

ほめる・拒否する

THEME: 交流

同情・励まし

かわいそうに…。
プルッサンヘ ラ
불쌍해라….
かわいそうに

📝 **文法**
불쌍해요 プルッサンヘヨ
(かわいそう、気の毒)の
感嘆文は、요 ヨの代わり
に라 ラを入れる

ひどすぎ。
ノム シマダ
너무 심하다.
とても　　ひどい

👄 **フレーズ**
믿을 수 없어. ミドゥルス
オプソ(信じられない)

しょうがないですよ。
オッチョル ス オプチョ
어쩔 수 없죠.
しょうが　　ありませんよ

⭐ **+α**
할 수 없죠. ハルスオプ
チョとも。文末に뭐 ムォ
を入れると、あきらめの
ニュアンスが強くなる

あなたのせいじゃないよ。
ネ タシ アニヤ
네 탓이 아니야.
君の せいでは　　ないよ

📎 **単語**
目上の人の呼び方には、
언니 オンニ(お姉さん)、
오빠 オッパ(お兄さん)、
선배 ソンベ(先輩)など

あんなにがんばっていたのに。
アジュ ヨルシ ミオンヌンデ
아주 열심이었는데.
とても　熱心　　だったのに

👄 **フレーズ**
마지막까지 최선을 다하
자! マジマックカジ チェ
ソヌル タハジャ(最後まで
最善をつくそう!)

とても残念ですね。
ノム アンデンネヨ
너무 안됐네요.
とても　気の毒ですね

⭐ **+α**
自分も残念に思う時は、**슬프다 スルプダ**（悲しい）など、気もちを表す形容詞を使う

無理しないでください。
ムリハジ マセヨ
무리하지 마세요.
無理しないでください

💋 **フレーズ**
마세요 マセヨは、丁寧に禁止しているが、タメ口で、強く**마! マ**と言うことも多い

気を付けてくださいね。
チョシマ セヨ
조심하세요.
気を付けてください

⭐ **+α**
주의 チュイ（注意）は、会話では「忠告」、書面では「危険」の意味で使われることが多い

何とかなりますよ。
チャルデル コヤ
잘 될 거야.
よく　なるだろう

💋 **フレーズ**
어떻게든 되겠지. オットケドゥン デゲッチ（何とかなるでしょう）は、あきらめのニュアンスが強い

大丈夫！
クェンチャナ
괜찮아!
大丈夫

👓 **カルチャー**
韓国人は、大丈夫でなくても「大丈夫」と言い、なぐさめのつもりで言うことが多い

いつでも言ってくださいね。
オンジェドゥンジ マルッスムマン ハ セヨ
언제든지 말씀만 하세요.
いつでも　　お話 だけしてください

💋 **フレーズ**
언제든지 얘기해 주세요. オンジェドゥンジ イェギヘ ジュセヨ（いつでも話してくださいね）

HANGUL PHRASE 同情・励まし

THEME: 交流

自己紹介 ❶

お名前は?
ソンハミ オットケ デセヨ
성함이 어떻게 되세요?
お名前 が どのように なさいますか

私は高橋ユウと申します。
チョヌン タカハシ ユラゴ ハムニダ
저는 다카하시 유라고 합니다.
私 は 高橋 ユウ と します

日本人です。
イルボン サラミエヨ
일본 사람이에요.
日本 人 です

★ +α
「日本人」の単語には 일본인 イルボニンもあるが、会話では用いない

韓国には初めて来ました。
ハング グン チョウム ワッソヨ
한국은 처음 왔어요.
韓国 は 初めて 来ました

✏ 文法
처음 チョウムには「初めて」「最初」「始め」の意味があり、文脈で判断する

何とお呼びすればいいですか?
オットケ プルミョンデルッカヨ
어떻게 부르면 될까요?
どのように 呼べばいいですか

👓 カルチャー
韓国でも、年上の人を呼び捨てにするのは失礼。何と呼ぶかは相手に確認すること

失礼ですが、年齢をお尋ねしてもいいですか?
シルレ ジマン ナイルル ヨッチュォ バド デルッカヨ
실례지만 나이를 여쭤 봐도 될까요?
失礼ですが　年　を　尋ねて　みても　いいでしょうか

何年生まれですか?
ミョンニョンセンイ セヨ
몇 년생이세요?
何　年生　ですか

👓 **カルチャー**
韓国では、年齢を尋ねるのは失礼にあたらないが、年上のほうから尋ねるのがよい

私は1982年生まれです。
チョヌン チョングベクパルシ ビ ニョンセンイ エヨ
저는 천구백팔십이 년생이에요.
私 は　千九百八十二　年生　です

いのしし(豚)年です。
トェジ ッティエヨ
돼지 띠예요.
豚　干支 です

👓 **カルチャー**
日本の亥年(いどし)は、韓国と中国では豚年になる

タメ口で話してください。
ピョナゲ パンマ ラセヨ
편하게 반말 하세요.
楽に　タメ口　してください

👓 **カルチャー**
自分が年下なら、相手にタメ口をすすめることで、距離を縮められる

私のほうが年上ですね。
チェガ オンニ ネヨ
제가 언니네요.
私 が　姉　ですね

👓 **カルチャー**
女性どうしでは、年上の相手に언니 オンニ(姉)という言葉を使い、親しみを込めて呼ぶ

入れ替えフレーズ

THEME: 交流

自己紹介 ❷

私は ◻︎◻︎◻︎ です。
チョヌン
저는 ◻︎◻︎◻︎ 입니다.
イムニダ

学生
학생
ハクセン

主婦
주부
チュブ

会社員
회사원
フェサウォン

25歳
스물다섯 살
スムルダソッ サル

韓流ファン
한류팬
ハルリュペン

無職
백수
ペクス

무직 ムジク（無職）という漢字語もある。女性は発音の近い백조 ペクチョ（白鳥）と言うこともある

HANGUL PHRASE 自己紹介 ❷

長男
장남
チャンナム

次男
차남
チャナム

末っ子
막내
マンネ

長女
장녀
チャンニョ

次女
차녀
チャニョ

跡継ぎ
후계자
フゲジャ

一人っ子
외동아들／외동딸
ウェドンアドゥル／ウェドンッタル

063

韓国ネタ帳 ①

おもしろ擬態語 & 擬音語

ここでは韓国の擬態語と擬音語を紹介します。
日本語とはひと味違う独特なリズム感で、思わず口ずさみたくなりますよ。

日本語	韓国語
ごろごろ（雷の音）	ウルルン クァンクァン 우르릉 쾅쾅
ごろごろ（寝転がる様子）	ティングルディングル 뒹굴뒹굴
ぐうぐう（いびきの音）	トゥルロン クルクル 드르렁 쿨쿨
はくしょん（くしゃみの音）	エチュィ 에취
ひっくひっく（しゃっくりの音）	ッタルックッタルックク 딸꾹딸꾹
こんこん（せきの音）	コルロク コルロク 콜록콜록
ふつふつ（小さく沸く様子）	ポグル ポグル 보글보글
にょろにょろ	ックムトゥル ックムトゥル 꿈틀 꿈틀
どんどん・どかんと	クンクァンクンクァン 쿵쾅쿵쾅
そろそろと（音を立てずに歩く様子）	サルグム サルグム 살금살금
だぼだぼ・だらだら （洋服などがゆるい様子）	ホルロン ホルロン 헐렁헐렁
きらきら	パンチャクパンチャク 반짝반짝
どきどき	トゥグン ドゥグン 두근두근

THEME

旅行フレーズ ❶

> 入れ替えフレーズ
> **THEME: 旅行**

身じたく

これは ○○ です。
イゴン　エヨ
이건 ○○ 예요.

ブラジャー
브래지어
ブレジオ

ショーツ
팬티
ペンティ

ばんそうこう
반창고
パンチャンゴ

化粧ポーチ
화장품 케이스
ファジャンプム ケイス

ティッシュ
휴지
ヒュジ

カメラ
카메라
カメラ

充電器
충전기
チュンジョンギ

HANGUL PHRASE 身じたく

これは 　　　 です。
イゴン
이건 　　　 이에요.
　　　　イ エ ヨ

前の単語の最後にパッチムがある時、이에요を使う

パスポート
여권
ヨクォン

手鏡
손거울
ソンコウル

常備薬
상비약
サンビヤク

ハンカチ
손수건
ソンスゴン

ガイドブック
가이드북
カイドゥブク

財布
지갑
チガプ

手帳
수첩
スチョプ

折り畳み傘
접는 우산
チョムヌ ヌサン

067

THEME: 旅行

ホテルの予約

予約をしたいのですが。

예약을 하고 싶은데요.
_{イェヤグル ハゴ シプンデヨ}
予約 を したいですが

📝 **文法**
韓国語は助詞を省略することも多く、예약하고 싶은데요. と言っても不自然ではない

空いている部屋はありますか？

빈 방 있어요?
_{ピン パン イッソヨ}
空いた 部屋 ありますか

💬 **フレーズ**
빈 ピンを言わずに、방 있어요? パン イッソヨでも通じる

景色のいい部屋は空いてますか？

경치 좋은 방 비어 있나요?
_{キョンチ ジョウン パン ピオ インナヨ}
景色 よい 部屋 空いて いますか

ツインルームをお願いします。

트윈룸으로 부탁드려요.
_{トゥウィンルムロ プタットゥリョヨ}
ツインルーム で お願いさしあげます

禁煙室をお願いします。

금연실로 부탁해요.
_{クミョンシルロ プタケヨ}
禁煙室 で お願いします

大人2名です。
オルン ドゥミョンイ ヨ
어른 두 명이요.
大人　2　名　です

朝食付きですか？
アチム シクサド ポハムデ インナ ヨ
아침 식사도 포함돼 있나요?
朝　　食事　も　含まれて　　いますか

日本語話せる人はいますか？
イル ボノ ハル ス インヌン ブン ケセヨ
일본어 할 수 있는 분 계세요?
日本語　　できる　　　方　いらっしゃいますか

📖 **文法**
분 ブンは사람 サラム(人)の尊敬語で、계세요? ケセヨは있어요? イッソヨ (いますか?)の尊敬語

何時からチェックインできますか？
ミョッ シブト チェックイン ハル ス インナ ヨ
몇 시부터 체크인 할 수 있나요?
何　時　から　チェックイン　　　できますか

無線LANは利用できますか？
ムソン イントネッ トェナ ヨ
무선 인터넷 되나요?
無線　インターネット　なりますか

👓 **カルチャー**
韓国には無線インターネットを提供している店が多い

予約の変更をお願いします。
イェヤク ピョンギョン ブ タクトゥリョ ヨ
예약 변경 부탁드려요.
予約　　変更　　お願い さしあげます

👄 **フレーズ**
物事を頼む時は부탁해요. ブタケヨとも言うが、부탁드려요. ブタクトゥリョヨのほうがかしこまった感じになる

THEME: 旅行

空 港

取扱注意のステッカーを貼ってください。
チュィグプチュイ スティコルル プチョ ジュセヨ
취급주의 스티커를 붙여 주세요.
取扱注意　　ステッカー を　貼って　ください

荷物はこれで全部です。
チムン イゴルロ ジョンブエヨ
짐은 이걸로 전부예요.
荷物は　これで　全部　です

📝 **文法**
日本語の「こ・そ・あ・ど」は、韓国語では「이 イ, 그 ク, 저 チョ, 어느 オヌ」

これ、機内に持ち込めますか？
イゴ キネロ カッコ ドゥロガル ス インナヨ
이거 기내로 갖고 들어갈 수 있나요?
これ　機内 へ　持って　　入れますか

出発ゲートはどこですか？
チュルバル ゲイトゥヌン オディエヨ
출발 게이트는 어디예요?
出発　　ゲート　は　どこですか

☆ **+α**
「ゲート」などの外来語の最後の「ト」は、韓国語では트 トゥと発音することが多い

隣の席にしてください。
ヨプチャリロ プチョ ジュセヨ
옆자리로 붙여 주세요.
隣　席　でくっ付けて　ください

070

通路側（窓側）の席でお願いします。

トンノ ッチョク チャンムン ッチョク チャリ ロ プタカム ニ ダ
통로 쪽(창문 쪽) 자리로 부탁합니다.
通路　側　窓　側　席　で　　お願いします

荷物の受取場所はどこですか？

チムチャンヌン ゴ シ オディジョ
짐 찾는 곳이 어디죠?
荷物　探す　所　が　どこですか

荷物が出てこないんです…。

チ ミ アン ナ ワ ヨ
짐이 안 나와요….
荷物が　出てきません

> **カルチャー**
> 韓国では、女性が一人で重い荷物に手こずっていると、頼みもしないのに無言で手伝ってくれる男性もいる

機内に忘れ物をしてしまったんですが…。

キ ネ エ ムル ゴ ヌル ノコ ネリョンヌンデ ヨ
기내에 물건을 놓고 내렸는데요….
機内　に　物件　を　置いて　　降りましたが

かばんが破損しています！

カバン イ ッケジョ イッソヨ
가방이 깨져 있어요!
かばん　が　割れて　　います

待合室はどこですか？

テギシリ オディジョ
대기실이 어디죠?
待機室　が　どこですか

> **カルチャー**
> 待合室のマークは、日本では座っている人の絵柄だが、韓国では人が握手している絵柄が多い

入れ替えフレーズ
THEME: 旅行

機内

[____] ください。
주세요.
チュセヨ

ワイン
와인
ワイン

オレンジジュース
오렌지주스
オレンジジュス

ビール
맥주
メクチュ

コーラ
콜라
コルラ

コーヒー
커피
コピ

りんごジュース
사과주스
サグァジュス

ウイスキー
위스키
ウィスキ

紅茶
홍차
ホンチャ

おつまみ
안주 좀
アンジュ ジョム

「ちょっと」の意味の **좀 チョム**を付けたほうがよい

ブランケットが欲しいです。

タムニョ ジョム カッタ ジュセヨ
담요 좀 갖다 주세요.
ブランケット ちょっと 持ってきて ください

日本の新聞が読みたいです。

イルボン シンムヌル イルコ シポヨ
일본 신문을 읽고 싶어요.
日本 新聞を 読みたいです

税関申告書はどう書けばいいですか?

セグァンシンゴ ソヌン オットケッスミョン デジョ
세관 신고서는 어떻게 쓰면 되죠?
税関 申告書 は どのように 書けば いいですか

荷物が入りません。

チミ アンドゥロガヨ
짐이 안 들어가요.
荷物が 入りません

> 😮 フレーズ
> 荷物が入ったけれど閉まらない時は、**안 닫혀요.**
> **アン ダチョヨ**(閉まりません)と言う

この席はどこですか?

イ ジャリヌン オディエヨ
이 자리는 어디예요?
この 席は どこ ですか

ノートパソコンを使ってもいいですか?

ノトゥブグルッソド デナヨ
노트북을 써도 되나요?
ノートブック を 使っても いいですか

THEME: 旅行

チェックイン・チェックアウト

予約した高橋です。
イェヤカン タカハシ イムニダ
예약한 다카하시입니다.
予約した　高橋　　　です

チェックインをしたいのですが。
チェクイン ハゴ シプンデヨ
체크인 하고 싶은데요.
チェックイン　　したいですが

パスポートをお見せください。
ヨクォヌル ポヨ ジュセヨ
여권을 보여 주세요.
旅券　を　見せて　ください

👓 カルチャー
パスポートは、英語より漢字語の**여권 ヨクォン**のほうが一般的

私たちの部屋は何号室ですか？
チョヒ パンウン ミョト シリンガヨ
저희 방은 몇 호실인가요?
私たち　部屋は　何　号室　　　ですか

✏ 文法
저희 チョヒは、自分たちを少しへりくだる表現。へりくだらない時は、**우리 나라 ウリ ナラ**（わが国）のように**우리**を使う

チェックアウトは何時ですか？
チェク アウスン ミョッ シッカ ジインガヨ
체크아웃은 몇 시까지인가요?
チェックアウト　は　何　時　まで　ですか

✏ 文法
韓国は、「〜まで」と「〜までに」の区別をせず、どちらも**까지 ッカジ**を使う

074

チェックアウトをお願いします。
チェク アウッ プタケヨ
체크아웃 부탁해요.
チェックアウト　お願いします

文法
物事を頼む時は「名詞＋**부탁해요 プタケヨ**」と、助詞を入れなくても通じる

円は使えますか？
エヌンッスル ス インナヨ
엔은 쓸 수 있나요?
円　は　　　　使えますか

カルチャー
円よりウォンで払ったほうが安いことも多いので、必ずウォンの値段を尋ねよう

カードもご利用いただけます。
シニョンカ ドゥド カヌンハムニダ
신용카드도 가능합니다.
信用カード　も　　　可能です

カルチャー
ほとんどの店でクレジットカードが使えるので、現金がなくても安心して買い物ができる

ルームサービスは利用していません。
ルム ソ ビス スヌン イヨンハジ ア ナッソ
룸서비스는 이용하지 않았어요.
ルームサービス　は　　　利用しなかったです

領収書をください。
ヨンスジュンジュセヨ
영수증 주세요.
領収書　　ください

ここに署名してください。
ヨギエ　ソミョンヘ ジュセヨ
여기에 서명해 주세요.
ここ　に　署名して　ください

THEME: 旅行

フロントへの依頼

部屋のキーをください。

<ruby>방<rt>パン</rt></ruby> <ruby>키<rt>キ</rt></ruby> <ruby>주세요<rt>ジュセヨ</rt></ruby>.

部屋 キー ください

朝食はどこで食べられますか?

<ruby>아침<rt>アチム</rt></ruby> <ruby>식사는<rt>シクサヌン</rt></ruby> <ruby>어디에서<rt>オディエソ</rt></ruby> <ruby>할<rt>ハル</rt></ruby> <ruby>수<rt>ス</rt></ruby> <ruby>있죠<rt>イッチョ</rt></ruby>?

朝 食事は どこで できますか

☆ +α
아침 アチム、점심 チョムシム(昼)、저녁 チョニョク(夜)だけでも食事の意味になる

部屋まで荷物を持ってもらえますか?

<ruby>짐을<rt>チムル</rt></ruby> <ruby>방까지<rt>パンッカジ</rt></ruby> <ruby>들어<rt>トゥロ</rt></ruby> <ruby>주시겠어요<rt>ジュシゲッソヨ</rt></ruby>?

荷物を 部屋まで 持って くださいますか

どこでインターネットができますか?

<ruby>어디에서<rt>オディエソ</rt></ruby> <ruby>인터넷을<rt>イントネスル</rt></ruby> <ruby>할<rt>ハル</rt></ruby> <ruby>수<rt>ス</rt></ruby> <ruby>있나요<rt>インナヨ</rt></ruby>?

どこで インターネットを できますか

タオルを1枚持ってきてくれませんか?

<ruby>수건<rt>スゴン</rt></ruby> <ruby>한<rt>ハン</rt></ruby> <ruby>장만<rt>ジャンマン</rt></ruby> <ruby>갖다<rt>カッタ</rt></ruby> <ruby>주시겠어요<rt>ジュシゲッソヨ</rt></ruby>?

タオル 1 枚だけ 持ってきて くださいますか

部屋の掃除は不要ですよ。

バン チョンソヌン ア ナショド デヨ
방 청소는 안 하셔도 돼요.
部屋 掃除は なさらなくてもいいです

📝 **文法**
안 アンは、動詞や形容詞の前に入れて否定文を作れる便利な単語

加湿器はありますか？

カスプ キヌン インナ ヨ
가습기는 있나요?
加湿器 は ありますか

👓 **カルチャー**
韓国は日本より湿気が少ないので、冬は加湿器が必要になることも多い

ちょっとの間、荷物を見ていてください。

チャムシマン チムジョム バ ジュセ ヨ
잠시만 짐 좀 봐 주세요.
しばらくだけ 荷物 ちょっと見て ください

鍵のかけ方がわかりません。

ヨルセ チャムグヌン ポブル モル ゲッソヨ
열쇠 잠그는 법을 모르겠어요.
鍵 閉める 法を わかりません

風邪薬が欲しいです。

カムギ ヤグル パッコ シプンデヨ
감기약을 받고 싶은데요.
風邪薬 を もらいたいですが

1日延泊したいのですが。

ハル ド ヨンジャンハゴ シプンデヨ
하루 더 연장하고 싶은데요.
1日 もっと 延長 したいですが

📘 **単語**
이틀 イトゥル (2日)
사흘 サフル (3日)

THEME: 旅行

ホテルのトラブル

部屋にキーを忘れました。
キルル パンエ ノコ ナワッソヨ
키를 방에 놓고 나왔어요.
キーを 部屋に 置いて 出てきました

💬 フレーズ
物を忘れた時は、깜빡했어요. ッカムッパケッソヨ (うっかりしました) の表現も

電気がつきません。
プリ アンドゥロワヨ
불이 안 들어와요.
火が 入ってきません

☆ +α
불 プルは「火」で、「明かり」「火災」の意味でも使われる

エアコンが調節できません。
エオコン チョジョリ アンデヨ
에어컨 조절이 안 돼요.
エアコン 調節が できません

☆ +α
안 돼요. アンデヨは否定の「できません」と、禁止の「だめ」の意味がある

お湯が出ないんですが。
ッタットゥタン ムリ アンナオヌンデヨ
따뜻한 물이 안 나오는데요.
温かい 水が 出てきませんが

トイレの水が流れません。
ファジャンシルム リ アン ネリョガヨ
화장실 물이 안 내려가요.
化粧室 水が 下りていきません

ドライヤーから熱風が出てきません。

トゥライオエソ ットゥゴウン パラミ アンナワヨ
드라이어에서 뜨거운 바람이 안 나와요.
ドライヤー で 熱い 風 が 出てきません

部屋に虫がいます。

パンエ ポルレガ イッソヨ
방에 벌레가 있어요.
部屋に 虫 が います

📖 文法
있어요 イッソヨは「あります」「います」、否定は없어요 オプソヨで「ありません」「いません」

部屋を替えていただけますか?

パヌル ジョム パックォ ジュシル ス インナヨ
방을 좀 바꿔 주실 수 있나요?
部屋を ちょっと 替えていただけますか

話と違うじゃないですか。

イヤギガ タルジャナヨ
이야기가 다르잖아요.
話 が 違うじゃないですか

超過料金はかからないはずです。

チョグァヨグミ トゥルリガ オプソヨ
초과요금이 들 리가 없어요.
超過料金 が かかる はずが ありません

何時間待たせるつもりですか?

ミョッシガヌル キダリゲ ハル センガギエヨ
몇 시간을 기다리게 할 생각이에요?
何 時間を 待つように する 考え ですか

入れ替えフレーズ

THEME: 旅行

タクシー ❶

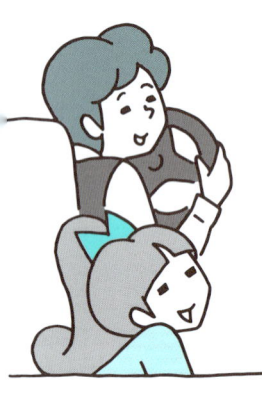

どこまで行きますか?
オディッカジ ガ セヨ
어디까지 가세요?

☐ 行ってください。
　　　カ ジュ セ ヨ
☐ **가 주세요.**

昌徳宮へ
창덕궁으로
チャンドックンウロ

明洞へ
명동으로
ミョンドンウロ

仁寺洞へ
인사동으로
インサドンウロ

大元ホテルへ
대원 호텔로
テウォン ホテルロ

明洞までいくらですか？

ミョンドンッカジ オルマ ナワヨ
명동까지 얼마 나와요?

明洞 まで いくら 出てきますか

カルチャー
料金は、黒い모범 택시 モボム テクシ（模範タクシー）は高めだが、個人タクシーと一般タクシーの差はほぼない

これが住所です。

イゲ チュソエヨ
이게 주소예요.

これが 住所 です

カルチャー
最近はナビ付きのタクシーが多いので、住所はしっかりメモして持っておこう

高いですね。安くなりませんか？

ピッサネヨ ッサゲ アン デルッカヨ
비싸네요. 싸게 안 될까요?

高いですね 安く ならないでしょうか

運転手さん、トランクを開けてください。

キ サ ニム トゥロンク ジョム ヨル ジュセヨ
기사님 트렁크 좀 열어 주세요.

技士様 トランク ちょっと 開けて ください

窓を開けてもいいですか？

チャンムヌル ヨロド デルッカヨ
창문을 열어도 될까요?

窓 を 開けて も いいでしょうか

カルチャー
韓国のタクシーでは音量を上げてラジオを聴いている運転手が多い

深夜割増しの時間帯ですか？

シミャ ハルチュン シガンデインガヨ
심야 할증 시간대인가요?

深夜 割増し 時間帯 ですか

THEME: 旅行

タクシー ❷

近道でお願いしますね。
빠른 길로 가 주세요.
ッパルン ギルロ カ ジュセヨ
早い 道で 行って ください

☆ +α
「近道」は지름길 チルムキルだが、渋滞の多いソウルでタクシーに乗る時は빠른 길 ッパルン ギルがよい

急いでくれませんか？
서둘러 주시겠어요?
ソドゥルロ ジュシ ゲッソヨ
急いで くださいますか

👓 カルチャー
タクシー運転手の中には、急がせると車線変更を繰り返す人がいるので、車酔いする人は要注意

前の車に付いて行ってください。
앞 차를 따라가 주세요.
アプ チャルル ッタラガ ジュセヨ
前 車を 付いて行って ください

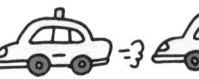

ゆっくり走ってください。
천천히 가 주세요.
チョンチョニ カ ジュセヨ
ゆっくり 行って ください

👓 カルチャー
夜は稼ぎ時で、スピードを出すタクシーが多い。ちなみに相乗りは、韓国でも違法

もう少しスピードを落としてもらえませんか？
속도 좀 줄여 주시겠어요?
ソクト ジョム チュリョ ジュシ ゲッソヨ
速度 ちょっと 減らして くださいますか

車酔いしそう…。

モルミ ハル コッ カ タ ヨ
멀미할 것 같아요….
車酔いしそうです

まだ着きませんか？

アジン モ ロンナ ヨ
아직 멀었나요?
まだ　遠かったですか

📝 **文法**
日本語では「遠いですか?」だが、韓国語では「遠かったですか?」と過去形を使う

もうすぐ着きます。

コイ ダ ワッスムニダ
거의 다 왔습니다.
ほとんど すべて　来ました

📝 **文法**
「다 + 動詞」で、その動作がほぼ終わったことを意味する

あそこの前で止めてください。

チョ ア ペ ソ セウォジュセヨ
저 앞에서 세워 주세요.
あの 前 で　止めて　ください

👓 **カルチャー**
韓国にはバス専用車道があり、自家用車とタクシーは入れない。違反すると罰金を取られる

混んでるのでここで降ろしてください。

チャガ マ キ ニッカ ヨギソ ネリョ ジュセヨ
차가 막히니까 여기서 내려 주세요.
車 が　詰まるから　ここで　降ろして ください

おつりは結構です。

コ スルムトヌン テェッソ ヨ
거스름돈은 됐어요.
おつり　は　いいです

👓 **カルチャー**
日本同様、韓国でもチップを渡す習慣はない

THEME: 旅行

バス

バス乗り場はどこですか?
ポス タヌン ゴシ オディンガヨ
버스 타는 곳이 어딘가요?
バス 乗る ところ が どこですか

何番のバスに乗ればいいですか?
ミョッポン ポス ルル タミョン デナヨ
몇 번 버스를 타면 되나요?
何番 バス を 乗れば いいですか

バス路線図はどこにありますか?
ポス ノソンピョヌン オディエ インナヨ
버스 노선표는 어디에 있나요?
バス 路線表 は どこ に ありますか

カルチャー
時刻表はなく、バスが来る間隔が書いてあるが、「5〜15分」のようにアバウトな場合もある

運転手さん、江南駅には行きますか?
キ サニム カンナミョッ カナヨ
기사님, 강남역 가나요?
技士様 江南駅 行きますか

鍾路1街で降りたいんですが。
チョン ノ イル ガ エ ソ ネ リ ゴ シブンデヨ
종로 일가에서 내리고 싶은데요.
鍾路 1街 で 降りたいですが

+α
종로はチョンロではなくチョンノと読むので、発音に注意

HANGUL PHRASE バス

運転手さん！ 私、降ります！
キサニム チョ ネリョヨ
기사님! 저 내려요!
技士様　　私　降ります

カルチャー
韓国のバスでは、止まってから席を立つと降りられないことがある。早めに降りる準備をしよう

どうぞ、ここに座ってください。
ヨギ アンジュセヨ
여기 앉으세요.
ここ　座ってください

交通カードがないんですが…。
キョントンカドゥガ オムヌンデヨ
교통카드가 없는데요….
交通カード　が　ありませんが

小銭がありません。
チャンドニ オプソヨ
잔돈이 없어요.
小銭　が　ありません

カルチャー
韓国は早くから交通カードシステムを導入していて、カード払いより現金で払うほうが少し高い

どこにタッチすればいいですか？
オディエ トチ ハミョンデナヨ
어디에 터치하면 되나요?
どこ に　タッチすれば　いいですか

降りる時もタッチしますか？
ネリルッテド トチヘヤ デヨ
내릴 때도 터치해야 돼요?
降りる　時も　タッチしないと　いけませんか

カルチャー
地下鉄同様、バスを降りる時にもカードをタッチして精算する

085

THEME: 旅行

地下鉄・電車 ❶

電車の切符はどこで買いますか?
チョンチョルピョヌン オディソ サナヨ
전철표는 어디서 사나요?
電車 切符 は どこで 買いますか

カルチャー
韓国には紙の切符はない。1回用の交通カードを買って降りたところでカードを返すと保証金が戻る

金浦空港駅までいくらですか?
キムポ ゴンハンニョッカジ オルマ エヨ
김포 공항역까지 얼마예요?
金浦 空港 駅 まで いくら ですか

明洞まで大人2枚ください。
ミョンドンッカジ オルンドゥジャン ジュセヨ
명동까지 어른 두 장 주세요.
明洞 まで 大人 2 枚 ください

↓

入れ替え単語

オルン ハンジャン	オルン セジャン	オリニ ハンジャン
어른 한 장	어른 세 장	어린이 한 장
大人1枚	大人3枚	子ども1枚

どこで乗り換えますか?
カラタヌン ゴシ オディエヨ
갈아타는 곳이 어디예요?
乗り換える ところが どこ ですか

カルチャー
韓国の地下鉄にも、地上を走るところがある

ソウル駅に行きたいです。

ソウルリョゲ　カゴ　シボヨ
서울역에 가고 싶어요.
ソウル駅　に　　行きたいです

↓

入れ替え単語

ミョンドンエ	カンナメ	トンデムネ
명동에	**강남에**	**동대문에**
明洞に	江南に	東大門に

南大門へは、何号線に乗ればいいですか？

ナムデムネ　ガリョミョンミョット　ソヌル　タミョン　デジョ
남대문에 가려면 몇 호선을 타면 되죠?
南大門　に　行こうなら　何　号線　を　乗れば　いいですか

1号線ですよ。

イロ　ソヌル　タセヨ
일호선을 타세요.
一号線　を　乗ってください

カルチャー

ソウルの地下鉄は**공항철도 コンハンチョルト**（空港鉄道）のように名前が付いている線もある

MINI トリビア

財布にやさしい？ 韓国の地下鉄・電車

ソウルの地下鉄は複数の会社が運営していますが、乗り換えても追加料金は発生しません。また、バスの乗り換えもおおむね無料です。地下鉄内でも携帯電話が通じるのはよく知られていますが、車内のモニターでテレビ番組が放送されている電車もありますよ。

THEME: 旅行

地下鉄・電車 ❷

Tマネーをチャージする方法を教えてください。
キョトンカドゥ チュンジョナヌン パンボブル カルチョ ジュセヨ
교통카드 충전하는 방법을 가르쳐 주세요.
　交通カード　　充電する　　方法 を　教えて　　ください

エレベーターはどこですか？
エルリベイトヌン オディエ インナヨ
엘리베이터는 어디에 있나요?
　エレベーター は　どこ に　ありますか

カルチャー
ソウルの地下鉄は深く、階段が多い

駅の中にトイレはありますか？
ヨ ガネ ファジャンシル インナヨ
역 안에 화장실 있나요?
駅　中に　　化粧室　　ありますか

カルチャー
韓国のトイレには、水圧の関係でトイレットペーパーを流せず、ごみ箱に入れるところもある

忘れ物預かり所はどこですか？
ブンシルムルセントガ オディンガヨ
분실물센터가 어딘가요?
　紛失物センター　　が　　どこですか

切符を落としちゃいました。
ピョルル イロ ポリョッソヨ
표를 잃어버렸어요.
切符を　　失ってしまいました

088

反対側のホームにはどうやって行きますか？
パンデピョン ホ メヌン オットケ ガジョ
반대편 홈에는 어떻게 가죠?
反対側　ホーム　には　どのように　行きますか

次は明洞（ミョンドン）です。
タ ウムン ミョンドンイムニダ
다음은 명동입니다.
次　は　明洞　です

カルチャー
明洞から歩ける距離に、南大門市場、ロッテデパート、鍾路（チョンノ）などがある

左側（右側）のドアが開きます。
ネリシル ムヌンウェンッチョ オルンッチョ ギムニダ
내리실 문은 왼쪽(오른쪽)입니다.
降りる　門は　左側　右側　です

すみません。降ります。
チェソンヘヨ チョム ネリルケヨ
죄송해요. 좀 내릴게요.
すみません　ちょっと　降ります

カルチャー
ドア付近に人がたくさんいて降りられそうもない時は遠慮せずに言おう

ドアが閉まります。
ムニ タチムニダ
문이 닫힙니다.
門　が　閉まります

カルチャー
ソウルの地下鉄は、1〜4号線の一部はソウルメトロ、5〜8号線はソウル都市鉄道が管理している

寝過ごしちゃった！
チャダガ ネリル リョグル チナ チョッソ
자다가 내릴 역을 지나쳤어!
寝ていて　降りる　駅を　通り過ぎた

入れ替えフレーズ

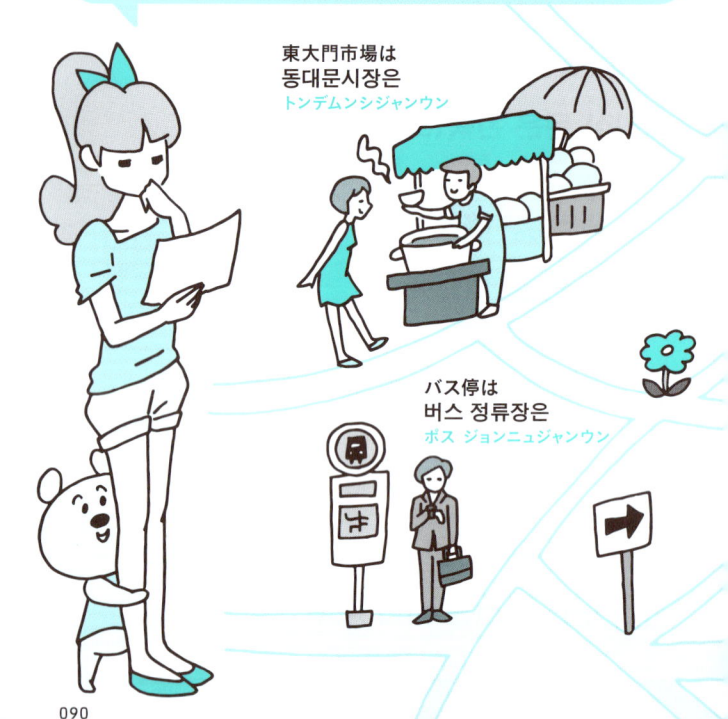

THEME: 旅行

散策 ①

　　どこですか?
　　어디예요?
　　オディエヨ

東大門市場は
동대문시장은
トンデムンシジャンウン

バス停は
버스 정류장은
ポス ジョンニュジャンウン

HANGUL PHRASE

散策 ❶

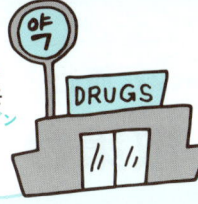

薬局は
약국은
ヤックグン

駅は
역은
ヨグン

トイレは
화장실은
ファジャンシルン

警察署は
경찰서는
キョンチャルソヌン

両替所は
환전소는
ファンジョンソヌン

ここは
여기는
ヨギヌン

091

THEME: 旅行

散策 ❷

すみません、ちょっと道を教えてください。
チェソンハムニダマン キルジョム カルチョジュセヨ
죄송합니다만 길 좀 가르쳐 주세요.
すみませんが　道 ちょっと 教えて　ください

その店は反対側にあります。
ク ガゲヌン パンデピョネ イッソヨ
그 가게는 반대편에 있어요.
その　店　は　反対側　に　あります

☆ +α
「店」は가게 カゲだが、飲食店の場合は〜집 チプ（家）ということも多い

右に（左に）曲がってください。
オルンッチョ ウェンッチョグ ロ トラガセヨ
오른쪽(왼쪽)으로 돌아가세요.
右のほう　左のほう　へ　曲がって行ってください

📘 単語
〜쪽 ッチョクは「〜ほう」の意味。이쪽 イッチョク（こっち）、그쪽 クッチョク（そっち）、저쪽 チョッチョク（あっち）

この地図だと、どの辺ですか？
イ ジドエソ オディチュミエヨ
이 지도에서 어디쯤이에요?
この 地図　で　どこら辺　ですか

👓 カルチャー
韓国人は、道に迷ったらその辺りにいる人に尋ねることが多い

この道で合ってますよね？
イ ギル マッチョ
이 길 맞죠?
この　道　合ってますよね

☆ +α
「方向音痴」のことを、방향치 パンヒャンチ（方向痴）、길치 キルチ（道痴）とも言う

通り過ぎてしまったみたい。
チナチョンナ バ
지나쳤나 봐.
通り過ぎた みたい

💬 **フレーズ**
同じ意味で지나친 것 같아. チナチン ゴッ カタと言うこともできる

ここから何分くらい歩きますか？
ヨ ギエソ ミョップンジョンド コロヨ
여기에서 몇 분 정도 걸어요?
ここ で 何分 程度 歩きますか

👓 **カルチャー**
時間に関しては日本人よりルーズなので、5分と言われてもそれよりかかる場合もある

私に付いてきてください。
チョマンッタラ オセヨ
저만 따라 오세요.
私だけ 付いて きてください

✏️ **文法**
따라 〇〇세요..ッタラ 〇〇セヨを使うと、「付いて〇〇してください」の表現になる

あのお店、のぞいてみたいな。
チョ ガゲ トゥロガ ボゴ シポ
저 가게 들어가 보고 싶어.
あの 店 入って みたい

👓 **カルチャー**
ソウルにはおしゃれな喫茶店やカフェが多いが、値段もいくぶん高め

あ〜、疲れた。
ア ピゴネ
아~, 피곤해.
あぁ 疲れている

ちょっと休まない？
チョムシュィジ ア ヌル レ
좀 쉬지 않을래?
ちょっと 休まない

THEME: 旅行

観光 ①

GUIDE BOOK

おすすめの名所はどこですか?
チュチョナル マ ナン ミョンソ ヌン オ ディ エ ヨ
추천할 만한 명소는 어디예요?

仁寺洞です。
인사동이에요.
インサドンイエヨ

景福宮です。
경복궁이에요.
キョンボックンイエヨ

北村の韓屋村です。
북촌 한옥마을이에요.
プクチョン ハノンマウリエヨ

済州島の漢拏山です。
제주도의 한라산이에요.
チェジュドエ ハルラサニエヨ

must!!

釜山のチャガルチ市場です。
부산의 자갈치시장이에요.
プサネ チャガルチシジャンイエヨ

街路樹道です。
가로수길이에요.
カロスキリエヨ

HANGUL PHRASE 観光❶

ここは何が有名ですか？
ヨギヌン ムォガ ユミョンヘヨ
여기는 뭐가 유명해요?
ここ は 何が 有名ですか

カルチャー
特産物では、보성 ポソン(緑茶)、금산 クムサン(高麗人参)、제주도 チェジュド(みかん)などが有名

世界遺産を見たいんですが。
セゲユサヌル ポゴ シプンデヨ
세계유산을 보고 싶은데요.
世界遺産 を 見たいですが

カルチャー
ソウルにある世界遺産は、종묘 チョンミョ(宗廟)と창덕궁 チャンドックン(昌徳宮)が有名

日本語で案内してくれますか？
イルボノロ アンネヘ ジュナヨ
일본어로 안내해 주나요?
日本語 で 案内して くれますか

カルチャー
無料で日本語案内をしてくれるところもある。事前にチェックしよう

行き方を教えてください。
カヌン バンボブル カルチョ ジュセヨ
가는 방법을 가르쳐 주세요.
行く 方法を 教えて ください

カルチャー
마을버스 マウルボス(村バス)と、バス停や駅までの短い距離を循環するバスがある

トイレに行きたいんですが…。
ファジャンシレ カゴ シプンデヨ
화장실에 가고 싶은데요….
化粧室 に 行きたいですが

カルチャー
トイレが男女共同になっているところもある

喫煙所はどこですか？
フピョンシリ オディエヨ
흡연실이 어디예요?
喫煙室 が どこ ですか

095

THEME: 旅行

観光 ❷

観光ツアーを申し込みたくて。
クァンガントゥオルル シンチョンハゴ シポソヨ
관광 투어를 신청하고 싶어서요.
観光　ツアー　を　　　申請したくて

カルチャー
창경궁 チャンギョングン (昌慶宮) は、日本語案内付きで時間も決まっている

何時にどこに集合ですか？
ミョッシエ オディエソ モイミョン デナヨ
몇 시에 어디에서 모이면 되나요?
何　時　に　どこ　で　　集まれば　いいですか

入場料はいくらですか？
イプチャンニョヌン オルマ エヨ
입장료는 얼마예요?
入場料　は　いくら　ですか

大人3,000ウォン、子ども1,500ウォンですよ。
オルン サムチョヌォン オリニ チョノベ グォニエヨ
어른 삼천 원 어린이 천오백 원이에요.
大人　三千　ウォン　子ども　千五百　ウォン　です

免税店に寄りたいです。
ミョンセジョメ トゥルリゴ シポヨ
면세점에 들리고 싶어요.
免税店　に　　寄りたいです

カルチャー
ソウル市内にも免税店があり、買った商品は空港で受け取れる

おみやげ屋さんはどこですか？

キニョムプム ガ ゲヌン オディ エ ヨ
기념품 가게는 어디예요?
記念品　　　店は　　どこ　ですか

カルチャー
地方に行くとその地域特有の토산품 トサンプム（みやげ品）もある

写真撮ってもいいですか？

サジン ッチゴド デ ナ ヨ
사진 찍어도 되나요?
写真　　撮っても　いいですか

カルチャー
ハンドメイド製品などを扱っている店では、撮影禁止のところもある

はい、チーズ！

チャ キムチ
자, 김치!
さて　キムチ

カルチャー
韓国人は「自分撮り」をする人が多く、셀프카메라 セルプカメラの縮約語で셀카 セルカという

フラッシュたいてください。

フ レ シ ル ル ト トゥリョ ジュ セ ヨ
후레쉬를 터트려 주세요.
フラッシュ を　　はじけて　　ください

韓国の人気スポットって？

ソウル市内にはいくつかの宮があり、定番の観光スポットになっています。また最近は、芸能人や芸能人の家族が経営する店、ドラマの舞台になった店などが人気で、さらに、芸能人行きつけの飲食店や美容院、好きな芸能人の所属事務所を訪れる人も多いようです。

THEME: 旅行

観光 ❸

おしゃれなエリアはどこですか?
분위기 좋은 장소가 어디예요?
雰囲気　よい　場所が　どこ　ですか

カルチャー
『강남 스타일 カンナム スタイル』という歌が大ヒットするほど、江南 (カンナム) はおしゃれなエリア

グルメスポットに連れて行ってください。
맛집으로 유명한 곳에 데려가 주세요.
おいしい店で　有名な　ところに　連れて行って　ください

ガイドブックに載っていないお店を教えてください。
가이드북에 없는 가게를 가르쳐 주세요.
ガイドブック　に　ない　店を　教えて　ください

韓国の人たちの日常生活に興味があります。
한국 사람들의 일상생활에 관심이 있어요.
韓国　人たち　の　日常生活　に　関心が　あります

あのドラマのロケ地に行ってみたーい!
그 드라마 촬영지에 가 보고 싶어요.
その　ドラマ　撮影地　に　行って　みたいです

098

この地域の代表的な食べ物は何ですか?

イ ジヨク テピヨ ウム シグン ムォエヨ
이 지역 대표 음식은 뭐예요?
この　地域　代表　飲食　は　何　ですか

ビビンバですよ。

ピビムパプ　イエヨ
비빔밥 이에요.
ビビンバ　　　です

↓

入れ替え単語

トェ ジ グゥパブ	ネンミョン
돼지국밥	**냉면**
テジクッパ	冷麺

おすすめのおみやげは何ですか?

チュチョナル マナン トゥクサンプム ムォエヨ
추천할 만한 특산품은 뭐예요?
推薦する　妥当な　特産品　は　何　ですか

伝統家屋には泊まれるんですか?

ハング ゲ チョントン ガオゲ ソ ムグル ス インナヨ
한국의 전통 가옥에서 묵을 수 있나요?
韓国　の　伝統　家屋　で　　泊まれますか

追加で文化体験をしたいなあ。

チュガ ロ チョントンチェホム ル ハゴ シボ
추가로 전통체험을 하고 싶어.
追加　で　伝統体験　を　　したい

THEME: 飲食店

予約・入店 ❶

4人、予約できますか?

네 사람 예약할 수 있나요?

ネ サラム イェヤカル ス インナヨ

4 人　　予約　　　できますか

📝 **文法**
있나요? インナヨを없나요? オムナヨに代えると「できませんか?」の意味になる

何名様ですか?

몇 분이신가요?

ミョップ ニシンガヨ

何 名様　　ですか

💬 **フレーズ**
몇 분이세요? ミョップ ニセヨとも言う

2名です。

두 명 이에요.

トゥミョン イエヨ

2 名　　です

↓

入れ替え単語

한 명	세 명	네 명
1名	3名	4名

予約は受け付けておりません。

예약은 안 받아요.

イェヤグン アン パダヨ

予約　は　　受けません

満席です。
マンソギエヨ
만석이에요.
満席です

🗨 **フレーズ**
자리가 없네요. チャリガ オムネヨ (席がありませんね)

いらっしゃいませ!
オソ オセヨ
어서 오세요!
早く いらしてください

✏ **文法**
어서 オソは、その行動を早めるように促す時に使う副詞

子ども連れでも大丈夫ですか?
アイガ インヌンデ クェンチャヌルッカヨ
아이가 있는데 괜찮을까요?
子どもが いますが 大丈夫でしょうか

お酒も飲めますか?
スル ド マシル ス インナヨ
술도 마실 수 있나요?
お酒も 飲めますか

👓 **カルチャー**
定食屋、粉食店、喫茶店などの簡易飲食店と登録されている店には、酒は売られていない

MINI トリビア

店探しは食べたい料理を決めてから

韓国の飲食店は、専門店のようにメイン料理が決まっている店が多いので、まず何を食べるかを決めてから店を選ぶのがいいでしょう。予約をしたり、長時間並んだりといった習慣はありませんが、評判の店では結構待たされることもあるようです。

入れ替えフレーズ
THEME: 飲食店

予約・入店 ❷

☐ お願いします。
チュセヨ
주세요.

禁煙席で
금연석으로
クミョンソグロ

あの席で
저 자리로
チョ ジャリロ

テーブル席で
테이블 자리로
テイブル ジャリロ

喫煙席で
흡연석으로
フビョンソグロ

カウンター席で
카운터석으로
カウントソグロ

HANGUL PHRASE 予約・入店 ❷

サインを眺められる席で
사인을 볼 수 있는 자리로
サイヌル ポル ス インヌン ジャリロ

個室で
방으로
パンウロ

テラス席で
테라스 자리로
テラス ジャリロ

静かな席で
조용한 자리로
チョヨンハン ジャリロ

広い席で
넓은 자리로
ノルブン ジャリロ

ユンホが座った席はどこですか?
윤호 씨가 앉았던 자리는 어디예요?
ユノ ッシガ アンジャットン ジャリヌン オディエヨ

103

入れ替えフレーズ
THEME: 飲食店

GRAND

注文 ①

　　　　　食べたいです。
　モッコ　シポヨ
　　　　　먹고 싶어요.

おすすめ!

参鶏湯を
삼계탕을
サムゲタンウル
15000ウォン

サムギョプサルを
삼겹살을
サムギョプサルル
6000ウォン

ビビンバを
비빔밥을
ビビムパブル
7000ウォン

NEW

冷麺を
냉면을
ネンミョヌル
8000ウォン

104

MENU

プルゴギを
불고기를
プルゴギルル
18000ウォン

刺身を
회를
フェルル
30000ウォン

おかゆを
죽을
チュグル
7000ウォン

チゲを
찌개를
ッチゲルル
15000ウォン

宮廷料理を
궁중요리를
クンジュンニョリルル
50000ウォン

伝統食を
전통 음식을
チョントン ウムシグル
50000ウォン

韓定食を
한정식을
ハンジョンシグル
13000ウォン

和食を
일본 요리를
イルボン ニョリルル
20000ウォン

HANGUL PHRASE 注文 ❶

THEME: 飲食店

注文 ❷

メニューください。

메뉴 좀 주세요.
メニュー ちょっと ください

↓

入れ替え単語

떡볶이	생맥주	우롱차	어린이용 메뉴
トッポッキ	生ビール	ウーロン茶	子ども用メニュー

この店のおすすめは？

이 집은 뭐가 맛있어요?
この 店 は 何 が おいしいですか

カルチャー
有名な飲食店の中には、焼き肉専門、おかゆ専門といった専門店が多い

チャンミンも食べたメニューはどれですか？

창민 씨가 먹은 메뉴는 뭐예요?
チャンミン さんが 食べた メニューは 何 ですか

あまり辛くしないでください。

너무 맵지 않게 해 주세요.
あまり 辛くないように して ください

カルチャー
辛さの段階がないので、韓国料理の辛さは料理人の感覚で決まる

卵アレルギーなんです。

계란 알레르기예요.
ケラン アルレルギエヨ
卵　　アレルギー　です

👓 カルチャー
成分表示のないものが多いので、アレルギーのある人は必ず確認する

少なめにできますか？

양을 적게 해 주실 수 있나요?
ヤンウル チョッケ ヘ ジュシル ス インナ ヨ
量を　少なく　して　　いただけますか

📎 単語
곱배기 コッペギ (大盛り)
반 사이즈 パン サイジュ (ハーフサイズ)

半鶏湯もできますか？

반계탕도 되나요?
パンゲタンド トェナ ヨ
半鶏湯　も　できますか

🌶 韓国ツウ
鶏一羽を丸ごと作るのが삼계탕 サムゲタンだが、量が多いので半分の반계탕 パンゲタンができた

子ども用はありますか？

어린이용은 있나요?
オリニヨウンウン インナ ヨ
子ども用　は　ありますか

☆ +α
어린이 オリニは、4歳くらいから小学生までをさし、소인 ソイン (小人) と書いてある店もある

鍋料理は1人前もできますか？

찌개 일 인분도 되나요?
ッチゲ イ リンブンド トェナ ヨ
鍋料理　一　人分　も　できますか

👓 カルチャー
韓国では一人で食事をする人が少なく、鍋、肉などの料理は2人前から注文を受ける店が多い

しめにご飯を炒めてください。

마지막에 밥 볶아 주세요.
マジマゲ パプ ポッカ ジュセヨ
最後に　ご飯　炒めて　ください

☆ +α
鍋料理などで基本の具以外に別に追加を頼む場合は、材料名を入れて〜사리 サリと言う

入れ替えフレーズ

THEME: 飲食店

食事❶

　　　ください。
チョム　ジュ セ ヨ
　　　좀 주세요.

コチュジャン
고추장
コチュジャン

(しょうゆ味の)薬味
양념간장
ヤンニョムガンジャン

しょうゆ
간장
カンジャン

薬味
양념
ヤンニョム

おちょこ1つ
소주잔 하나
ソジュチャン ハナ

HANGUL PHRASE

食事 ❶

スプーン
숟가락
スッカラㇰ

エプロン
앞치마
アプチマ

ウェットティッシュ
물티슈
ムルティシュ

割り箸
나무젓가락
ナムジョッカラㇰ

たくさん
많이
マニ

ようじ
이쑤시개
イッスシゲ

取り皿
앞접시
アプチョプシ

おしぼり
물수건
ムルスゴン

お水
물
ムル

109

THEME: 飲食店

食事❷

乾杯!
コンベ
건배!
乾杯

カルチャー
韓国人の乾杯は最初だけでなく、頻繁に杯を交わし、乾杯のあとは必ず飲まなければならない

いただきます。
チャルモッケッスムニダ
잘 먹겠습니다.
よく　　食べます

カルチャー
食事をともにする人に言うと、おごってもらうことになるので、要注意

おなかぺこぺこ!
ペゴパ
배고파!
おなかすいた

単語
おなかが鳴る音は**꼬르륵** ッコルルク、もう少し大きな音は**꾸르륵** ックルルク

ゆっくり召し上がってください。
チョンチョニ　マシッケ　ドゥセヨ
천천히 맛있게 드세요.
ゆっくり　おいしく　召し上がってください

これはどうやって食べますか?
イゴン　オットケ　モゴヨ
이건 어떻게 먹어요?
これは　どうやって　食べますか

カルチャー
鍋や肉料理などは、料理ができあがるまで店員がやってくれるところも多い

HANGUL PHRASE 食事❷

おいしそう！
マ シッケッタ
맛있겠다!
おいしそう

切ってください。
チャルラ ジュセヨ
잘라 주세요.
切って ください

カルチャー
韓国の飲食店では、食用ばさみを使って、目の前で切ってくれるところが多い

ごちそうさまでした。
チャル モゴッスムニダ
잘 먹었습니다.
よく 食べました

これ、下げてください。
イ ゴッチョム チ ウォ ジュセヨ
이것 좀 치워 주세요.
これ ちょっと 片付けて ください

カルチャー
キムチや水はセルフサービス**셀프서비스**（セルフサービス）と表示されている食堂もある

キャンセルできますか？
チュィソハル ス インナヨ
취소할 수 있나요?
取り消し できますか

カルチャー
大人数でなければ、食堂も居酒屋も予約しないのが普通

網を替えてください。
プルパンジョム カラ ジュセヨ
불판 좀 갈아 주세요.
網 ちょっと 替えて ください

カルチャー
焼き肉の店では、エプロンをくれたり、かばんなどをビニール袋に入れてくれる店もある

THEME: 飲食店

味・食感 ❶

本当に ____。
チョンマル
정말 ____.

さくさくですね
바삭바삭하네요
パサクパサカネヨ

ピリ辛でいいですね
얼큰한 게 좋네요
オルクナン ゲ チョンネヨ

香ばしいですね
고소하네요
コソハネヨ

体があったまりますね
몸이 따뜻해지네요
モミ ッタッットゥテジネヨ

何ともいえない珍しい味ですね
표현할 수 없는 오묘한 맛이네요
ピョヒョナル ス オムヌン オミョハン マシネヨ

HANGUL PHRASE

味・食感 ❶

さっぱりしていておいしいですね
깔끔하고 맛있네요
ッカルックマゴ マシンネヨ

日本人好みの味ですね
일본 사람 입맛에 맞는 맛이네요
イルボン サラム イムマセ マンヌン マシネヨ

二人で食べて一人が死んでも気付かないくらいおいしいですね。
둘이 먹다 하나가 죽어도 모르겠네요
トゥリ モッタ ハナガ ジュゴド モルゲンネヨ

「すごくおいしい」と言いたい時に使う表現

おいしいですね
맛있네요
マシンネヨ

THEME: 飲食店

味・食感 ❷

あまりおいしくないですね。
별로 맛이 없네요.
_{ピョルロ マ シ オムネヨ}
あまり おいしく ないですね

ううっ、まずい。
윽, 맛없어.
_{ウク マドプソ}
ううっ まずい

変な味。
맛이 이상해.
_{マ シ イサンヘ}
味 が 変

👓 カルチャー
韓国料理はみんなで食べるものが多く、取り分けるための箸はない

肉が硬いですね。
고기가 좀 질기네요.
_{コ ギ ガ チョム チルギネヨ}
肉 が ちょっと 硬いですね

👓 カルチャー
韓国の肉は霜降りは少なく、赤身がメインで、日本の肉より少し硬め

かめません。
못 씹겠어요.
_{モッ シプ ケッソヨ}
かめません

✏ 文法
못 モッがあると「できない」「苦手」の意味になる

辛いですね。 メムネヨ **맵네요.** 辛いですね	👓 **カルチャー** 韓国料理は辛いイメージがあるが、家庭料理は辛くないものも多い
辛くてとても食べられません。 ノム メウォソ モン モッ ケッソ ヨ **너무 매워서 못 먹겠어요.** とても 辛くて 食べられません	👄 **フレーズ** 入에서 불이 난다 イベソプリナンダ (口から火が出る)
甘すぎです。 ノム ダラヨ **너무 달아요.** とても 甘いです	👓 **カルチャー** 韓国の卵焼きは塩味なので、甘くない
すっぱ〜い！ ノム ショ **너무 셔!** とても すっぱい	👓 **カルチャー** キムチは発酵するとすっぱくなり、乳酸菌が増える
ううっ、苦いです。 ウッ ッソヨ **윽, 써요.** ううっ 苦いです	☆ **+α** 쓴맛 ッスンマッ (苦味) は「苦しみ」、단맛 タンマッ (甘味) は「楽しいこと」にたとえられることもある
腐ってるような気がします。 サンハン ゴッ カタヨ **상한 것 같아요.** 腐った ようです	

THEME: 飲食店

味・食感 ❸

スープはあつあつに限るね。
국물은 따끈따끈한 게 최고지.
<small>クンムルン ッタックンッタックナン ゲ チェゴジ</small>
<small>汁は あつあつな ものが 最高だよ</small>

☆+α
호빵 ホッパン(あんまん)、차 チャ(茶)、군고구마 クンゴグマ(焼きいも)などに使える

しゃきしゃきしておいしいね。
아삭아삭하고 맛있다.
<small>アサックアサカゴ マシッタ</small>
<small>しゃきしゃきして おいしい</small>

☆+α
채소 チェソ(野菜)、샐러드 セルロドゥ(サラダ)、김치 キムチ(キムチ)などに使える

このパン、もちもちしてるね。
이 빵 말랑말랑하네.
<small>イッパンマルランマルランハネ</small>
<small>このパン もちもちしてるね</small>

☆+α
餅のような感じではなく、やわらかい食感を表す

赤飯がもちもちしてて、おいしいです。
찰밥이 쫀득쫀득해서 더 맛나요.
<small>チャルパビッチョンドゥッチョンドゥッケソ トッ マンナヨ</small>
<small>赤飯が もちもちして もっと おいしいです</small>

☆+α
떡 ットク(餅)、붕어빵 プンオッパン(たい焼き)などに使える

ぱさぱさして食べにくいです。
퍼석퍼석해서 먹기 힘들어요.
<small>ポソクポソケソ モッキ ヒムドゥロヨ</small>
<small>ぱさぱさして 食べ つらいです</small>

☆+α
쿠키 クキ(クッキー)、도너츠 トノチュ(ドーナツ)、피부 ピブ(皮膚)などに使える

116

この焼き鳥、こりこりしてる。

이 닭꼬치 오도독오도독 맛있다.
_{イ ダッコチ オ ド ドゥ オ ド ドゥ マ シッタ}
この 焼き鳥 こりこり おいしい

☆ +α
연골 ヨンゴル(軟骨)、아몬드 アモンドゥ(アーモンド)などに使える

ずるずると音を立てて食べないで。

후루룩후루룩 소리 내지 말고 먹어.
_{フルルクフルルク ソリ ネジ マルゴ モゴ}
ずるずる 音 出さないで 食べて

☆ +α
라면 ラミョン(ラーメン)、냉면 ネンミョン(冷麺)、국물 クンムル(汁)などに使える

しっとりしたケーキだね。

케이크가 촉촉하네.
_{ケ イ ク ガ チョクチョカ ネ}
ケーキ が しっとりしてるね

☆ +α
머핀 モピン(マフィン)、쿠키 クキ(クッキー)、카스테라 カステラ(カステラ)などに使える

口の中でさらりと溶けますね。

입에서 살살 녹네요.
_{イ ベソ サルサル ノンネ ヨ}
口 で さらりと 溶けますね

☆ +α
연어 ヨノ(サーモン)、고기 コギ(肉)、초밥 チョバプ(すし)などに使える

わさびがつんとしていいですね。

고추냉이의 톡 쏘는 맛이 일품이네요.
_{コチュネンイ エ トッ ソヌンマ シ イルプミ ネ ヨ}
わさび のつんと打つ味が 一品 ですね

☆ +α
향 ヒャン(香り)、말 マル(話)、성격 ソンキョク(性格)にも使える

ねばねばしたものは何ですか？

끈적끈적거리는 건 뭐예요?
_{ックンジョックンジョッコ リ ヌン ゴン ムォエ ヨ}
ねばねばしている ものは何 ですか

☆ +α
ちょっと気もち悪いと感じている時の表現

入れ替えフレーズ
THEME: 飲食店

ファストフード・カフェ

> ［　　　　］ください。
> ［　　　　］**주세요.**
> チュセヨ

人気
小豆かき氷。
みんなでつついて食べる

パッピンス
팥빙수
パッピンス
8000ウォン

アイスクリーム
아이스크림
アイスクリム
4000ウォン

ワッフル
와플
ワプル
10000ウォン

ロールケーキ
롤케이크
ロルケイク
4000ウォン

限定!!
韓国の伝統デザートで
飲み物風にしたくだもの

すいかのファチェ
수박화채
スバクァチェ
15000ウォン

カップケーキ
컵케이크
コプケイク
3500ウォン

このセットください。
イ セットゥ ジュセヨ
이 셋트 주세요.
この セット ください

カルチャー
ランチにはサラダバーだけを注文できるレストランもある

一番小さいサイズください。
チェイル チャグン サイジュロ ジュセヨ
제일 작은 사이즈로 주세요.
一番 小さい サイズ で ください

カルチャー
店によってサイズの言い方が異なるので、メニューでチェックする

同じものをください。
カトゥンゴルロ ジュセヨ
같은 걸로 주세요.
同じ もので ください

カルチャー
注文に迷ったら、周りの人がたくさん食べているメニューが、その店のおすすめかも

氷は入れないでください。
オルムンノチ マセヨ
얼음은 넣지 마세요.
氷 は 入れないでください

温かい飲み物もありますか？
ッタットゥタンウムニョス ド インナヨ
따뜻한 음료수도 있나요?
温かい 飲料水 も ありますか

カルチャー
韓国では、食後にインスタントコーヒーを無料で提供している食堂も多い

砂糖とミルクはいりません。
ソルタングァ プリムン ピリョ オプソヨ
설탕과 프림은 필요 없어요.
砂糖 と ミルク は 必要 ありません

カルチャー
韓国の食堂にはデザートがないので、コーヒーを甘くしてデザート感覚で飲む人もいる

入れ替えフレーズ

THEME: 飲食店

屋 台

□ ありますか?
□ 있어요?
　イッソ ヨ

おでん
어묵
オムク
2000ウォン

たい焼き
붕어빵
プンオッパン
2000ウォン

のり巻き
김밥
キムパプ
2000ウォン

天ぷら
튀김
トゥィギム
2000ウォン

スンデ
순대
スンデ
2000ウォン

ホットク
호떡
ホットク
2000ウォン

トッポッキ
떡볶이
ットクポッキ
2000ウォン

たこ焼き
문어빵
ムノッパン
2000ウォン

屋台で食べてみたかったんです。
ポジャンマチャエソ モゴ ボゴ シポッソヨ
포장마차에서 먹어 보고 싶었어요.
屋台 で 食べて みたかったです

買い食いって楽しいな。
クンゴッチル チェミ イッタ
군것질 재미있다.
買い食い おもしろい

カルチャー
ソウルには屋台が多く、食べながら歩く人もよく見かける

おでんの汁、ください。
オデン グンムル ジュセヨ
오뎅 국물 주세요.
おでん 汁 ください

カルチャー
おでんの屋台では、みそ汁の代わりにおでんの汁をくれる

座って食べられますか?
アンジャソ モグル ス インナヨ
앉아서 먹을 수 있나요?
座って 食べられますか

デザートは別腹だよね。
フシク ペヌン ッタロ イッソ
후식 배는 따로 있어.
デザート おなか は 別に ある

カルチャー
食事は食堂で、デザートは喫茶店で飲食するのが通例。デザートが食事代より高くなる時もある

あちっ!
アッ ットゥゴ
앗, 뜨거!
あっ あちっ

+α
韓国人には猫舌が少なく、「猫舌」という言葉そのものがない

THEME: 飲食店

テイクアウト

すぐに召し上がりますか?
금방 드실 건가요?
_{クムバン トゥシル コンガ ヨ}
すぐ 召し上がる のですか

カルチャー
すぐに食べない時は、まだ調理されていない材料で渡すこともある

持って帰ります。
가지고 갈 거예요.
_{カジゴ ガル コエヨ}
持って 行くつもりです

カルチャー
汁のある料理は、具と汁を別々に包んでくれる場合もある

持ち帰りもできますか?
포장도 되나요?
_{ポジャンド トェナヨ}
包装 も できますか

カルチャー
普通の食堂はテイクアウトできないところが多い

もれないように、しっかり包んでください。
새지 않게 잘 싸 주세요.
_{セジ アンケ ジャル ッサ ジュセヨ}
もれないように よく包んで ください

袋に入れてもらえませんか?
봉투에 넣어 주시겠어요?
_{ポントゥエ ノオ ジュシ ゲッソヨ}
封筒 に 入れて くださいますか

カルチャー
袋が有料の韓国では、頼まないと袋に入れてもらえないこともある

割り箸も入れてくださいね。
ナム ジョッカラクト ノオ ジュセヨ
나무 젓가락도 넣어 주세요.
木　　箸　　も　　入れて　ください

ナプキンも忘れずにね。
ネプキンド イッチ マルゴ ノオ ジュセヨ
냅킨도 잊지 말고 넣어 주세요.
ナプキンも　忘れないで　入れて　ください

単語
물수건 ムルスゴン (おしぼり)
숟가락 スッカラク (スプーン)
포크 ポク (フォーク)

保冷剤入れてください。
オルムペク ノオ ジュセヨ
얼음팩 넣어 주세요.
氷パック　入れて　ください

別々にしてください。
ッタロッタロ ノオ ジュセヨ
따로따로 넣어 주세요.
別々に　入れて　ください

フレーズ
따로따로 포장해 주세요.
ッタロッタロ ポジャンヘ ジュセヨ (別々に包装してください)

袋はいくらですか？
ポントゥヌン オルマエヨ
봉투는 얼마예요?
封筒　は　いくら　ですか

カルチャー
環境保護のため袋は有料で、無料で渡すと不法行為となる

出前もできますか？
ペダルド トェナヨ
배달도 되나요?
配達　も　できますか

カルチャー
出前は、在宅にかぎらず外にいても届けてもらえたりする

THEME: 飲食店

会 計

ここ、お会計お願いします。
여기, 계산해 주세요.
ヨギ ケサネ ジュセヨ
ここ 計算して ください

👓 **カルチャー**
韓国の飲食店では、テーブルごとに食べた分を計算するので、一人ずつ払えない店も多い

テーブルで会計してもいいですか？
테이블에서 계산해도 되나요?
テイブレソ ケサネド デナヨ
テーブル で 計算しても いいですか

私におごらせてください。
제가 살게요.
チェガ サルケヨ
私が 買います

👓 **カルチャー**
韓国では、食事などは目上の人がおごることが多い

別々にお会計できますか？
따로따로 계산해 주실 수 있나요?
ッタロッタロ ケサネ ジュシル ス インナヨ
別々に 計算して いただけますか

👓 **カルチャー**
レジで一緒に会計するのが一般的だが、別々に会計できる店も増えてきている

クレジットカードで払ってもいいですか？
카드로 내도 돼요?
カドゥロ ネド デヨ
カードで 出しても いいですか

計算が合わないんですが。
ケ サ ニ アン マンヌンデ ヨ
계산이 안 맞는데요.
計算　が　　　合いませんが

3人で割るといくらですか？
セ サラムロ ナ ヌミョン オルマジョ
세 사람으로 나누면 얼마죠?
3　人　で　　割ると　いくらですか

単語
더치페이 トチペイ（割り勘）

小銭にくずしてくれませんか？
チャンドヌ ロ パックォ ジュシ ゲッソヨ
잔돈으로 바꿔 주시겠어요?
小銭　で　　変えて　くださいますか

カルチャー
韓国は料理の値段が千ウォン単位になっていることが多い

1万ウォンでいいですよ。
マ ヌォンマン ネ セヨ
만 원만 내세요.
万 ウォンだけ 出してください

カルチャー
支払いでは、税込み・税別の店がそれぞれあるので要注意

領収書ください。
ヨンスチュンジュセヨ
영수증 주세요.
領収書　　ください

カルチャー
韓国には現金領収書カードというものがあり、それを使えば領収書を保管せずにすむ

お口直しのガムをどうぞ。
イプカ シ ムロ ッコム ハナ ッシブ セヨ
입가심으로 껌 하나 씹으세요.
お口直しで　ガム　1つ　かんでください

THEME: 飲食店

飲食店でのトラブル

髪の毛が入っています。
モリカラギ トゥロガッソヨ
머리카락이 들어갔어요.
　髪の毛　が　　入りました

量が少なすぎませんか？
ヤンイ ノム チョッチ アンナヨ
양이 너무 적지 않나요?
　量が　とても　少なくありませんか

🤓 **カルチャー**
分量が大ざっぱでカロリー表示のないところが多い

注文した料理が来ません。
チュムナン ウムシギ アジク アン ナワッソヨ
주문한 음식이 아직 안 나왔어요.
　注文した　飲食が　まだ　出ませんでした

この料理は頼んでいません。
イ ヨリヌン アン シキョッソヨ
이 요리는 안 시켰어요.
　この　料理は　頼まなかったです

🤓 **カルチャー**
メイン料理を頼むとおかずと野菜などは無料なので、値段が高かったらチェックしよう

これは食べていません。
イゴン アン モゴッソヨ
이건 안 먹었어요.
　これは　食べなかったです

🤓 **カルチャー**
領収書に注文品が示されていない時もあるので、計算が合わないようなら問い合わせよう

こちらが先に注文しましたが。
チョヒ ガ モンジョ チュ ムネンヌンデ ヨ
저희가 먼저 주문했는데요.
私たち が 先に 注文しましたが

カルチャー
アピールしないとけっこう待たされることもあるので、勇気を出して言おう

火が弱いみたいです。
プリ ヤカン ゴッ カタヨ
불이 약한 것 같아요.
火が 弱い みたいです

フレーズ
불이 센 것 같아요. プリ セン ゴッ カタヨ (火が強いみたいです)

さっき、支払いましたよ。
アッカ トン ネンヌンデ ヨ
아까 돈 냈는데요?
さっき お金 払ったんですが

フレーズ
아까 계산했잖아요. アッカ ケサネッチャナヨ (さっき計算したじゃないですか)

電話で予約したはずですよ。
チョヌァ ロ イェヤケッチャナ ヨ
전화로 예약했잖아요.
電話 で 予約したじゃないですか

カルチャー
韓国には予約の習慣があまりなく、店側も予約に慣れていないので、トラブルになることも

ぼったくられた…。
パ ガ ジ ッソッソ
바가지 썼어….
ぼったくられた

カルチャー
メニューの値段を、事前にしっかり確認しよう

私の靴がないのですが。
チェ シンパ リ オムヌンデ ヨ
제 신발이 없는데요.
私の 靴が ないのですが

カルチャー
日本のように鍵の付いた靴箱のある店はまれ。袋に入れて各自が席まで持っていく店もある

韓国ネタ帳 ②

「食べ物」にまつわることわざ

ここでは食べ物が登場することわざを集めました。
現地で言えたら一目置かれること間違いなし！

横になって餅食べ	**누워서 떡 먹기** (ヌウォソ ットン モク キ)	簡単だということ。何もせずに横になっているだけで、人がごちそうを用意してくれることに由来
空腹がおかず	**시장이 반찬** (シジャンイ バンチャン)	おなかがすけば、何でもおいしい（と感じる）こと。空腹をおかずに見立てて白米を食べることに由来
キムチ汁から飲む	**김칫국부터 마신다** (キムチックプ ブト マ シンダ)	相手にはその気がないのに恩恵を受けられると勘違いしている人のこと。韓国では餅とキムチ汁を一緒に食べる習慣があり、餅の準備もしていないのに、キムチ汁を飲んでしまう人を表している
蜂蜜も薬なら苦い	**꿀도 약이라면 쓰다** (ックルド ヤギ ラミョンッス ダ)	ためになる言葉でも、忠告になると聞きたがらないこと
犬ご飯のどんぐり	**개밥의 도토리** (ケバベ ド トリ)	いじめられて、輪の中に入れない人のこと。犬にご飯を与える時にどんぐりを混ぜると、どんぐりを避けて食べることに由来
人の手の餅は大きく見える	**남의 손의 떡은 커 보인다** (ナメ ソネ ットグン コ ボ インダ)	自分のよりも、人の持っているもののほうが大きく立派に見えること

THEME

旅行フレーズ ❷

入れ替えフレーズ
THEME: 買い物

ショッピング①

☐ ください。
주세요.
チュセヨ

あれ
저거
チョゴ

それ
그거
クゴ

これ
이거
イゴ

かばん4つ
가방 네 개
カバン ネ ゲ

かばん3つ
가방 세 개
カバン セ ゲ

かばん2つ
가방 두 개
カバン トゥ ゲ

全部でおいくらですか?
전부 얼마예요?
チョンブ オルマエヨ

何かお困りですか？
ムォンガ プルピョナ シン ジョム イッスセヨ
뭔가 불편하신 점 있으세요?
何か　　不便な　　　点　　ありますか

フレーズ
뭘 도와 드릴까요? ムォル トワ ドゥリルッカヨ（何をお手伝いしましょうか？）

何をお探しですか？
ム オスル チャジュセヨ
무엇을 찾으세요?
何　を　　お探しですか

選んで、選んで！
コルラ　コルラ
골라, 골라!
選んで　選んで

これはいくらですか？
イゴン オルマ ジョ
이건 얼마죠?
これは　いくらですか

文法
~죠? ジョは~지요? ジヨの縮約形。얼마예요? オルマエヨと尋ねることもできる

値段を書いてもらえますか？
カ ギョグル チョ ゴ ジュ シミョンアン デルッカヨ
가격을 적어 주시면 안 될까요?
価格を　書いて　くださったら　だめでしょうか

カルチャー
韓国では消費税を付加価値税といい、商品に含まれていることが多い

まとめ買いすると安くなりますか？
マ ニ　　サミョンッサゲ　デ ナ ヨ
많이 사면 싸게 되나요?
たくさん　買うと　　安く　なりますか

カルチャー
洗濯用洗剤は5kg・10kg、トイレットペーパーは36ロールなどが一般的

THEME: 買い物

ショッピング ❷

いや、高すぎですよー。

<ruby>エイ</ruby> <ruby>ノム</ruby> <ruby>ビッサジャナヨ</ruby>
에이, 너무 비싸잖아요.
<small>えい　　とても　高いじゃないですか</small>

偽物はいりませんよ。

<ruby>カッチャヌン　ピリョ　オプソヨ</ruby>
가짜는 필요 없어요.
<small>偽物　は　必要　ありません</small>

1万ウォンしかありません。

<ruby>マ　ヌォンパッケ　オプソヨ</ruby>
만 원밖에 없어요.
<small>万　ウォンしか　ありません</small>

👓 カルチャー
小銭は10、100、500があり、札は千、5千、1万、5万がある。10万ウォン以上は小切手を使う

あちらの店ではもっと安かったけど。

<ruby>チョチョッカ　ゲエソヌン　ト　ッサドンデ</ruby>
저쪽 가게에서는 더 싸던데.
<small>あちら　店　では　もっと 安かったけど</small>

まけてください。

<ruby>ッカッカ　ジュセヨ</ruby>
깎아 주세요.
<small>まけて　ください</small>

👓 カルチャー
デパートなどは値引きはしてくれなくても、おまけの商品をくれることも

HANGUL PHRASE — ショッピング❷

現品なんだから安くなりますよね?
チョンシプ ム ニ ッカ ッサゲ ヘ ジュジョ
전시품이니까 싸게 해 주죠?
展示品　　だから　　安く　して くれますよね

クレジットカードも使えますか?
シニョンカドゥド サヨンハル ス インナヨ
신용카드도 사용할 수 있나요?
信用カード　も　　使用　　　できますか

👓 **カルチャー**
T-moneyなどの電子マネーが使える店もある

円で払ってもいいですか?
エヌロ ケサネド デヨ
엔으로 계산해도 돼요?
円　で　　計算　しても　いいですか

👓 **カルチャー**
観光客の多い場所では、円やドルも使えるが、通常は使えない

現金だと安くなりますか?
ヒョンチャルロ サミョンッサゲ ヘ ジュナヨ
현찰로 사면 싸게 해 주나요?
現札　で　　買うと　安く　して くれますか

👓 **カルチャー**
現金で買うと手数料分をまけてくれるところも多い

じゃあ、買います。
クロム サルケヨ
그럼 살게요.
では　　買います

おまけにもう1つください。
トムロ ハナ ド ジュセヨ
덤으로 하나 더 주세요.
おまけに　　1つ　もっと　ください

👓 **カルチャー**
韓国はお得なおまけが多く、おまけ目当てで商品を買うこともよくある

133

THEME: 買い物

ショッピング ❸

これは何に使う物ですか?
イゴン ムォエ ッスヌン ゴ エ ヨ
이건 뭐에 쓰는 거예요?
これは 何に 使う の ですか

🗨️ **フレーズ**
상하지 않을까요? サンハジ アヌルッカヨ（腐らないでしょうか？）

日本に送ってもらえますか?
イルボヌロ ボネ ジュシル ス インナヨ
일본으로 보내 주실 수 있나요?
日本へ 送って もらえますか

何時まで営業してますか?
ミョッ シッカジ ヨンオペヨ
몇 시까지 영업해요?
何 時 まで 営業しますか

👓 **カルチャー**
デパートの営業時間は10時30分～20時が多く、延長や休館日もある

じゃあ、またあとで来ますね。
クロム ナジュンエ タシ オルケヨ
그럼 나중에 다시 올게요.
では あと で また 来ますね

👓 **カルチャー**
同じ品の他店の値段を言うと、それより安くしてくれることも

やっぱりやめます。
ヨクシ アン サル レ ヨ
역시 안 살래요.
やっぱり 買いません

👓 **カルチャー**
韓国では遠慮を美徳とはしていないので、気に入らなかったらはっきり言ったほうがいい

HANGUL PHRASE ショッピング③

飲食街はどこですか？
モクチャ ゴルモギ オディジョ
먹자 골목이 어디죠?
食べよう　街　が　どこですか

韓国のりを売っている店が見つかりません。
マッキム パヌン カゲルル モッチャッケッソ ヨ
맛김 파는 가게를 못 찾겠어요.
味 のり 売っている　店　を　　探せません

試食してもいいですか？
モゴ バド デヨ
먹어 봐도 돼요?
食べて　みても いいですか

> 👓 **カルチャー**
> 用意がなくても声をかけると試食させてくれる店もある

持ち帰りできますか？
ポジャンテェナ ヨ
포장 되나요?
包装　できますか

> 👓 **カルチャー**
> 持ち帰りに対応していない店でも、事情を説明すると、なんとかしてくれることもある

MINI トリビア

韓国の消費税あれこれ

韓国の消費税には付加価値税、個別消費税、酒税、関税などがあります。商品の価格は税込みで表示されています。車や貴金属などにかかる付加価値税は10％が基本ですが、米のような生活必需品の場合、免税になったり税率が下がったりすることもあります。

THEME: 買い物

コスメ

これは何のクリームですか?
イゴン ムスン クリミエヨ
이건 무슨 크림이에요?
これは　何の　クリーム　ですか

単語
아이 크림 アイ クリム
(アイクリーム)
영양 크림 ヨンヤン クリム
(栄養クリーム)

どんな効果がありますか?
オットン ヒョクァガ イッチョ
어떤 효과가 있죠?
どんな　効果　が ありますか

単語
미백 ミベク(美白)
링클케어 リンクルケオ
(しわケア)
보습 ポスプ(保湿)

乳液ありますか?
ロション インナヨ
로션　있나요?
乳液　　ありますか

↓

入れ替え単語

ミベク ペク	タルペンイ クリム	ビビ クリム
미백 팩	**달팽이 크림**	**비비크림**
美白パック	かたつむりクリーム	BBクリーム

塗ってみてもいいですか?
パルラ バド デナヨ
발라 봐도 되나요?
塗って　みても　いいですか

+α
パッチム ㄹと子音 ㄹが続く「ㄹㄹ」発音は、きちんと舌を上の歯茎に付けて発音しよう

マスクシートはどこにありますか？
マ ス ク シトゥヌン オディエ インナヨ
마스크시트는 어디에 있나요?
マスクシート は どこ に ありますか

たくさんサンプルをくださいね。
セムプル マニ ジュセヨ
샘플 많이 주세요.
サンプル たくさん ください

カルチャー
化粧品を買うと同じものをもう1つくれる、「1＋1セール」もよくある

オーガニックコスメを探してるんですが。
チョニョン ファジャンプム ル チャンヌンデ ヨ
천연 화장품을 찾는데요.
天然　　化粧品　を 探していますが

これと同じ色が欲しいんです。
イ ゴラン カトゥン セグル チャッコ イッソヨ
이거랑 같은 색을 찾고 있어요.
これ と 同じ 色を 探して います

単語
비슷한 색을 ピスタン セグル(似た色を)

このブランドは取り扱ってますか？
イ ブレンドゥ ファジャンプムド パナヨ
이 브랜드 화장품도 파나요?
この ブランド　　化粧品　も 売っていますか

敏感肌なんです。
ミンガムソン ピブ エヨ
민감성 피부예요.
敏感性　 皮膚　です

入れ替えフレーズ

THEME: 買い物

ファッション

☐ 探してます。
チャッコ イッソヨ
찾고 있어요.

ワンピースを
원피스를
ウォンピスルル

Tシャツを
티셔츠를
ティショチュルル

カーディガンを
가디건을
カディゴヌル

スカートを
치마를
チマルル

手袋を
장갑을
チャンガブル

帽子を
모자를
モジャルル

ジーンズを
청바지를
チョンバジルル

ベルトを
벨트를
ベルトゥルル

靴下を
양말을
ヤンマルル

NEW ARRIVAL

試着してみてもいいですか？

イボ バド デナヨ
입어 봐도 되나요?
着て　みても　いいですか

ちょっと大きいみたい。

チョムクン ゴ ガタヨ
좀 큰 거 같아요.
ちょっと 大きい みたいです

どう？派手すぎない？

オッテ　ノム ファリョハジ アナ
어때? 너무 화려하지 않아?
どう　　とても　派手じゃない

丈を短くできますか？

キジャンウル チュリョ ジュシル ス インナヨ
기장을 줄여 주실 수 있나요?
　丈　を　縮めて　　いただけますか

👄 **フレーズ**
~정도까지 チョンドッカジ（～くらいまで）と自分好みの丈を言うこともできる

なんだかピンとこないなあ。

マウメ ッソクトゥルジ アンネ
마음에 쏙 들지 않네.
　心　にぐいっと　入らないなあ

✏️ **文法**
このフレーズは独り言。店員に言う時は、末尾に요 ヨを付けるだけでOK

色違いはありませんか？

タルン セクサンウン オムナヨ
다른 색상은 없나요?
違う　色合い は ありませんか

📑 **単語**
모양 モヤン（模様）
디자인 ティジャイン（デザイン）

HANGUL PHRASE / ファッション

THEME: 買い物

雑　貨

わあ! かわいい♡
ウワ　　イェップダ
우와! 예쁘다♡
わあ　　かわいい

たくさんあって迷いますね。
ノム　マナソ　コミンデネヨ
너무 많아서 고민되네요.
とても　多くて　悩みますね

+α
너무 ノムは「とても」の意味だが、「〜すぎる」というニュアンスでもよく使われる

衝動買いしそう!
チルム シニ　ネリョオションナ バ
지름신이 내려오셨나 봐!
衝動買いの神 が　降りてきた　みたい

韓国ツウ
지름신 チルムシンは、高額のものを思いきって買う時に使う지르다 チルダという動詞から作られた神

日本では買えないものがいいな。
イルボネソン　サル ス オムヌン ゲ チョケンヌンデ
일본에선 살 수 없는 게 좋겠는데.
日本では　買えない　ものが　いいけど

フレーズ
한국 한정품이에요. ハングヶ ハンジョンプミエヨ(韓国限定品ですよ)

壊れないように包んでください。
ッケジジ　アンケ　ポジャンヘ　ジュセヨ
깨지지 않게 포장해 주세요.
割れないように　包装して　ください

柄違いはありますか?

<u>ムニガ</u> タルン ゴット イッソヨ
무늬가 다른 것도 있어요?
柄 が 違う ものも ありますか

★ +α
무늬の発音は[무니]。의は初声に子音が入ると、「子音+이」で発音する

雑貨

ポジャギを探してます。

<u>ポジャギ</u> ルル チャッコ イッソヨ
보자기 를 찾고 있어요.
ポジャギ を 探して います

↓

入れ替え単語

ハンジ	トジャギ	チェクカルピ
한지	**도자기**	**책갈피**
韓紙	陶器	しおり

小分けの袋をください。

ッタロッタロ ノケ ポントゥ ミョッチャンド ジュセヨ
따로따로 넣게 봉투 몇 장 더 주세요.
別々 入れるように 封筒 何 枚 もっと ください

MINI トリビア

買い物LOVE!な韓国人

韓国では、家庭のテレビのほとんどは有線放送やケーブルテレビで、ホームショッピング専門チャンネルも人気です。また、ネットショッピングも盛んです。宅配便サービスは迅速でとても安く、返品もOKの場合が多いので、買い物が気軽に楽しめるんです。

THEME: 買い物

CD・本

この歌手のアルバム、ありますか？
イ ガス エルボム インナヨ
이 가수 앨범 있나요?
この　歌手　アルバム　ありますか

この歌が入っているアルバムを探してるんですが。
イ ノレガ トゥロ インヌン エルボムル チャンヌンデヨ
이 노래가 들어 있는 앨범을 찾는데요.
この　歌　が　入って　いる　アルバム　を　探していますが

あった、あった！
ヨギ イッタ
여기 있다!
ここ　ある

🗨 フレーズ
있다! 있어! イッタイッ
ソとも言う

視聴できますか？
トゥロ ボル ス インナヨ
들어 볼 수 있나요?
聞いて　みることできますか

限定版はありませんか？
ハンジョンパヌン オムナヨ
한정판은 없나요?
限定版　は　ありませんか

チャンミンの写真集を探しています。

チャンミンッシエ　サジンジブル　チャッコ　イッソヨ
창민 씨의 사진집을 찾고 있어요.
チャンミンさん の　写真集　を　探して　います

この本は売り切れですか？

イ　チェグン　タ　パルリョンナヨ
이 책은 다 팔렸나요?
この　本は　すべて　売れましたか

入れ替え単語

エルボムン	チャプチヌン	サジンジブン
앨범은	**잡지는**	**사진집은**
アルバムは	雑誌は	写真集は

今、韓国で注目されてる歌手は誰ですか？

チグム　ハング ゲソ　チュモク パンヌン　ガスヌン　ヌグエヨ
지금 한국에서 주목 받는 가수는 누구예요?
今　韓国で　注目　もらう　歌手は　誰ですか

MINI トリビア

韓国のシビアなアルバム事情

韓国では、よほどのファンでなければアルバムは買わず、多くの人が好きな曲だけダウンロードしています。しかも、1か月1万ウォン程度で、ダウンロードし放題のサイトやアプリもあり、歌手には厳しい環境です。ただし、外国からは使えないよう制限されています。

HANGUL PHRASE　CD・本

THEME: 買い物

おみやげ

ここの特産品は何ですか？
イ ジョㇰトゥㇰサンプㇺ ムォエヨ
이 지역 특산품이 뭐예요?
この 地域　特産品 が 何 ですか

👓 カルチャー
韓国では、おみやげの風習はなく、みやげ専用の菓子などは比較的少ない

人気のおみやげは何ですか？
インキ インヌントゥㇰサンプㇺン ムォエヨ
인기 있는 특산품은 뭐예요?
人気　ある　特産品　は　何　ですか

韓国らしいおみやげにしたいな。
ハングㇰチョギン キニョムプㇺ オプスㇽッカ
한국적인 기념품 없을까?
韓国的な　　記念品　ないかなぁ

👓 カルチャー
韓国伝統の刺しゅうや模様は原色のもの、華麗で細かいイメージのものが多い

もっと手ごろなものはありませんか？
チョㇺド チョリョマン ゴン オㇺナヨ
좀 더 저렴한 건 없나요?
少し もっと　低廉な　ものは ありませんか

箸とスプーンのセットを見せてください。
スジョ セトゥジョㇺ ポヨ ジュセヨ
수저 세트 좀 보여 주세요.
箸スプーン　セット　ちょっと 見せて ください

賞味期限はいつまでですか？

유통기한이 언제까지죠?
ユトンギ ハ ニ オンジェッカジ ジョ

流通期限　が　いつ　までですか

種類はこれだけですか？

종류가 이것밖에 없나요?
チョンニュガ イゴッパッケ オムナ ヨ

種類　が　これ　しか　ありませんか

おまけはありませんか？

덤은 없나요?
トムン オムナ ヨ

おまけ は ありませんか

👓 カルチャー
居酒屋では、無料でくれるサービス 안주 ソビスアンジュ（サービスおつまみ）もある

小分けになっているキムチはありますか？

따로따로 포장된 김치 있나요?
ッタロッタロ ポジャンデン キムチ インナ ヨ

別々に　包装された　キムチ　ありますか

↓
入れ替え単語

맛김	인스턴트 라면	녹차
マッキム	インストントゥ ラミョン	ノクチャ
韓国のり	インスタントラーメン	緑茶

友達のリクエストは何だっけ？

친구가 부탁한 게 뭐더라?
チング ガ プ タカン ゲ ムォドラ

友達　が　頼んだ　ものが 何だったっけ

おみやげ

THEME: 買い物

コンビニ

一番近くのコンビニはどこですか？
カジャン ガッカウン ピョニ ジョムン オディエヨ
가장 가까운 편의점은 어디예요?
もっとも　近い　　　コンビニ は　どこ ですか

Tマネーをチャージしたいんですが。
キョトンカドゥルル チュンジョナゴ シプンデヨ
교통카드를 충전하고 싶은데요.
交通カード　を　　充電　　　したいですが

Tマネーで払ってもいいですか？
キョトンカドゥロ チプレド デナヨ
교통카드로 지불해도 되나요?
交通カード　で　支払いしても　いいですか

👓 **カルチャー**
Tマネーは乗り物だけでなく、コンビニ、一部のファストフード店などでも利用できる

旅行用の歯ブラシセットはありますか？
ヨヘンヨン チッソル セトゥ インナヨ
여행용 칫솔 세트 있나요?
旅行用　歯ブラシ セット ありますか

生理用品は置いてますか？
センニ ヨンプム インナヨ
생리용품 있나요?
生理用品　　　ありますか

⭐ **+α**
여성 위생용품 ヨソン ウィセンヨンプム（女性衛生用品）と書かれていることもある

ミネラルウオーターを探しています。

センス ルル チャッコ イッソヨ
생수를 찾고 있어요.
生水 を 探して います

お酒はありませんか？

スルン オムナヨ
술은 없나요?
酒 は ありませんか

(ビニール) 袋に入れてください。

ビニル ポントゥエ ノオ ジュセヨ
(비닐) 봉투에 넣어 주세요.
ビニール 封筒 に 入れて ください

> 👓 **カルチャー**
> 韓国は環境保護のため、紙袋などはお金を払わせるよう法律で定めている

ホットドッグください。

ハットグ ジュセヨ
핫도그 주세요.
ホットドッグ ください

↓
入れ替え単語

パッ ホッパン	キョトンカ ドゥ	コンジョンジ
팥호빵	**교통카드**	**건전지**
あんまん	交通カード	乾電池

温めてもらえますか？

テウォ ジュシル ス インナヨ
데워 주실 수 있나요?
温めて いただけますか

> 👓 **カルチャー**
> 韓国のコンビニには弁当やデザート類が少なく、住宅街にはコンビニ自体がほとんどない

HANGUL PHRASE / コンビニ

THEME: 買い物

薬　局

下痢止め薬はありますか？
_{ソル サ ヤク インナ ヨ}
설사약 있나요?
_{下痢　薬　ありますか}

カルチャー
消化不良の時は薬を飲まず、コーラやサイダーを飲むといい、とよく言われたりする

ばんそうこうをください。
_{パンチャンゴ ジュセ ヨ}
반창고 주세요.
_{ばんそうこう　ください}

カルチャー
韓国では、대일밴드 テイルベンドゥという名称が有名で、一般名詞として使われる

韓方の風邪薬はありませんか？
_{ハンバン ガム ギ ヤグン オムナ ヨ}
한방 감기약은 없나요?
_{韓方　風邪　薬　は ありませんか}

カルチャー
韓方医になるには、6年間の韓医学部を卒業する必要がある

滋養強壮ドリンクを探しています。
_{ピ ロ フェボク トゥリンク ルル チャッコ イッソ ヨ}
피로 회복 드링크를 찾고 있어요.
_{疲労　回復　ドリンク　を　探して　います}

ここで飲んでもいいですか？
_{ヨギエソ マショド デナ ヨ}
여기에서 마셔도 되나요?
_{ここ　で　飲んでも　いいですか}

カルチャー
韓国の薬局には薬剤師がいて、必要な薬を伝えるとおすすめの薬を出してくれる

薬局

脈を診ましょう。
ミョグル ハンボン チェ ボルケヨ
맥을 한번 재 볼게요.
脈を　一度　測って　みます

> 👓 カルチャー
> 韓国の医学である「韓方医学」では、必ず脈を測る

舌を見せてください。
ヒョルル ネミロ ボセヨ
혀를 내밀어 보세요.
舌を　出して　みてください

> 👓 カルチャー
> 韓方医学では、時間をかけて体質改善を図る治療が多い

きのうから気もちが悪くて…。
オジェブト ソギ チョチ アナヨ
어제부터 속이 좋지 않아요….
きのう　から　中(胃腸)が　よくないです

> ⭐ +α
> 기분이 나쁘다 キブニ ナップダは、感情的な「気分が悪い」意味で、胃腸の具合は表さない

よく効く薬がいいです。
チャルドゥンヌン ニャギ チョアヨ
잘 듣는 약이 좋아요.
よく　効く　薬が　いいです

> ⭐ +α
> 듣다 トゥッタには、「聞く」「効く」の意味はあるが、「訊く(尋ねる)」の意味はない

MINI トリビア

韓国にドラッグストアは存在しない?!

韓国には日本のようなドラッグストアはなく、調剤薬局しかありません。しかし、頭痛薬や軟こうなどは処方箋なしでも買えます。2000年から、薬剤師が症状を聞いて調剤できなくなりましたが、病院へ行かず、薬局でおすすめの市販薬を買う習慣が残っています。

THEME: 美容

エステ・マッサージ ①

マッサージに行きましょう。
마사지 하러 가요.
_{マサジ ハロ ガヨ}
マッサージ　しに　行きましょう

おすすめのエステサロンを教えてください。
괜찮은 에스테살롱을 가르쳐 주세요.
_{クェンチャヌン エステサルロンウル カルチョ ジュセヨ}
大丈夫な　エステサロン　を　教えて　ください

しみとしわで悩んでいます。
기미랑 주름 때문에 고민이에요.
_{キミラン ジュルム ッテム ネ コミニエヨ}
しみと　しわ　せいで　悩み　です

📖 単語
주근깨 チュグンッケ (そばかす)
건성피부 コンソンピブ (乾燥肌)

とくに肩こりがひどくて…。
특히 어깨가 심하게 결려요….
_{トゥキ オッケガ シマゲ ギョルリョヨ}
とくに　肩　が　ひどく　痛いです

腰が痛みます。
허리가 아파요.
_{ホリガ アパヨ}
腰　が　痛いです

アトピーがあるんです。
아토피가 있어요.
_{アトピガ イッソヨ}
アトピー が あります

> **カルチャー**
> 成分表示のないところが多いので、アレルギーがあるなら、はっきりそう言おう

オイルマッサージをお願いします。
오일 마사지 부탁해요.
_{オイル マサジ プタケヨ}
オイル マッサージ お願いします

入れ替え単語

오이팩	석고팩	헤드스파
オイペク	ソクコペク	ヘドゥスパ
きゅうりパック	石こうパック	ヘッドスパ

うぶ毛もそってもらえますか?
잔털도 제거해 줄 수 있나요?
_{チャントルド チェゴヘ ジュルス インナヨ}
うぶ毛 も 除去して もらえますか

> **+α**
> 糸でうぶ毛を抜く方法を、실면도 シルミョンド（糸ひげそり）という

骨格矯正をやりたいです。
골격 교정을 받고 싶어요.
_{コルギョクキョジョンウル パッコ シポヨ}
骨格 矯正 を もらいたいです

女性スタッフに頼めますか?
여성 스탭으로 부탁할 수 있나요?
_{ヨソン ステプロ プタカル ス インナヨ}
女性 スタッフ で お願いできますか

HANGUL PHRASE エステ・マッサージ ❶

THEME: 美容

エステ・マッサージ ❷

気もちいいです。
シウォネヨ
시원해요.
気もちいいです

ああ、最高!
ア チェゴダ
아, 최고다!
あ　　最高　だ

5歳くらい若返ったみたい!
タソッ サルン チョルモジン ゴッ カ タ
다섯 살은 젊어진 것 같아.
　5　 歳　は　若くなった　　みたい

割引券は使えますか?
ハリン ティケッスル ス インナ ヨ
할인 티켓 쓸 수 있나요?
割引　チケット　　使えますか

ちょっと寒いです。
チョグム チュウォヨ
조금 추워요.
少し　寒いです

🔖 **単語**
더워요. トウォヨ (暑いです)
뜨거워요. ットゥゴウォヨ (熱いです)

そこは触らないでください。
コギヌンコンドゥルジ マラジュセヨ
거기는 건들지 말아 주세요.
そこ は　　　触れないで　　　ください

ひりひりします。
ッスリョヨ
쓰려요.
ひりひりします

📖 単語
「ひりひりする」は따끔따끔해요.ッタックムッタックメヨ、얼얼해요.オロレヨとも言う

ロッカーのキーを落としちゃったみたい…。
オッチャンヨルセルルイ ロポリョンナ バ
옷장 열쇠를 잃어버렸나 봐….
服だんす鍵を失ってしまったみたい

静かにしてもらえませんか?
チョムチョヨン ヒヘジュシゲッソ ヨ
좀 조용히 해 주시겠어요?
ちょっと 静かにしてくださいますか

頼んだコースと違います。
チョウ メイェギハン コスハゴタルジャ ナヨ
처음에 얘기한 코스하고 다르잖아요.
初め に話したコースと違うじゃないですか

荷物がないんですが。
チミオムヌンデヨ
짐이 없는데요.
荷物がないんですが

入れ替えフレーズ
THEME: 美容

足つぼ

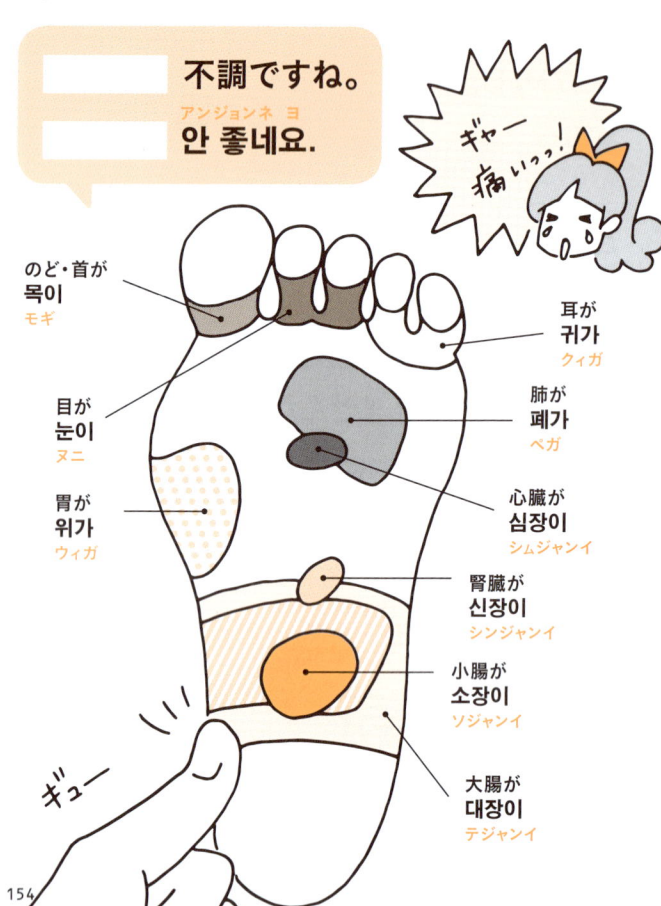

☐☐ 不調ですね。
アンジョンネ ヨ
안 좋네요.

ギャー 痛いっっ！

のど・首が
목이
モギ

耳が
귀가
クィガ

目が
눈이
ヌニ

肺が
폐가
ペガ

胃が
위가
ウィガ

心臓が
심장이
シムジャンイ

腎臓が
신장이
シンジャンイ

小腸が
소장이
ソジャンイ

ギュー

大腸が
대장이
テジャンイ

足つぼ30分コースをお願いします。

<ruby>발<rt>パル</rt></ruby> <ruby>마사지<rt>マサジ</rt></ruby> <ruby>삼십<rt>サムシプ</rt></ruby> <ruby>분<rt>プン</rt></ruby> <ruby>코스로<rt>コスロ</rt></ruby> <ruby>부탁해요<rt>プタケヨ</rt></ruby>.

발 마사지 삼십 분 코스로 부탁해요.
足　マッサージ　三十　分　コースで　お願いします

足がよくむくむんです。

<ruby>다리가<rt>タリガ</rt></ruby> <ruby>자주<rt>チャジュ</rt></ruby> <ruby>부어요<rt>プオヨ</rt></ruby>.

다리가 자주 부어요.
足　が　しょっちゅう　むくみます

📖 **単語**
얼굴이 オルグリ(顔が)
손이 ソニ(手が)

ちょっと痛いですね。

<ruby>좀<rt>チョム</rt></ruby> <ruby>아프네요<rt>アプネヨ</rt></ruby>.

좀 아프네요.
少し　痛いですね

💬 **フレーズ**
痛い時の悲鳴は、아야!
アヤ

もう少し強くしてもらえますか?

<ruby>좀<rt>チョム</rt></ruby> <ruby>더<rt>ド</rt></ruby> <ruby>세게<rt>セゲ</rt></ruby> <ruby>해<rt>ヘ</rt></ruby> <ruby>주실<rt>ジュシル</rt></ruby> <ruby>수<rt>ス</rt></ruby> <ruby>있어요<rt>イッソヨ</rt></ruby>?

좀 더 세게 해 주실 수 있어요?
少し　もっと　強く　して　　いただけますか

💬 **フレーズ**
弱くしてほしい時は、세게 セゲの代わりに약하게 ヤカゲ(弱く)と言う

時間延長も可能ですか?

<ruby>시간<rt>シガン</rt></ruby> <ruby>연장도<rt>ヨンジャンド</rt></ruby> <ruby>가능한가요<rt>カヌンハンガヨ</rt></ruby>?

시간 연장도 가능한가요?
時間　　延長　も　　可能ですか

足が軽くなりました!

<ruby>다리가<rt>タリガ</rt></ruby> <ruby>가벼워졌어요<rt>カビョウォジョッソヨ</rt></ruby>!

다리가 가벼워졌어요!
足　が　軽くなりました

⭐ **+α**
もみ返しで体がだるく痛い状態は、몸이 뻐근하다 モミッポグナダ(体がだるい)という

THEME: 美容
あかすり

基本コースには何が含まれますか?
기본 코스에는 어떤 게 포함되나요?
キボン コスエヌン オットン ゲ ポハムデナヨ

あかすりもしたいですが。
때를 밀고 싶어요.
ッテルル ミルゴ シポヨ

顔のマッサージもしてくれますか?
얼굴 마사지도 해 주나요?
オルグル マサジド ヘ ジュナヨ

よもぎ蒸しもできますか?
좌욕도 할 수 있나요?
チュアヨクト ハル ス インナヨ

できますよ。
할 수 있어요.
ハル ス イッソヨ

156

あかすりタイム

あかすり

う〜ん、極楽〜!
이야! 천국이 따로 없네.
イヤ チョングギ ッタロ オムネ

痛くないように
아프지 않게
アプジ アンケ

優しくしてください。
살살해 주세요.
サルサレ ジュセヨ

12番の人〜!!
십이 번 손님!
シビ ボン ソンニム

あお向けになってください。
위를 보고 누우세요.
ウィルル ボゴ ヌウセヨ

横になってください。
옆을 보고 누우세요.
ヨプル ボゴ ヌウセヨ

すべすべ
매끈매끈
メックンメックン

終わりましたよ。
다 끝났어요.
タ ックンナッソヨ

THEME: 美容

汗蒸幕・チムジルバン

基本的な流れを教えてください。
キボンジョギン スン ソルル カルチョ ジュセヨ
기본적인 순서를 가르쳐 주세요.
基本的な　　順序を　　教えて　　ください

オプションは何がありますか？
オプショヌ ロ ヌン ムォガ イッソヨ
옵션으로는 뭐가 있어요?
オプション　で　は　何が　ありますか

汗蒸幕用の服はいくらですか？
ハンジュンマク
ハンジュンマンニョン オスン ビルリミョン オルマエヨ
한증막용 옷은 빌리면 얼마예요?
汗蒸幕　用　服は　借りると　いくらですか

📖 **カルチャー**
麻布をかぶって入る昔ながらの店から、専用服が貸し出されるところまでさまざま

タオル、もう１枚ください。
スゴン ハン ジャンマン ト ジュセヨ
수건 한 장만 더 주세요.
タオル　1　枚だけ　もっと　ください

📖 **カルチャー**
汗蒸幕や銭湯では、入口のカウンターで、タオルを渡されることが多い

あかすり用タオルありますか？
ッテミリ タオル イッソヨ
때밀이 타올 있어요?
あかすり　タオル　ありますか

📖 **カルチャー**
韓国人はみんな「あかすり用タオル」を持っている。**이태리타올** イテリタオルともいう

158

どんなサウナがありますか？
オットン サウナシリ イッソヨ
어떤 사우나실이 있어요?
どんな　　サウナ室　　が　ありますか

🤓 **カルチャー**
汗蒸幕は広くて、サウナ部屋が温度別、効能別に分かれている

水をたくさん飲んでくださいね。
ムルル マニ ドゥセヨ
물을 많이 드세요.
水を　たくさん　飲んでください

更衣室はどこですか？
タリシルン オディエヨ
탈의실은 어디예요?
脱衣室　　は　　どこ　ですか

🤓 **カルチャー**
裸を恥ずかしがらず、タオルで体を隠す人も少ない。貴金属の保管は自己管理

ゆで卵とシッケください。
サルムン ゲランゴ シケ ジュセヨ
삶은 계란하고 식혜 주세요.
ゆでた　卵　と　シッケ　ください

🤓 **カルチャー**
サウナの熱を利用したゆで卵、手作りのシッケ（飲み物）を売り物にしているところも多い

MINI トリビア

みんな大好き！ 汗蒸幕とチムジルバン

チムジルバンは、サウナで体を温め汗を流して病気を治す、施設と銭湯が一緒になったところです。汗蒸幕はチムジルバンの一種で、洞窟のような部屋が特徴。主婦の社交場として使われたり、安くて睡眠室があることから1泊用の宿泊施設として利用されたりしています。

HANGUL PHRASE　汗蒸幕・チムジルバン

入れ替え
フレーズ
THEME: 美容

ヘアサロン・ネイルサロン❶

◯◯◯したいんです。
ハゴ シポヨ
◯◯◯하고 싶어요.

HAIR CATALOG

このモデルの髪形に
이 모델 헤어스타일로
イ モデル ヘオスタイルロ

ショートに
쇼트로
ショトゥロ

ゆるウエーブに
굵은 웨이브로
クルグン ウェイブロ

NEW

肩にかかる長さに
어깨에 닿을 정도로
オッケエ タウル ジョンドロ

最新の髪形に
최신 유행 스타일로
チェシン ユヘン スタイルロ

SIDE

フレンチに	チェックに	ドットに
후렌치로	체크로	도트로
フレンチロ	チェクロ	トトゥロ

FRENCH / CHECK / DOT

花柄に	ひょう柄に	ラメに
꽃무늬로	호피무늬로	라메로
ッコンムニロ	ホピムニロ	ラメロ

FLOWER / LEOPARD / LAMÉ

りぼんに	グラデーションに	ボーダーに
리본으로	그라데이션으로	보더로
リボヌロ	クラデイショヌロ	ポドロ

RIBBON / GRADATION / BORDER

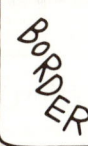

マーブルに	単色に	
마블로	단색으로	どれにしますか？ 어떤 스타일로 하시겠어요？ オットン スタイルロ ハシゲッソヨ
マブロ	タンセグロ	

MARBLE / SINGLE

HANGUL PHRASE

ヘアサロン・ネイルサロン ❶

THEME: 美容

ヘアサロン・ネイルサロン ❷

髪を切ってください。
_{モ リ ルル ジョム チャルラ ジュセヨ}
머리를 좀 잘라 주세요.
_{髪　を ちょっと 切って　ください}

この写真のようにしたいんです。
_{イ　サジンチョロム ハゴ　シポヨ}
이 사진처럼 하고 싶어요.
_{この　写真 のように　　したいです}

前髪だけ切ってください。
_{アムモ リ マン チャルラ ジュセヨ}
앞머리만 잘라 주세요.
_{前　髪 だけ 切って　ください}

📓 単語
눈썹이 가릴 정도로 ヌンッソピ カリル ジョンドロ（眉が隠れる程度に）

キム・テヒと同じ髪形にしてください。
_{キムテ ヒ ッシハゴ ガトゥンヘ オスタイルロ ヘ ジュセヨ}
김태희 씨하고 같은 헤어스타일로 해 주세요.
_{キム・テヒ さん と 同じ ヘア スタイル で して ください}

イメージを少し変えてみたいんです。
_{イ ミ ジルルチョム パックォ ボゴ シポヨ}
이미지를 좀 바꿔 보고 싶어요.
_{イメージ を 少し 変えて みたいです}

流行っているヘアスタイルは何ですか？

ユヘン ハヌン ヘオ スタ イルン ムォジョ
유행하는 헤어스타일은 뭐죠?
　流行する　　ヘア　スタイル　は　何ですか

明るい色に染めたい気分です。

パルグン セグロ ヨムセカゴ シプン キブニエヨ
밝은 색으로 염색하고 싶은 기분이에요.
明るい　色　で　　染色したい　　　気分　です

白髪を染めたいです。

カルチャー
韓国では、白髪は黒く染めるのが一般的

ヒンモリルル ヨムセカゴ シポヨ
흰머리를 염색하고 싶어요.
　白髪　を　　染色したいです

髪をアップにしたいんです。

カルチャー
韓国の伝統衣装である韓服を着る時は、アップスタイルにするのが主流

オルリン モリルル ハゴ シプンデヨ
올린 머리를 하고 싶은데요.
上げた　髪を　　　したいですが

韓服に似合うヘアスタイルは何ですか？

ハンボゲ オウルリヌン ヘオ スタ イルン ムォエヨ
한복에 어울리는 헤어스타일은 뭐예요?
韓服　に　似合う　　ヘア　スタイル　は　何ですか

ヘッドマッサージもお願いします。

トゥピ マサジド ヘ ジュセヨ
두피 마사지도 해 주세요.
頭皮　マッサージ　も　して　ください

ヘアサロン・ネイルサロン❷

THEME: 美容

ヘアサロン・ネイルサロン❸

サンプルを見せてください。

セムプル チョム ポヨ ジュセヨ
샘플 좀 보여 주세요.
サンプル ちょっと 見せて ください

フットもできますか？

パルトプ ト テナヨ
발톱도 되나요?
足の爪 も できますか

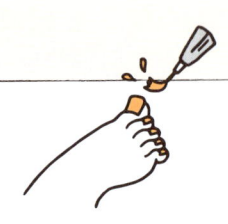

人気の柄はどれですか？

インキ インヌン ムニヌン オットン ゴエヨ
인기 있는 무늬는 어떤 거예요?
人気 ある 柄 は どんな もの ですか

ストーンは1粒いくらですか？

ストヌン ハ ナレ オルマエヨ
스톤은 한 알에 얼마예요?
ストーンは 1 粒 に いくら ですか

+α
韓国語は外来語の表記でも伸ばす音がなく、短く言うことが多い

時間があまりないんですが。

シガニ ピョルロ オムヌンデヨ
시간이 별로 없는데요.
時間 が あまり ありませんが

肌になじむカラーにしてください。

ピブエ オウルリヌン セグロ ヘ ジュセヨ
피부에 어울리는 색으로 해 주세요.
皮膚 に 似合う 色 で して ください

爪が割れちゃったんです…。

ソントビ ッケジョッソヨ
손톱이 깨졌어요….
爪 が 割れました

📖 **単語**
「手の爪」は 손톱 ソントヮ、「足の爪」は 발톱 パルトヮ という

ちょっとしみます。

チョグム ッスラリョヨ
조금 쓰라려요.
少し しみて痛いです

💬 **フレーズ**
여기에 상처가 있어요. ヨギエ サンチョガ イッソヨ（ここに傷があります）

やり直してもらえますか？

タシ ヘ ジュセヨ
다시 해 주세요.
再び して ください

💬 **フレーズ**
最初からやり直してもらう時の表現。部分的な直しは、고쳐 주세요. コチョジュセヨ（直してください）

すぐはがれてしまいました。

クムバン ポッキョジョッソヨ
금방 벗겨졌어요.
すぐ はがれました

甘皮の処理をお願いします。

ソントプチョンニ ブタケヨ
손톱 정리 부탁해요.
爪 整理 お願いします

ヘアサロン・ネイルサロン ❸

入れ替えフレーズ
THEME: 遊び

占い ①

今年の ◯◯◯ 運はいかがですか?
オ レ　　　　　　　　ウ ヌン オットンガ ヨ
올해 ◯◯◯ 운은 어떤가요?

恋愛
연애
ヨネ

結婚
결혼
キョロン

健康
건강
コンガン

HANGUL PHRASE 占い ❶

仕事
직업
チゴプ

金
금전
クムジョン

全体
전체
チョンチェ

THEME: 遊び

占い ❷

生年月日を教えてください。
センニョヌォ リ ル マルッスメ ジュセヨ
생년월일을 말씀해 주세요.
生年月日　を　おっしゃって　ください

> 👓 カルチャー
> 四柱は年、月、日、時を4つの干支といい、相性を占ったりすることが多い

1982年1月13日です。
チョングベクパルシビ ニョン イ ロル シプサ ミ リエヨ
천구백팔십이 년 일월 십삼 일이에요.
千九百八十二　年　一月　十三　日　です

> 👓 カルチャー
> 韓国人も占いが好きで、사주 サジュ (四柱)などを信じる人も多い

相性を見てください。
クンハブル バ ジュセヨ
궁합을 봐 주세요.
相性　を　見て　ください

今付き合っている人と結婚してもいいでしょうか？
チグム サグィゴ インヌン サラマ ゴ キョロネド デルッカヨ
지금 사귀고 있는 사람하고 결혼해도 될까요?
今　付き合って　いる　人　と　結婚しても　いいでしょうか

いつごろいい人に出会えますか？
オンジェッチュム チョウン サ ラ ム ル マンナル ス イッスルッカヨ
언제쯤 좋은 사람을 만날 수 있을까요?
いつ　ごろ　いい　人　を　会えるでしょうか

どうすれば運勢がよくなりますか？

オットケ ハミョン ウンセ ガ チョア ジルッカヨ
어떻게 하면 운세가 좋아질까요?

どのように すれば 運勢が よくなるでしょうか

私のラッキーカラーは何ですか？

チェ ヘヌン ネ セッカルン ムォエヨ
제 행운의 색깔은 뭐예요?

私の 幸運の 色彩は 何ですか

プジョクも書いてくれますか？

プジョクト ッソ ジュナヨ
부적도 써 주나요?

プジョクも 書いて くれますか

👓 カルチャー
プジョクとはお守り、魔除けのお札のこと

本当によく当たりますね。

チョンマルジャル マッチュシ ネヨ
정말 잘 맞추시네요.

本当に よく 当てますね

そうです、そうです。

マジャヨ マジャヨ
맞아요, 맞아요.

合ってます 合ってます

それは違う気がします…。

クゴン ジョム アニン ゴッ カトゥンデヨ
그건 좀 아닌 것 같은데요….

それは ちょっと 違う みたいですが

✏️ 文法
相手の言葉を否定する時、何かを頼む時に**좀チョム**を付けるとやわらかくなる

入れ替えフレーズ
THEME: 遊び

文化体験

　　　　作ってみたいです。
　　　　マンドゥロ ボゴ シポヨ
　　　　만들어 보고 싶어요.

キムチを
김치를
キムチルル

韓国料理を
한국 요리를
ハングン ニョリルル

マッコリを
막걸리를
マクコルリルル

ポジャギを
보자기를
ポジャギルル

作って、持って帰れますか？
만들어서 가지고 갈 수 있나요?
マンドゥロソ カジゴ カル ス インナヨ

HANGUL PHRASE

文化体験

☐ 習ってみたいです。
ベウォ ボゴ シポヨ
배워 보고 싶어요.

韓国の礼儀を
한국 예절을
ハングン ニェジョルル

韓服の着付けを
한복 입는 법을
ハンボク イムヌン ボブル

日本語で説明もしてくれますか？
일본어로 설명도 해 주나요?
イルボノロ ソルミョンド ヘ ジュナヨ

韓紙工芸を
한지공예를
ハンジゴンイェルル

材料費は別にかかりますか？
재료비는 따로 드나요?
チェリョビヌン ッタロ トゥナヨ

K-POPダンスを
케이팝 댄스를
ケイパプ テンスルル

THEME: 遊び

変身写真

チマチョゴリを着たいんです。

ハンボグル イプコ シポヨ
한복을 입고 싶어요.

韓服を　着たいです

カルチャー
結婚前は韓服を持っていない人が多い。新婦の韓服は、赤のチマに緑のチョゴリが一般的

『ファンジニ』みたいな衣装はありますか？

ファンジニ エソ ナオン ウィサン ガトゥン ゴット イッソヨ
황진이에서 나온 의상 같은 것도 있어요?

ファンジニ　で　出た　衣装　みたいなものも　ありますか

写真は何枚、撮ってもらえますか？

サ ジ ヌン ミョッチャンッチ ゴ ジュシ ナ ヨ
사진은 몇 장 찍어 주시나요?

写真　は　何　枚　撮って　くださいますか

全部で何分かかりますか？

チョンブ ミョップン ジョンド コルリョヨ
전부 몇 분 정도 걸려요?

全部　何　分　くらい　かかりますか

お姫様ショットを撮りたいな。

コンジュニム ガトゥン ポジュロ サ ジ ヌルッチクコ シ ポ
공주님 같은 포즈로 사진을 찍고 싶어.

お姫様　みたいな　ポーズ　で　写真　を　撮りたい

顔のアップもお願いします。
チョンミョン オルグルマン クゲ ナ オヌン サジンド ブタケヨ
정면 얼굴만 크게 나오는 사진도 부탁해요.
正面　　顔　　だけ　大きく　出る　　写真　も　お願いします

男性用もありますか？
ナムソンヨンド イッソヨ
남성용도 있어요?
男性用　　も　ありますか

小道具は何がありますか？
ソ プムン ムォガ イッソヨ
소품은 뭐가 있어요?
小品　は　　何が　ありますか

🗨 **フレーズ**
어떤 게 있어요？オットンゲイッソヨ（どんなものがありますか？）

データはもらえますか？
テイトヌン パドゥルス インナヨ
데이터는 받을 수 있나요?
データ　　は　　　もらえますか

写真の修整もOKですか？
サジン スジョンド ヘ ジュナヨ
사진 수정도 해 주나요?
写真　修整　も　して　くれますか

できあがるのはいつですか？
サ ジヌン オンジェ デナヨ
사진은 언제 되나요?
写真　は　いつ　なりますか

👓 **カルチャー**
証明写真を写真館で撮っても、少し待てば当日渡してくれるところも多い

HANGUL PHRASE 変身写真

THEME: 遊び

観劇・ショー

バラエティーショーを見てみたいな。
_{ポライ オティショルル ハンボン ポゴ シプタ}
버라이어티쇼를 한번 보고 싶다.
_{バラエティーショー を 一度 見たい}

ナンタ劇場へ行ってみたいです。
_{ナンタ クッチャンエ カ ボゴ シポヨ}
난타 극장에 가 보고 싶어요.
_{ナンタ 劇場 に 行って みたいです}

歌番組を観覧したいなあ。
_{ウマヶ プロ コンゲ パンソンエ カ ボゴ シポヨ}
음악 프로 공개 방송에 가 보고 싶어요.
_{音楽 プロ 公開 放送 に 行って みたいです}

ミュージカルも要チェックだね。
_{ミュジ コルド ッコッチェク ヘヤ デ}
뮤지컬도 꼭 체크해야 돼.
_{ミュージカル も 必ず チェック しなきゃいけない}

📝 **文法**
義務表現として、해야 돼. ヘヤデがよく使われるが、해야 해. ヘヤ へでも意味は同じ

ダンスが超いいらしいよ。
_{チュミ ジンッチャ モ シッテ}
춤이 진짜 멋있대.
_{踊りが 本当に かっこいいらしいよ}

⭐ **+α**
「超〜」は 짱〜ッチャンと表現できるが、若者の言葉なので使う時は要注意

ホテルまで送迎してくれますか？

ホテル ジョニョン ポス インナヨ
호텔 전용 버스 있나요?
ホテル　専用　　バス　ありますか

オペラグラスのレンタルはできますか？

オペラグルラス レンタルド デヨ
오페라글라스 렌탈도 돼요?
　オペラグラス　　　レンタルも　できますか

日本語のガイドはありますか？

イルボノ ガイドゥヌン インナ ヨ
일본어 가이드는 있나요?
　日本語　　ガイド　は　ありますか

+α
있나요？インナヨを있어요？イッソヨに替えてもOK

すごい迫力！

クェンジャンヒ パンニョギッタ
굉장히 박력있다!
　すごく　　迫力　ある

+α
굉장히 クェンジャンヒ は、正確に発音しないで[ケンジャンイ]と発音しても通じる

日本から見に来たかいがあったね。

イルボネソ ポロ オン ポラミ イッソッソ
일본에서 보러 온 보람이 있었어.
　日本　で　　見に　来た　かい　が　あった

わっ、イケメン！

ウワ ミナミダ
우와, 미남이다!
うわ　美男　だ

THEME: 遊び

スポーツ観戦

がんばれ！
ヒム ネ ラ
힘내라!
力 出して

行け～！
イ ギョ ラ
이겨라~!
勝て

ファイト！
ファ イ ティン
화이팅!
ファイト

+α
標準語は파이팅 パイティンだが、화이팅 ファイティンと書いたり言ったりすることが多い

やった！
アッサ
앗싸!
アッサ

+α
앗싸! アッサは運がよかったというような感じ。やり遂げた時は해냈다! ヘネッタと言う

ゴールが決まった！
コル ノオッタ
골 넣었다!
ゴール 入れた

今、どっちが勝ってますか？

チグム オ ヌッチョギ イギゴ イッソヨ
지금 어느 쪽이 이기고 있어요?
今　どの　側が　勝って　いますか

カルチャー
韓国ではサッカーも人気だが、昇進のために(接待)ゴルフをする会社員が多い

接戦ですね。

マゥサンマゥカネヨ
막상막하네요.
接戦ですね

単語
무승부 ムスンブ(引き分け)
비기다 ピギダ(引き分ける)

あっ、今の反則じゃない？

オ チグム ジョゴ パンチゥ アニヤ
어, 지금 저거 반칙 아니야?
あっ　今　あれ　反則　じゃない

フレーズ
スポーツによって、파울 아니야? パウル アニヤ(ファウルじゃない?)と言う時もある

え～、誤審だよ～。

シムパニ チャルモッテッソ
심판이 잘못됐어.
審判が　間違った

がっかり…。

シルマンイヤ
실망이야 ….
失望だよ

でも、みんながんばったね。

クレド モドゥ ヨルシミ ヘッチャナ
그래도 모두 열심히 했잖아?
それでも　みんな　熱心に　したじゃない

+α
했잖아? ヘッチャナと言うと確認するような感じ。했어. ヘッソ(した)と言うこともできる

THEME: 遊び

カラオケ

1時間いくらですか？
ハン シガネ オルマエヨ
한 시간에 얼마예요?
1　時間　に　いくら ですか

2時間でお願いします。
トゥ シガン プタケヨ
두 시간 부탁해요.
2　時間　お願いします

たくさんサービスしてくださいね。
ソビス マニ ジュセヨ
서비스 많이 주세요.
サービス　たくさん　ください

> **カルチャー**
> すいていると、サービスで時間をどんどん延長してくれることも

日本の歌もありますか？
イルボン ノレド インナヨ
일본 노래도 있나요?
日本　歌　も　ありますか

> **カルチャー**
> カラオケは日本よりも人気で、二次会で酔いが覚めるまでいることも多い

お酒も飲めますか？
スルド マシル ス インナヨ
술도 마실 수 있나요?
酒　も　　飲めますか

> **カルチャー**
> 노래방 ノレバン（カラオケ）には酒や食べ物を提供してないところも多い

カラオケ

タンバリン、貸してください。
テンボリン ジョム カッタ ジュセヨ
템버린 좀 갖다 주세요.
タンバリン ちょっと 持ってきて ください

アーティスト順の本はありませんか？
カ スビョルロ ナオン チェグン オムナヨ
가수별로 나온 책은 없나요?
歌手 別に 出た 本は ありませんか

リモコンの使い方を教えてください。
リモコン サヨン バンボブル カルチョ ジュセヨ
리모컨 사용 방법을 가르쳐 주세요.
リモコン 使用 方法 を 教えて ください

マイクの音が出ません。
マイク ソリガ アン ナワヨ
마이크 소리가 안 나와요.
マイク 音 が 出ません

もうちょっと広い部屋がいいんですけど…。
チョムド ノルブン バンイ チョウンデヨ
좀 더 넓은 방이 좋은데요….
ちょっと もっと 広い 部屋が いいですが

延長をお願いしまーす。
シガン ヨンジャンヘ ジュセヨ
시간 연장해 주세요.
時間 延長して ください

カルチャー
韓国のカラオケ料金は人数ではなく、部屋ごとに料金設定されているのが一般的

入れ替えフレーズ
THEME: 遊び

居酒屋 ❶

一杯飲みましょう!
ハンジャン ハッ シ ダ
한잔 합시다.

伝統居酒屋で
전통술집에서
チョントンスルチベソ

マッコリがメインの店。韓国の居酒屋は一皿の量が多い

焼酎店で
소주방에서
ソジュバンエソ

直訳は焼酎部屋。これも人気の居酒屋のひとつ

ビール店で
호프집에서
ホプチベソ

直訳はホップ屋。ビールがメインの店で、韓国には多い

NIGHT BUILDING

居酒屋 ①

居酒屋で
선술집에서
ソンスルチベソ

直訳は立ち酒家。庶民的な居酒屋

和風居酒屋で
이자카야에서
イジャカヤエソ

日本語が定着。日本同様、一皿の量が少なく、料理の種類が多い

肉店で
고깃집에서
コギッチベソ

食事と肉料理がメインの店。瓶ビール、焼酎ほか韓国の酒が出る

フライドチキン店で
치킨집에서
チキンチベソ

フライドチキンとビールの店

バーで
바에서
パエソ

屋台で
포장마차에서
ポジャンマチャエソ

直訳は包装馬車。庶民向けの焼酎がメイン

入れ替えフレーズ

THEME: 遊び

居酒屋 ❷

[　] ください。
주세요.
チュセヨ

瓶ビール2本
병맥주 두 병
ピョンメクチュ トゥ ビョン

焼酎1本
소주 한 병
ソジュ ハン ビョン

生ビール1杯
생맥주 한 잔
センメクチュ ハン ジャン

ワイン、ボトルで
와인 병으로
ワイン ビョンウロ

レモンサワー1杯
레몬사와 한 잔
レモンサワ ハン ジャン

マッコリ1おけ
막걸리 한 통
マッコルリ ハン トン

ウイスキー、ロックで
위스키 온더락으로
ウィスキ オンドラグロ

ユウさんのために乾杯！

ユ ッシルル ウィハヨ コンペ
유 씨를 위하여 건배!
ユウさん を　　　ために　　乾杯

👓 **カルチャー**
건배 콘페とだけ言うことが多いが、主役の名前を入れて祝うことも

おかわり、くださーい。

ト ジュセヨ
더 주세요.
もっと ください

👓 **カルチャー**
サービスおつまみと基本おかずは、おかわり無料

どのくらい飲めますか？

チュリャンイ オルマナ デヨ
주량이 얼마나 돼요?
酒量　が　どれくらい　なりますか

👓 **カルチャー**
どれくらい飲めるかを、マッコリ1桶など具体的な酒の量で表現することが多い

飲みすぎたあ！

ノム マニ マショッタ
너무 많이 마셨다.
とても たくさん　飲んだ

⭐ **+α**
酒をたくさん飲める人を、**술고래 スゴレ**(酒くじら)という

もう、ふらふら…。

ビトゥルビトゥラ ネ
비틀비틀하네….
ふらふらするね

うっ、気もち悪い…。

ト ハル コッ カタ
토할 것 같아 ….
吐きそう

居酒屋 ❷

THEME: 遊び

バー

一杯、どうぞ。

フレーズ
받으세요. パドゥセヨ
(もらってください)

ハン ジャン トゥ セ ヨ
한 잔 드세요.
1　杯　召し上がってください

あちらのお客様からです。

チョッチョクソンニ ミ ボ ネ ショッソヨ
저쪽 손님이 보내셨어요.
あちら　お客様が　　　　送りました

マルガリータをください。

マル ゲ リッタ　　ジュ セ ヨ
마르게리따 주세요.
マルガリータ　　　　ください

↓
入れ替え単語

マ ティ ニ	チン ライム	ソルティドク
마티니	**진라임**	**솔티독**
マティーニ	ジンライム	ソルティードック

1970年もののワインをください。

チョングベクチルシム ニョンサン ワイン ジュ セ ヨ
천구백칠십 년산 와인 주세요.
千九百七十　　年産　ワイン　ください

お水もください。
ムル ド ジュセヨ
물도 주세요.
水 も ください

カルチャー
水は無料だが、セルフサービスの店もあるので注意

私をイメージしてカクテル作ってください。
チェ イ ミジエ カㇰテイルㇽ マンドゥロ ジュセヨ
제 이미지의 칵테일을 만들어 주세요.
私の イメージ の カクテル を 作って ください

有名人も来るんですか？
ユミョンハン サラㇺド ワヨ
유명한 사람도 와요?
有名な 人 も 来ますか

カルチャー
韓国にも、芸能人やその家族が経営している店が多い

あまり飲めなくて…。
チャルモン マショソ
잘 못 마셔서….
よく 飲めなくて

カルチャー
韓国では、お酒を飲む時にゲームをしてお酒を飲ませることも多い

酔いたい気分なの。
チュィハゴ シプン キブニヤ
취하고 싶은 기분이야.
酔いたい 気分 だよ

1人でも入れますか？
ホンジャラド ケンチャナヨ
혼자라도 괜찮아요?
一人 でも 大丈夫ですか

THEME: 遊び

ナイトクラブ

人気のクラブを教えてください。

インキ インヌン クルロプ チョム カ ル チョ ジュ セ ヨ
인기 있는 클럽 좀 가르쳐 주세요.
人気　　ある　　クラブ　ちょっと　教えて　　ください

ドレスコードはありますか?

トゥレ ス コドゥ インナ ヨ
드레스코드 있나요?
ドレスコード　　ありますか

カルチャー
店の前に黒服の店員がいて、客を外見で判断し、満員を口実に入店を断ることもあるとか

18歳以上です。パスポートも持ってますよ。

ヨルリョドル サル イサンイ エ ヨ ヨ クォンド イッソ ヨ
열여덟 살 이상이에요. 여권도 있어요.
18　　　歳　以上　　です　　旅券　も　あります

わあ、すっごいゴージャス!

ウワ チョンマル コ グプス ロ ウンデ
우와! 정말 고급스러운데!
わあ　　本当に　　高級なんだね

あれ、もしかしてユンホじゃない?!

オモ チョ サラム ホクシ ユ ノ ッシ アニャ
어머? 저 사람 혹시 윤호 씨 아냐?!
あれ　　あの　人　もしかして　ユンホ　さん　じゃない

ナイトクラブ

きょうのDJって誰？
オヌル ディジェイヌン ヌグヤ
오늘 디제이는 누구야?
きょう　DJ　は　誰なの

盛り上がってきたね。
チョムジョムシンナ ヌンデ
점점 신나는데!
だんだん　楽しいわね

ここ、ちょっとうるさいね。
ヨギ ジョム シックロブタ
여기 좀 시끄럽다.
ここ ちょっと　うるさい

落ち着けるラウンジに通してください。
チョヨンハン ラウンジロ アンネ ヘ ジュセヨ
조용한 라운지로 안내해 주세요.
静かな　ラウンジ へ　案内して　ください

ちょっと踊らない？
チュムアン チュルレ
춤 안 출래?
踊り　踊らない

フレーズ
이야기 할래요? イヤギ
ハルレヨ（話しませんか？）

誘われちゃった♡
ホンティンタン ヘッソ
헌팅 당했어♡
ハンティング された

単語
미팅 ミティン（合コン）
헌팅 ホンティン（ナンパ）
소개팅 ソゲティン（紹介
してもらうこと）

THEME: 遊び

カジノ

初めてなんです。大丈夫ですか?
처음인데요. 괜찮을까요?
チョウミンデヨ ケンチャヌルッカヨ
初めて ですが 大丈夫でしょうか

パスポートを見せてください。
여권을 보여 주세요.
ヨクォヌル ポヨ ジュセヨ
旅券 を 見せて ください

カルチャー
韓国のカジノはほとんどが外国人限定。韓国人が入れるのは**강원랜드** カンウォンレンドゥのみ

よ〜し! 一獲千金だ!
자! 일확천금을 노려 볼까?
チャ イラクチョングム ムル ノリョ ボルッカ
さぁ 一獲千金 を 狙って みようか

ルーレットに挑戦してみますね。
룰렛에 한번 도전해 볼게요.
ルルレセ ハンボン トジョネ ボルケヨ
ルーレット に 一度 挑戦して みます

文法
試しにやってみる意味の時に使う**한번** ハンボンは、副詞なので**한**と**번**の間は空けない

円もチップに交換してもらえますか?
엔도 칩으로 교환해 줄 수 있나요?
エンド チブロ キョファネ ジュル ス インナヨ
円 も チップ で 交換して もらえますか

HANGUL PHRASE / カジノ

私のラッキーナンバーは７番です。
チェ ヘンウネ ボノヌンチル ボニエヨ
제 행운의 번호는 칠 번이에요.
私の 幸運 の 番号 は ７ 番 です

勝ちました！／負けました…。
ッタッタ イ ロッソ
땄다!／잃었어….
勝った 失った

+α お金を賭けることは、勝負ではなく、お金をもうけたか失ったかで表現する

換金所はどこですか？
ファンジョンソヌン オディエヨ
환전소는 어디예요?
換金所 は どこ ですか

フレーズ 돈은 어디서 바꿔요? トヌン オディソ バックォヨ とも言える

くせになりそう！
チュンドクテル コッ カタ
중독될 것 같아!
中毒 なり そう

MINI トリビア

韓国人は入場禁止のカジノ

ソウル市内にあるホテルのカジノはすべて外国人専用で、韓国の住民は利用できません。カンウォンドに内国人も入れるカジノ、**강원랜드**(カンウォンレンドゥ)がありますが、賭博中毒者の場合は、家族が出入り禁止の申請をすることができます。

THEME: 遊び

旅のトラブル

かばんがなくなりました。
カバンイ オプソジョッソヨ
가방이 없어졌어요.
かばん が なくなりました

👓 カルチャー
かばんを置いて席を外しても、ほとんどなくなったりしないのは日本と同じ

財布を盗まれみたいです。
チガブル ヌガ フムチョガンナ バヨ
지갑을 누가 훔쳐갔나 봐요.
財布 を 誰が 盗んでいった みたいです

👓 カルチャー
韓国は、18歳以上なら住民登録証が発行され、財布に入れて携帯している

パスポートをなくしました。
ヨクォヌル イロ ボリョッソヨ
여권을 잃어버렸어요.
旅券 を 失ってしまいました

⭐ +α
잊어버렸어요. イジョボリョッソヨ（忘れてしまいました）は、うっかりしていたのニュアンス

何なんですか？
ムォエヨ
뭐예요?
何 ですか

しつこいですね！
チピョハネヨ
집요하네요!
しつようですね

👄 フレーズ
끈질기네요. ックンジルギネヨ（しつこい）は、なかなかあきらめないしつこさを表すことが多い

警察を呼んでください。 キョンチャルル プル ロ ジュ セ ヨ **경찰을 불러 주세요.** 　警察　を　呼んで　ください	📝 **文法** 주세요. ジュセヨが付いていると、自分のためになることを相手に頼むニュアンス
どろぼう！ ト ドゥ ギ ヤ **도둑이야!** 　どろぼうだ	📚 **単語** 소매치기 ソメチギ(すり) 사기꾼 サギックン(詐欺師)
ぼったくられた…。 ワンジョン パ ガ ジ ッソッソ **완전 바가지 썼어….** 　完全　　おけ　　かぶった	🎏 **韓国ツウ** 「おけ」とは、昔、ばくちに使ったひょうたんの殻のこと
やめてください！ ハ ジ マ セヨ **하지 마세요.** 　しないでください	💋 **フレーズ** 하지 마! ハジマ(やめろ)
助けて！ トワ ジュセヨ **도와 주세요!** 　助けて　ください	💋 **フレーズ** 命にかかわるような時は**살려 주세요! サルリョ ジュセヨ**と言う
火事だ！逃げろ！ プ リ ヤ　　ト マンチョ **불이야! 도망쳐!** 　火だ　　　逃げろ	📚 **単語** 도망 トマン(逃亡) 도주 トジュ(逃走)

旅のトラブル

韓国ネタ帳 ③
色の表現あれこれ

ここでは色の単語を集めました。韓国で、食事や建物、衣服などで伝統的に使われてきた基本の5色（赤・黄・青・白・黒）を中心に紹介しましょう。

赤	赤色	赤い
ッパルガン 빨강 チュファン 주황	ッパルガン セク 빨간색 チュファン セク 주황색	ッパルガ タ　　ブク タ 빨갛다／붉다
黄 ノ ラン 노랑	黄色 ノ ラン セク 노란색	黄色い ノ ラ タ 노랗다
緑 チョ ロク 초록	緑色 チョ ロク セク　ノク セク 초록색／녹색	─
青 パ ラン 파랑	青色 パ ラン セク　チョンセク 파란색／청색	青い パ ラ タ　　ブル ダ 파랗다／푸르다
白 ハ ヤン 하양	白色 ハ ヤン セク　ヒン セク 하얀색／흰색 ペク セク 백색	白い ハ ヤ タ　　ヒ ダ 하얗다／희다
黒 コムジョン 검정 ッカ マン 까망 ッカムジャン 깜장	黒色 コ ムン セク 검은색 ッカ マン セク 까만색 フク セク 흑색	黒い コム タ 검다 ッカ マ タ 까맣다

＊ 「緑」には形容詞がない

THEME

エンタメフレーズ

THEME: ショー・ライブ

チケット入手

前売り券を買わないといけないね。
イェメヘヤ デ
예매해야 돼.
予買しなければならない

+α
前もってお金を払ってチケットを買う時は、예매 イェメ（予買）という

最大何人まで予約できますか？
チェ デ ミョンミョンッカジ イェヤク カ ヌン ハ ジョ
최대 몇 명까지 예약 가능하죠?
最大 何名 まで 予約 可能ですか

ファンクラブ会員だけが買えるチケットだよ。
ペンクルロブ フェウォンマンサル ス インヌン ティ ケ シ ヤ
팬클럽 회원만 살 수 있는 티켓이야.
ファンクラブ 会員 だけ 買える チケット だよ

先着順だって。
ソンチャクスニ レ
선착순이래.
先着順 だって

カルチャー
韓国では席が決まっていないライブもある

チケット売り場はどこですか？
メピョソガ オディエヨ
매표소가 어디예요?
売票所 が どこ ですか

チケット入手

インターネットで予約したんですが…。
イント ネ ソ イェヤケンヌンデ ヨ
인터넷에서 예약했는데요….
インターネット で　　　予約したんですが

よく見える席はどこですか?
チャル ポ イヌン ジャリガ オディエヨ
잘 보이는 자리가 어디예요?
よく　見える　　席　が　どこ　ですか

カルチャー
指定席は「SR/R/S/A/B」「VVIP/VIP/SR/R/S/その他」など、細かく分かれていることが多い

2枚ください。
トゥジャン ジュ セ ヨ
두 장 주세요.
2　枚　ください

単語
한 장 ハンジャン(1枚)
세 장 セジャン(3枚)
네 장 ネジャン(4枚)

1枚だけでもなんとかなりませんか?
ハンジャンマ ニ ラ ド オットケ アン デルッカ ヨ
한 장만이라도 어떻게 안 될까요?
1　枚　だけでも　どのように　なりませんか

電話がつながらない!
チョヌァガ ヨンギョリ アン デ
전화가 연결이 안 돼!
電話　が　連結　が　ならない

受付終了しました。
チョプス マ ガムデッスム ニ ダ
접수 마감됐습니다.
受付　締め切り　なりました

+α
受付時間が決まっている場合は마감 マガム(締め切り)、完売した場合は매진 メジン(売り切れ)

THEME: ショー・ライブ

会場入り

日本から来ました。
イルボネソ ワッソヨ
일본에서 왔어요.
日本　で　　　来ました

📎 **単語**

동경에서 トンギョンエソ
(東京から)

오사카에서 オサカエソ
(大阪から)

今ごろ、リハーサルしていると思うよ。
チグムッチュムリ ホソル ハゴ イッスル コヤ
지금쯤 리허설 하고 있을 거야.
今　ごろ　リハーサル　して　　いるだろう

よく見えるといいな。
チャル ポ イミョン チョケッタ
잘 보이면 좋겠다.
よく　見えると　　いいな

わあ!! たくさんの人!
ウワ　　　サラム ケンジャンヒ マンタ
우와!! 사람 굉장히 많다!
わあ　　　人　　とても　　多い

👓 **カルチャー**

コンサート前日までにキャンセルになったチケットは当日券として売られる

ちょっと、押さないでください。
チョムミルジ マセヨ
좀 밀지 마세요.
ちょっと 押さないでください

⭐ **+α**

좀 チョムを入れると少しやわらかくなるが、言い方にも注意しよう

ずっと並んでいたんです。

계속 줄서 있었어요.
ケソク チュルソ イッソッソヨ
継続　並んで　　いました

🗨️ **フレーズ**
제가 먼저 와서 줄서 있었어요. チェガ モンジョ ワソ チュルソ イッソッソヨ（私が先に並んでました）

かばんの中を見せてください。

가방 안 좀 보여 주세요.
カバン アンジョム ポヨ ジュセヨ
かばん 中 ちょっと 見せて ください

👓 **カルチャー**
セキュリティーチェックはだんだん厳しくなる傾向にある

カメラは持ち込めません。

카메라는 가지고 들어갈 수 없습니다.
カメラヌン カジゴ トゥロガル ス オプスムニダ
カメラ は 持って 　　　　入れません

席はどこかしら?

자리가 어디지?
チャリガ オディジ
席 が どこかしら

早く! 早く!

빨리! 빨리!
ッパルリ ッパルリ
はやく はやく

最前列だ!

제일 앞자리다!
チェイル アプチャリ ダ
第一 前席 だ

🗨️ **フレーズ**
앗! 한발 늦었다. アッ ハンバル ヌジョッタ（あっ! 一歩遅れた）

会場入り

THEME: ショー・ライブ

待ち時間

グッズはどこで買えますか？
クッチュヌン オディエソ サル ス イッチョ
굿즈는 어디에서 살 수 있죠?
グッズ は どこ で 買えますか

> 🕶 **カルチャー**
> アイドル固有の色がある場合、グッズもアイドルの色で作ることがある

あの曲をやってほしいですね。
ク ノレルル ブル ロッスミョン チョッケッソ ヨ
그 노래를 불렀으면 좋겠어요.
その 歌 を 歌ったら いいですね

> 🕶 **カルチャー**
> 韓国は、アルバムを買わず、「MP3ダウンロードし放題サイト」などを利用する人も多い

どきどきしてます。
トゥグンドゥグンヘ ヨ
두근두근해요.
どきどきします

> ⭐ **+α**
> 두근두근 トゥグンドゥグンは、緊張している状態や怖い時にも使える

どうしよう！とても緊張します。
オットケ ノム キンジャンデ ヨ
어떡해! 너무 긴장돼요.
どうしよう とても 緊張なります

待ち遠しい！
モッ キ ダリ ゲッソ
못 기다리겠어!
待てない

> ✏ **文法**
> 動詞の前の못 モッは、不可能を表す時と、苦手・下手を表す時がある

ステージ、大きいね！
ムデガ ケンジャンヒ ノルッタ
무대가 굉장히 넓다!
舞台 が とても 広い

🗨️ **フレーズ**
무대가 생각보다 좁네요. ムデガセンガッポダチョムネヨ（ステージが意外と狭いですね）

前の人の頭のせいで見えない〜。
アプ サラム モリ ッテムネ アン ボヨ
앞 사람 머리 때문에 안 보여~.
前 人 頭 せいで 見えない

舞台そでが見えますね。
ムデ ドゥィッチョギ ポイネヨ
무대 뒤쪽이 보이네요.
舞台 後ろ側 が 見えますね

👓 **カルチャー**
舞台の裏側の映像を流すこともある。「裏側」は**안쪽** アンッチョク

オペラグラス、ありますか？
マンウォンギョンインナ ヨ
망원경 있나요?
望遠鏡 ありますか

MINI トリビア

フレンドリーな韓国のライブ

韓国にはライブ専用の会場があまりありません。コンサートホールも狭く、大学の劇場でもよくライブが行われます。舞台と客席の距離が近く、公演時間が日本より長いのが特徴です。観客と出演者の一体感も強く、ライブ中ずっと、歌手と一緒に歌うファンもたくさんいます。

THEME: ショー・ライブ

スターからのメッセージ

みなさん、愛しています。
ヨロブン サランハムニダ
여러분 사랑합니다.
みなさん　　　愛しています

💋 フレーズ
저도요! チョドヨ (私もです!)、나도! ナド (私も!)
などと返してみよう

みなさんのそばに私がいます。
ヨロブン ギョテ チェガ イッソヨ
여러분 곁에 제가 있어요.
みなさん　そばに　私が　　います

私に会いたかったですか?
チョ ポゴ シプ ショッソヨ
저 보고 싶으셨어요?
私　　見たかったですか

僕は会いたかったです。
チョヌン マンナゴ シ ポッソヨ
저는 만나고 싶었어요.
僕 は　　会いたかったです

2階のみなさんもよく見えますか?
イ チュンド チャル ポイナヨ
이 층도 잘 보이나요?
二　階　も　よく　見えますか

叫べ！
ソリ チルロ
소리 질러!
音　叫べ

文法
질러! チルロだけだと、俗語で「買っちゃえ」の意味になる

もっと大きく！
ト クゲ
더 크게!
もっと 大きく

+α
더トは、「もっと」の意味で、한번 더 ハンボンドになると「もう一回」になる

みんな立ち上がって！
モドゥ チャリエソ イロナヨ
모두 자리에서 일어나요!
みんな 席 で 起きて

フレーズ
자리에 앉아 주세요. チャリエアンジャ ジュセヨ（席に座ってください）

歌を知っている方は一緒に歌ってください。
ノレ アヌン ブンドゥルン ハムッケ プルロ ジュセヨ
노래 아는 분들은 함께 불러 주세요.
歌　知っている 方たちは 一緒に 歌って ください

最後の曲です。
マジマク コギムニダ
마지막 곡입니다.
最後　曲　です

いい姿で、また会いましょう。
チョウン モスブロ ット マンナヨ
좋은 모습으로 또 만나요.
いい 姿で また 会いましょう

+α
いい姿とは、歌手なら次のライブを、俳優なら次の出演作を意味することが多い

スターからのメッセージ

THEME: ショー・ライブ

プラカード・合いの手

天上の声!
천상의 목소리!
チョンサンエ モクソリ

自体発光○○!
자체 발광 ○○!
チャチェ パルグァン

歌、ビッグヒット!
노래 대박!!!
ノレ テバク

セクシーです。
섹시해요.
セクシヘヨ

かっこいい!
멋있다.
モシッタ

この男、ほしい!
이 남자 갖고 싶다!
イ ナムジャ カッコ シプタ

オッパ、最高!
오빠 짱!
オッパ ッチャン

HANGUL PHRASE プラカード・合いの手

○○天下
○○천하
○○チョナ

待っていますね!
기다릴게요.
キダリルゲヨ

私たちがいます!
우리가 있어요!
ウリガ イッソヨ

私の愛○○!
내 사랑 ○○!
ネ サラン

○○時代!
○○시대!
○○シデ

最高!
최고!
チェゴ

私の天使!
나의 천사!
ナエ チョンサ

いつも○○!
언제나 ○○!
オンジェナ ○○

THEME: ショー・ライブ

入り待ち・出待ち

きょうのライブ、ファイト！
オヌル ライブ ファイティン
오늘 라이브 화이팅!
きょう ライブ ファイト

> ★ +α
> 正しくは파이팅 パイティンだが、화이팅 ファイティンと言ったり書いたりすることが多い

サインしてください！
サイネ ジュセヨ
사인해 주세요!
サインして ください

ハグして！
アナ ジュセヨ
안아 주세요!
抱いて ください

こっち向いて！
イッチョクチョム パ ジュセヨ
이쪽 좀 봐 주세요!
こっち ちょっと 見て ください

> 👄 フレーズ
> 여기! ヨギ（こっち!）だけでも、見てくれる

あそこにいます！
チョギ イッソヨ
저기 있어요!
あそこ います

> 📖 単語
> 「熱心なファン」は열성팬 ヨルソンペン、「積極的すぎて少し迷惑なファン」は극성팬 クッソンペン

窓を開けてください。
チャンムンジョム ヨロ ジュセヨ
창문 좀 열어 주세요.
窓　ちょっと　開けて　ください

★+α
頼む時の좀は弱く[ジョム]に聞こえる。[ッチョム]と強く聞こえたら、怒っていることが多い

サングラスを外してください。
ソングル レスルル ポソ ジュセヨ
선글라스를 벗어 주세요.
サングラス　を　脱いで　ください

💋 フレーズ
재킷 벗어 봐요. チェキッ ポソ バヨ (ジャケットを脱いでみて)

コンサート、とてもよかったです。
コンソ トゥノム チョアッソヨ
콘서트 너무 좋았어요.
コンサート　とても　よかったです

本当に楽しかったです！
チョンマルチュルゴウォッソ ヨ
정말 즐거웠어요!
本当　楽しかったです

★+α
재미있었어요. チェミイッソッソヨ (おもしろかった)は「よかった」の意味で使う人もいる

感動の嵐でした。
カムドン エ ムルキョリ オッソヨ
감동의 물결이었어요.
感動　の　波でした

ここで待っていてはいけません。
ヨギソ キダリ シミョンアン デヨ
여기서 기다리시면 안 돼요.
ここで　待つと　だめです

THEME: 応援

入隊・除隊

行ってらっしゃい。
チャルカッタ オセヨ
잘 갔다 오세요.
よく 行って 来てください

🗨 **フレーズ**
子どもや兄弟に対しては、タメ口で잘 갔다 와. チャルカッタ ワと言う

浮気しないで、待っていますね。
パラム アン ピウゴ キダリルケヨ
바람 안 피우고 기다릴게요.
浮気しないで　　　　待ちます

🌸 **韓国ツウ**
고무신 거꾸로 안 신고 기다릴게요. (ゴム靴逆さまに履かずに待ってます)という表現もある

大変だと思いますが、がんばってください。
ヒムドゥルゲッチマン ヨル シミ ハセヨ
힘들겠지만 열심히 하세요.
大変だろうけど　　　熱心に　してください

短髪もよく似合います。
ッチャルブン モ リ ド チャル オウリョヨ
짧은 머리도 잘 어울려요.
短い　髪　も　よく　似合います

けがしないでください。
タチジ マセヨ
다치지 마세요.
けがしないでください

体に気を付けてください。
モㇺ チョシマ セヨ
몸 조심하세요.
体　気を付けてください

+α
몸 モㇺのほか 차 チャ(車)、감기 カㇺギ(風邪)なども使われる

とうとう除隊ですね。
トゥディオ チェデ ネヨ
드디어 제대네요.
とうとう　　除隊ですね

カルチャー
服務期間が3年だった時もある。年々短くなっているが、政権が変わると期間も変わることがある

除隊、おめでとう。
チェデ チュカ ヘヨ
제대 축하해요.
除隊　祝賀します

カルチャー
大学3・4年の時に軍の制服を着て学生生活を送るROTC(학군단 ハックンダン)という制度がある

首を長くして待っていました。
ヌ ニッパジゲ キダリョッソヨ
눈이 빠지게 기다렸어요.
目が　抜けるように　待ちました

韓国ツウ
いつ来るかと時計やドアを見るので、「目が抜ける」と表現する

MINI トリビア

韓国人男性の義務「軍役」

韓国では精神、肉体ともに健康な成人男性は一定期間、軍役に就くことが義務付けられています。芸能人とて例外ではなく、**해병대 ヘビョンデ**(海兵隊)のような、厳しい隊に志願すると好感度が上がり、服務すらしないと下がる傾向があります。

THEME: 応援

インタビュー・ファンミーティング ①

日本での公演はいかがでしたか？

イルボネソ エ コンヨヌン オッテンナヨ
일본에서의 공연은 어땠나요?

日本　　での　　公演　は　いかがでしたか

日本で印象に残ったことは何ですか？

イルボネソ カジャンインサンエ ナムン ゲ ムォエヨ
일본에서 가장 인상에 남은 게 뭐예요?

日本　で　もっとも　印象　に　残った　ことが　何　ですか

日本のファンの声援です。

イルボン ペンドゥレ ソンウォニ ヨ
일본 팬들의 성원이요.

日本　ファンたちの　声援　です

> 📝 **文法**
> 들 ドゥルは対象が複数であることを表す。友達も、2人以上なら친구들 チングドゥル（友人たち）となる

日本滞在中、オフはありますか？

イルボン チェジェ ギ ガンジュンエ シュィヌン ナルン インナ ヨ
일본 체재 기간 중에 쉬는 날은 있나요?

日本　滞在　期間　中に　休む　日は　ありますか

好きな日本料理は何ですか？

チョア ハ ヌン イルボン ニョリヌン ムォエ ヨ
좋아하는 일본 요리는 뭐예요?

好きな　　日本　　料理は　何ですか

> 👄 **フレーズ**
> 좋아하는 일본 스타 있어요? チョアハヌン イルボンスタ イッソヨ（好きな日本のスターはいますか?）

甘いものがとてもおいしいですね。
タン グァジャ ジョンニュガ ノム マ シッソヨ
단 과자 종류가 너무 맛있어요.
甘い 菓子 種類 が とても おいしいです

とくに生ビールが最高です。
トゥキ センメクチュガ ア ジュ マ シッソヨ
특히 생맥주가 아주 맛있어요.
とくに 生ビール が とても おいしいです

お気に入りの場所はどこですか?
マウメ ドゥンジャンソヌン オディエヨ
마음에 든 장소는 어디예요?
心 に 入った 場所 は どこ ですか

表参道がとても素敵でした。
オモテサンド ガ ノム チョアッソヨ
오모테산도가 너무 좋았어요.
表参道 が とても よかったです

カルチャー
お台場、浅草、横浜、箱根などは、韓国人にけっこう知られている

どうやって日本語を勉強しましたか?
オットケ イルボ ノルル コンブ ハションナ ヨ
어떻게 일본어를 공부하셨나요?
どうやって 日本語 を 勉強なさいましたか

日本語の先生が付いてくれています。
イルボノ ソンセンニ ミ ケセヨ
일본어 선생님이 계세요.
日本語 先生 が いらっしゃいます

HANGUL PHRASE インタビュー・ファンミーティング❶

209

THEME: 応援

インタビュー・ファンミーティング❷

恋人はいますか？
サ ギヌン サラムン イッスセヨ
사귀는 사람은 있으세요?
付き合っている　人　は　　　　いますか

📣 **単語**
남자친구 ナムジャチング〈남친 ナムチン〉(彼氏)、여자친구 ヨジャチング〈여친 ヨチン〉(彼女)

はい、います。／いいえ、いません。
ネ　イッソヨ　　　アニョ　オプソヨ
네, 있어요. ／아뇨, 없어요.
はい　います　　　いいえ　　いません

ファンと恋愛している気分です。
ペンドゥルグァ　ヨネ　ハヌン　キブンニエヨ
팬들과 연애하는 기분이에요.
ファンたち　と　恋愛している　気分　　です

理想はどんなタイプですか？
イサンヒョンウン　オットン　タイビエヨ
이상형은 어떤 타입이에요?
　理想型　は　　どんな　タイプ　ですか

👓 **カルチャー**
理想が高い人を、눈이 높다 ヌニノプタ (目が高い)という

明るい人（がタイプ）ですね。
ソンキョギ　パルグン　サラミヨ
성격이 밝은 사람이요.
　性格　が　明るい　　人　　です

✨ **+α**
どんなタイプか聞かれて答える時の言い方。「あの人は明るい人です」と説明する時は사람이에요 サラミエヨ

よく笑う人が好きですね。

チャルウンヌン　サラミ　チョアヨ
잘 웃는 사람이 좋아요.
よく 笑う　　人 が　好きです

入れ替え単語

チョハゴ　チャルマンヌン
저하고 잘 맞는
私とよく合う

クィヨウン
귀여운
かわいい

日本の女性はいかがですか？

+α
女자 ヨジャは女性を指す言葉で、「女の子」は여자 아이 ヨジャ アイという

イルボン　ニョジャヌン　オッテヨ
일본 여자는 어때요?
日本　　女子　は　どうですか

恋愛に国籍は関係ありませんよ。

ヨネエ　ククチョグン　サングァノプソヨ
연애에 국적은 상관없어요.
恋愛 に　国籍　は　関係 ありません

休みの日は何をしていますか？

シュィヌン ナ レヌン ムォ ハ セヨ
쉬는 날에는 뭐 하세요?
休む　日 には　何　しますか

もらってうれしいものは何ですか？

パドゥミョン チョウン ソンムルン ムォエヨ
받으면 좋은 선물은 뭐예요?
もらうと　いい　プレゼントは　何 ですか

THEME: 応援

インタビュー・ファンミーティング ❸

今、どんなドラマを撮影中ですか?
チグム オットン ドゥラ マ ルル チュアリョンハ ゴ インナ ヨ
지금 어떤 드라마를 촬영하고 있나요?
　今　　どんな　　ドラマ　　を　　撮影して　　いますか

歴史物です。
ヨクサムリエヨ
역사물이에요.
　歴史物　　です

単語
러브스토리 ロブストリ(ラブストーリー)
정치 드라마 チョンチ ドゥラマ(政治ドラマ)

やってみたい役柄はありますか?
ヘ ボゴ シプン ヨカリ インナ ヨ
해 보고 싶은 역할이 있나요?
やって　みたい　役割　が　ありますか

カルチャー
ドラマで悪役を演じると、年配の視聴者から憎まれることも多いので、勇気が必要

悪役をやってみたいですね。
アギョグル ヘ ボゴ シポヨ
악역을 해 보고 싶어요.
悪役　を やって　みたいです

演じた役には共感できますか?
ヨンギハン ヨ カレヌン コンガ マナヨ
연기한 역할에는 공감하나요?
演技した　　役割　　には　　共感しますか

なぜ、最近テレビに出ないんですか？

ウェ ヨジュム テルレビジョネ アン ナオセヨ
왜 요즘 텔레비전에 안 나오세요?
なぜ　最近　　テレビ　　に　　出ないんですか

次回作はいつごろ発売予定ですか？

タウム ジャクプムン オンジェ パルメ デル イェジョンインガヨ
다음 작품은 언제 발매될 예정인가요?
次の　　作品　は　　いつ　　発売　なる　予定　　ですか

もうすぐ出ると思います。

コン ナオル コエヨ
곧 나올 거예요.
すぐ　出ると思います

🗨 フレーズ
많이 사랑해 주세요. マニ サランヘ ジュセヨ（《作品を》たくさん愛してください）

スタントマンは使っていません。

テ ヨグン アン ッソッソヨ
대역은 안 썼어요.
代役　は　　使わなかったです

✨ +α
대역 テヨクなら性別に関係なく使える

MINI トリビア

現実的な韓国のファンたち?!

芸能人はスタイルの管理が徹底しており、多くのファンがその方法を知りたがります。スタイルのほか休日の過ごし方や理想のタイプ、結婚についても興味をもっています。逆に、好きな言葉や夢（꿈 ックm。非現実的なイメージ）にはあまり関心がありません。

入れ替え
フレーズ

THEME: 人の描写

外見・雰囲気 ❶

本当に　　　　　です。
정말　　　　　요.
<ruby>チョンマル</ruby>　<ruby>ヨ</ruby>

MUSIC TV

セクシー
섹시해
セクシヘ

女らしい
여성스러워
ヨソンスロウォ

男らしい
남자다워
ナムジャダウォ

かっこいい
멋있어
モシッソ

ワイルド
터프해
トプヘ

きれい
예뻐
イェッポ

かわいい
귀여워
クィヨウォ

魅力が多い
매력이 많아
メリョギ マナ

スリム
날씬해
ナルッシネ

本当に_____です。
정말 _____ 예요./이에요.
チョンマル　　　エヨ　　イエヨ
★印の単語は이에요、それ以外は예요を使う

HANGUL PHRASE

外見・雰囲気 ❶

*知的
지적
チヂョク

努力派
노력파
ノリョクパ

けち
구두쇠
クドゥセ

*消極的
소극적
ソグクチョク

*積極的
적극적
チョククチョク

やんちゃ
개구쟁이
ケグジェンイ

愛きょうのかたまり
애교 덩어리
エギョ　トンオリ

215

THEME: 人の描写

外見・雰囲気 ❷

オーラがすごい！
아우라가 굉장해!
_{ア ウ ラ ガ クェンジャンヘ}
オーラ が すごい

+α
아우라 アウラは、誰もまねできない崇高な雰囲気のこと

フェロモンが漂います。
여성미가 물씬 풍겨요.
_{ヨ ソン ミ ガ ムルッシン プンギョ ヨ}
女性美 が ぷんと 漂います

+α
男性の場合は、남자답다 ナムジャダプタ（男らしい）、멋있다 モシッタ（素敵だ）などという

性格がよさそうです。
성격이 좋아 보여요.
_{ソンキョギ チョア ポヨヨ}
性格 が よく 見えます

+α
성격は濁音化せず、いつも［ソンッキョク］と強く発音する

女の子に優しそう。
여자들에게 잘 해 줄 것 같아.
_{ヨ ジャドゥレゲ チャ レ ジュルコッ カタ}
女子たち に よくして くれそう

+α
「優しい」のもっとも無難な表現。この言葉は、性別や年齢によって表現が変わる

子どもに人気がありそうですね。
아이들한테 인기가 있을 것 같네요.
_{ア イ ドゥランテ インキ ガ イッスル コッ カンネ ヨ}
子どもたち に 人気 が ありそうですね

生活感がないですね。
センファルガミ ヌッキョジ ジ アナヨ
생활감이 느껴지지 않아요.
生活感　が　　　　感じられません

カルチャー
韓国のトップ俳優は、あまり生活感のない人が多く、バラエティーの出演も少ない

ベールに包まれているような雰囲気です。
ペイレッサヨ インヌンドゥタン プニギエヨ
베일에 싸여 있는 듯한 분위기예요.
ベール に 包まれて いる ような　雰囲気　です

寂しがり屋さんに見える。
ウェロウムル タル コッカタ ポヨ
외로움을 탈 것 같아 보여.
　寂しがりそうに　　　　見える

テレビで見るより細いですね。
テルレビジョネソ ポヌン ゴッポダ ナルッシナ ネヨ
텔레비전에서 보는 것보다 날씬하네요.
テレビ　　　で　　見る　のより　　スリムですね

実年齢より若く見えます。
シルチェ ナイボダ チョルモ ボヨヨ
실제 나이보다 젊어 보여요.
実際　年齢　より　若く　見えます

貴公子みたいです。
クィゴンジャ カタヨ
귀공자 같아요.
貴公子　みたいです

外見・雰囲気②

THEME: 人の描写

顔つき ❶

美男子ですね!
ミナミネヨ
미남이네요!
美男　ですね

★ +α
꽃미남 ッコンミナム（花美男）は、やや女性的なきれいで幼い顔

美人だなあ!
ミイニダ
미인이다!
美人　だ

単語
미녀 ミニョ（美女）
최강 동안 チェガン ドンアン（最強童顔）

目が大きいです。
ヌニ　　コヨ
눈이 커요.
目が　大きいです

↓
入れ替え単語

チャガヨ	シャプヘヨ	メリョクチョギ エヨ
작아요.	**샤프해요.**	**매력적이에요.**
小さいです	シャープです	魅力的です

彫りが深くて見とれちゃう。
チョガク　カチ　センギョンネ　ヨ
조각 같이 생겼네요.
彫刻　みたいに　できましたね

フレーズ
인형 같이 생겼네요. インヒョン カチ センギョンネヨ（顔がまるでお人形さんですね）

肌が白いです。
피부가 하얘요.
ピブガ ハイェヨ
皮膚 が 白いです

入れ替え単語

깨끗해요.
ッケックテヨ
きれい(清潔)です

투명해요.
トゥミョンヘヨ
透明です

顔が小さいです。
얼굴이 작아요.
オルグリ チャガヨ
顔 が 小さいです

💋 **フレーズ**
얼굴이 주먹만해요.
オルグリ チュモンマンヘヨ(顔がこぶしくらいです)

赤ちゃん肌にあこがれます。
아기 피부처럼 되고 싶어요.
アギ ピブチョロム テゴ シポヨ
赤ちゃん 皮膚 みたいに なりたいです

✨ **+α**
물광 피부 ムルグァン ピブ（水光皮膚）は、みずみずしくて光沢のある皮膚のこと

MINI トリビア

韓国人は歯並びにうるさい？

韓国の男性は、素顔が美しく清楚なイメージの女性を好むので、女性はよく整形します。
男性は、鼻が高く顔だちが整っていれば、身長と雰囲気で判断されます。ただし歯並びが重要で、芸能人になるとまっ先に歯を矯正する人が多いんですよ。

THEME: 人の描写

顔つき❷

素敵な俳優さんです。
モッチン ペ ウ エ ヨ
멋진 배우예요.
素敵な　俳優　です

雰囲気があります。
プ ニ ギ ガ イッソ ヨ
분위기가 있어요.
雰囲気　が　あります

👓 カルチャー
韓国では、整形を発表したことで、好感度の上がった芸能人も多い

きれいな顔ですね。
イェップン オルグリエヨ
예쁜 얼굴이에요.
きれいな　顔　です

入れ替え単語

ソ ヤンジョギン	ケ ソンジョギン	トゥトゥカン
서양적인	**개성적인**	**독특한**
西洋的な	個性的な	独特な

えくぼがチャームポイントです。
ポ ジョゲ ガ チャミンポイントゥエ ヨ
보조개가 챠밍포인트예요.
えくぼ　が　チャームポイント　です

👓 カルチャー
韓国では、八重歯はチャームポイントにならない

ほれちゃいそうな笑顔。
パネ ボリル トゥタン ミソ
반해 버릴 듯한 미소.
ほれて　　しまいそうな　　微笑

単語
살인미소 サリンミソ (殺人微笑)、천사미소 チョンサミソ (天使微笑)、함박미소 ハムバンミソ (満面の笑み)

唇が最高！キスされたい！
イプス リッチャン キス パッコ シポ
입술이 짱! 키스 받고 싶어!
唇　が　最高　　キス　　もらいたい

+α
キスはディープなイメージがあり、뽀뽀 ッポッポ (チュー) はもう少し軽いニュアンス

人なつっこい雰囲気がたまりません。
プチムソン インヌン プニギ ガ ノム チョアヨ
붙임성 있는 분위기가 너무 좋아요.
人なつっこい　　雰囲気　が　とても　いいです

目の保養になりますね。
ウリ ヌ ヌル チョンファシキョ ジュネ ヨ
우리 눈을 정화시켜 주네요.
私たち　目　を　浄化させて　くれますね

+α
声が素敵な場合は、귀호강 クィホガン (耳のぜいたく)

不細工だけど魅力があるよね。
モッセンギョッチマン メリョギ イッソ
못생겼지만 매력이 있어.
不細工だけど　魅力　が　あるよね

あの二重まぶたは整形かしら…？
チョ ッサンッコプル ルン ソンヒョンイルッカ
저 쌍꺼풀은 성형일까…?
あの　二重　は　整形かしら

入れ替えフレーズ

THEME: 人の描写

整形・痩身

> ◯ しました。
> ◯ 했어요.
> ヘッソ ヨ

小顔に
턱깎는 수술을
トゥッカンヌン ススルル

まぶたを二重に
쌍꺼풀 수술을
ッサンッコプル ススルル

目を切開
눈 절개 수술을
ヌン ジョルゲ ススルル

鼻筋を高く
코를 높이는 수술을
コルル ノピヌン ススルル

あごをシャープに
턱을 갸름하게
トグル キャルマゲ

しわ取りを
주름 제거 수술을
チュルム ジェゴ ススルル

バストは大きくできますか？

カスムル ジョムド プンマナゲ ハル ス イッスルッカヨ
가슴을 좀 더 풍만하게 할 수 있을까요?
胸を　少しもっと　豊満に　　　　　できますか

単語
크게 クゲ（大きく）
작게 チャッケ（小さく）
예쁘게 イェップゲ（きれいに）

しわを消したいです。

チュルムル オプセゴ シポヨ
주름을 없애고 싶어요.
しわを　なくしたいです

↓

入れ替え単語

ペッサルル	ヒュントルル	キミルル	チュグンッケルル
뱃살을	**흉터를**	**기미를**	**주근깨를**
おなかの肉を	傷跡を	しみを	そばかすを

料金の目安を教えてください。

テリャク ピヨンウン オルマ ナ ドゥルッカヨ
대략 비용은 얼마나 들까요?
大略　費用は　どれくらい　かかるでしょうか

カルチャー
整形では二重手術が多い。50万〜150万ウォンくらいで、比較的安い

手術したことがわかりますか？

ス スラン ティ ナルッカヨ
수술한 티 날까요?
手術した　気配　出るでしょうか

生まれ変わった気分！

セロ テオナン ギブニヤ
새로 태어난 기분이야!
新しく　生まれた　気分　だよ

カルチャー
近年は社会的に、顔にコンプレックスのある人に整形をすすめる雰囲気がある

HANGUL PHRASE　整形・痩身

入れ替えフレーズ
THEME: 人の描写

体格❶

| ですね。 |
| ネヨ |
| 네요. |

Audition.

体がすべて筋肉
몸이 전부 근육이
モミ チョンブ クニュギ

スタイル抜群
몸짱이
モムッチャンイ

脚が長い
다리가 기
タリガ キ

8頭身
팔등신이
パルドゥンシニ

スタイルが健康的
건강미가 있
コンガンミガ イッ

224

HANGUL PHRASE

体格 ❶

恰幅がいい
풍채가 좋
プンチェガ チョッ

きゃしゃ
뼈가 얇
ッピョガ ヤルプ

お姫様みたい
공주님 같
コンジュニム カッ

指が長くてきれい
손가락이 길고 예쁘
ソンカラギ キルゴ イェップ

小柄でかわいい
아담해서 귀엽
アダメソ クィヨプ

細すぎ
너무 말랐
ノム マルラッ

THEME: 人の描写

体格❷

背中が広いです。
トゥンイ ノル ボ ヨ
등이 넓어요.
背中 が 広いです

たくましい腕！
ウ ラ マン パル
우람한 팔!
たくましい 腕

脚がまっすぐできれいです。
タ リ ガ ッチュクッポド ソ イェッポ ヨ
다리가 쭉 뻗어서 예뻐요.
脚 が まっすぐ 伸びて きれいです

カルチャー
脚は細すぎず、少しボリュームがあり、太ももに肉が付いているのがきれいとされる

線が細〜い。
ソ ニ カ ヌル タ
선이 가늘다.
線 が 細い

+α
褒める時は**말랐어요.** マルラッソヨ (痩せている) より、**날씬해요. ナルッシネヨ** (すらりとしてる) がいい

メリハリボディがうらやましい。
ッチュクチュクッパンパンハン モム メ ガ ブ ロ ウォ ヨ
쭉쭉빵빵한 몸매가 부러워요.
メリハリ ボディライン が うらやましいです

文法
쭉쭉 ッチュクチュクはまっすぐなさまを、**빵빵** ッパンッパンは弾力があって大きいさまを表す擬態語

デコルテ美人ですね。
セゴル ミイニシネヨ
쇄골 미인이시네요.
鎖骨　美人　　ですね

単語
자연미인 チャヨンミイン（整形していない美人）
순수미인 スンスミイン（化粧気のない美人）

Sラインです。
エスライニエヨ
에스라인이에요.
Sライン　　です

+α
女性のバストからヒップにかけての曲線美をSラインという

いいお尻！
オンドンイ ガ セクシ ヘ
엉덩이가 섹시해!
お尻　が　セクシー

巨乳ですね！
カスミ クネヨ
가슴이 크네요!
胸　が　大きいですね

+α
「胸」をストレートに言うのはイメージがよくないので、文字を入れ替え**합가** スムガと表現したりする

MINI トリビア

韓国でもてるのは「背の高い人」

韓国では脚のきれいな女性が好まれ、比較的背が高いともてます。また、黒いロングストレートの髪形が多く、ミニスカートやジーンズの似合う人がセクシーで魅力的とされます。男性は、ひげをはやさない清潔感のあるルックスが好まれ、顔より身長が重視されるんですよ。

THEME: 人の描写

性 格

優しい性格です。
チョウン ソンキョギ エヨ
좋은 성격이에요.
よい　性格　です

↓

入れ替え単語

パルグン	オヌァハン	チャガウン
밝은	**온화한**	**차가운**
明るい	穏やかな	冷たい

彼は自己中のようだね。
ク ナムジャ イギジョギン モヤンイネ
그 남자 이기적인 모양이네.
その　男子　利己的な　模様だね

⭐ +α
人の性格を悪く言う時は**못됐어** モッテッソと言い、「意地悪」「自己中」で使う

彼女は甘えん坊だよね。
ク ヨジャ オリグァンジェンイヤ クチ
그 여자 어리광쟁이야, 그치?
その　女子　甘えん坊だよ　そうだろ

👓 カルチャー
韓国では、大人が甘えるイメージがなく、こう言われるのはあまり愉快ではない

根が暗いんですよ。
ウォルレ ソンキョギ ジョム オドゥウォヨ
원래 성격이 좀 어두워요.
元来　性格　が ちょっと　暗いです

⭐ +α
ネガティブな人は、**부정적 プジョンジョク**（否定的）という

HANGUL PHRASE 性格

誠実な人ですね。
ソンシラン サラミエヨ
성실한 사람이에요.
誠実な　人　です

本当におもしろい人!
チョンマル チェミインヌン サラミヤ
정말 재미있는 사람이야!
本当に　おもしろい　人　だよ

カルチャー
韓国では一般に、男性は歌がうまいか話しのおもしろい人に人気が集まる

せっかちだなあ。
ソンキョギ クペ
성격이 급해.
性格が　急だ

+α
韓国人にはせっかちな人が多く、**빨리** ッパルリ（早く）が口癖の人が多い

お人好しにもほどがあるよ。
チャケド チョンド ガ イッチ
착해도 정도가 있지.
お人好しでも　程度　が　あるよ

几帳面だといわれます。
サラムドゥリ ッコムッコマ デヨ
사람들이 꼼꼼하대요.
人たち　が　几帳面だと言います

+α
物事をすぐ忘れることを、**덜렁대다** トルロンデダ、そういう人を**덜렁이** トルロンイという

頑固ですね。
コジビ セネヨ
고집이 세네요.
固執　が　強いですね

カルチャー
韓国では俗に「**강 カン**」「**황 ファン**」「**최 チェ**」などの名字の人が頑固だといわれている

THEME: K-POP
歌詞によくある表現 ❶

君は僕を好きになる。
ノン ナル チョア ハ ゲ デル コ ヤ
넌 날 좋아하게 될 거야.
君は 僕を 好きに なる の

📖 **文法**
너는 ノヌン → 넌 ノン、나를 ナルル → 날 ナルなど、母音で終わる名詞のあとにくる助詞はよく縮約する

なぜかとてもうれしいの。
ウェンジ ノ ム キッポ
왠지 너무 기뻐.
なぜか とても うれしい

⭐ **+α**
기뻐 キッポは 좋아 チョア（うれしい）と言ってもよい

もう寂しくない。
イジェ イ サン ウェロプチ ア ナ
이제 더이상 외롭지 않아.
もう これ以上 寂しくない

太陽が昇る。
テヤン イ ソ サ オルラ
태양이 솟아올라.
太陽 が 昇る

そっとキスしてくれた君。
サルッチャク キ ス ヘ ジュドン ノ
살짝 키스해 주던 너.
そっと キスして くれた 君

歌詞によくある表現 ❶

ときめくのはあなたのせいだもの。
ソルレヌン イユヌン ノッテムニン ゴル
설레는 이유는 너 때문인 걸.
ときめく　理由　は　あなた　せいだもの

あなたへ走って行きたい。
ノルル ヒャンヘ タルリョガゴ シポ
너를 향해 달려가고 싶어.
あなた を 向かって　走って行きたい

カルチャー
韓国人は、会いたい時に連絡して、その場で会おうと約束することも多い

光が見える。
ピチ ポヨ
빛이 보여.
光 が　見える

世の中はすべてピンク色。
セ サンウン オントン ピンクピッ
세상은 온통 핑크빛.
世の中　は　すべて　ピンク 光

+α
幸せな時は**핑크빛** ピンクピッ、落ち込んでいる時は**회색빛** フェセクピッ（灰色光）

いとおしいあなた。
サランスロン グデ
사랑스런 그대.
いとおしい　あなた

+α
그대 クデは二人称の代名詞だが、普段の会話では使わないので、気を付けて

日差しみたいな君の笑顔。
ヘッサル ガトゥン ノエ ミソ
햇살 같은 너의 미소.
日差し みたいな 君 の　微笑

+α
같은 カトゥンの前後に名詞を入れて、「〜みたいな○○」と表現することが多い

231

THEME: K-POP

歌詞によくある表現❷

愛を知らなかった僕。
サランウル モルラットン ナ
사랑을 몰랐던 나.
愛 を 知らなかった 僕

やっと別れだと気付いた。
イジェヤ イビョリン ゴル ア ラッソ
이제야 이별인 걸 알았어.
やっと 離別である ことを 知った

悲しまないで。
スルポハジ マラヨ
슬퍼하지 말아요.
悲しまないで

📝 **文法**
感情を表す形容詞の요体に하다ハダを付けると、動詞になる。슬프다 スルプダ → 슬퍼하다 スルポハダ

愛が離れていく。
サランイ ットナガヨ
사랑이 떠나가요.
愛 が 離れていく

⭐ **+α**
사랑 サランと 사람 サラム（人）は、発音が似ていて、最後に口をしっかり閉じると「人」

私は悪い女。
ナン ナップン ニョジャヤ
난 나쁜 여자야.
私は 悪い 女 だ

⭐ **+α**
괜찮은 여자 クェンチャヌン ニョジャ（大丈夫な女）は客観的に見て「いい女」の意味

あなたなしでは一日も生きていけない。

ノ オプシン タン ハルド サル ス オプソ
너 없인 단 하루도 살 수 없어.
あなた なしは たった 一日 も 生きられない

あの人が憎いです。

ク サラミ ミウォヨ
그 사람이 미워요.
その 人 が 憎いです

消そうとしても消せない。

チウリョ ヘド チウォジジ アナ
지우려 해도 지워지지 않아.
消そうと しても 消えない

📖 **単語**
화장을 지우다 ファジャンウル ジウダ (化粧を落とす)、지우개 チウゲ (消しゴム)

色あせた記憶の中にいつも君がいる。

ピッパレン キオク ソゲ ハンサン ネガ イッソ
빛바랜 기억 속에 항상 네가 있어.
色あせた 記憶 中に いつも 君が いる

僕の声が聞こえますか？

ネ モクソリ トゥルリナヨ
내 목소리 들리나요？
僕の 声 聞こえますか

✨ **+α**
「君の」は네 ネだが、내 ネと発音が同じで紛らわしいので、니 ニと発音することも多い

泣くのはやめて。

ヌンム ル ル コドゥォヨ
눈물을 거둬요.
涙 を 止めて

💋 **フレーズ**
울지 마. ウルジマ (泣くな)

THEME: ドラマ・映画

よくある台詞 ❶

それ、何だったっけ？
그게 뭐더라?
クゲ ムォドラ
それが 何だったっけ

> ⭐ +α
> 思い出せない時に使う。뭐더라? ムォドラ、뭐지? ムォジ、뭐였지? ムォヨッチなどとも言う

君は知らなくてもいいよ。
넌 몰라도 돼.
ノン モルラド デ
君は 知らなくても いい

> 👄 フレーズ
> 모르는 게 약이다. モルヌンゲヤギダ（知らないのが薬→悪いことは知らないほうがいい）

あら、うっかりしていた。
어머, 깜빡했다.
オモ ッカムッパケッタ
あら うっかり した

> ⭐ +α
> 어머 オモは女性がよく使う感嘆詞。男性が使うとおかまっぽく聞こえる

急用ってなに？
급한 용건이라니?
ク パンニョンコ ニラ ニ
急な 用件って

> 👓 カルチャー
> 韓国では比較的、仕事中にも個人的な電話に出られる雰囲気がある

今何て言った？
말 다 했어?
マル タ ヘッソ
話 すべて した

> ⭐ +α
> ひどいことを言われた時に使う。たんに聞き返す時は지금 뭐라고 했어? チグム ムォラゴ ヘッソ

ああ、びっくりした。
アヒュ ッカムッチャギヤ
아휴 깜짝이야.
ああ　　びっくり

🗨️ **フレーズ**
놀랐잖아. ノルラッチャナ
(驚いたじゃん)
깜놀. ッカムノル(びっくりした)

電話した？
チョヌァ ヘッソ
전화했어?
電話　　した

👓 **カルチャー**
韓国人はよく電話をする。声だけで誰なのかわかることも多い

見つけた！
チャジャッタ
찾았다!
見つけた

✏️ **文法**
찾았다 チャジャッタは、「見つけた」「見つかった」「探した」の意味がある

僕は君に心臓をかけたよ。
ナヌン ノエゲ ネ シムジャンウル コロッソ
나는 너에게 내 심장을 걸었어.
私は　君に　私の　心臓を　　　かけた

⭐ **+α**
真剣さを表すために心臓、人生、命などを「かける」「ささげる」と表現することがある

MINI トリビア

韓国ドラマのジャンルは何がある？

韓国のドラマは、①史劇：歴史の事実を扱う、②時代劇：時代は過去だが虚偽、③家族ドラマ、④メロドラマ、⑤観客の笑い声が聞こえるドラマが主流です。最近は、人間関係が複雑に絡んでいて、現実味のない設定、刺激的な映像を利用するドラマも出てきました。

THEME: ドラマ・映画

よくある台詞❷

君、ばかなの？ なんで言えないの？
ノ バボヤ ウェ マルル モテ
너 바보야? 왜 말을 못 해?
あなた ばか なの なぜ 話 を できないの

もうおしまいなの？
イ ジェ ックンナッソ
이제 끝났어?
もう 終わったの

愛には薬もないと言ってたけど。
サランエン ヤクト オプタドニ
사랑엔 약도 없다더니.
愛 には 薬 も ないと言ってたけど

★ +α
韓国では恋患いを**상사병 サンサピョン**（相思病）という

ほかの男の前では泣くなよ。
タルン ナムジャ ア ペ ソヌン ウルジ マ
다른 남자 앞에서는 울지 마.
違う 男子 前 では 泣くな

👓 カルチャー
男性が泣いていいのは「生まれた時」「親が死んだ時」「国を失った時」の3回だけ

たったそれだけの人だったのね？
コジャク ク ジョンド バッケ アン デヌン サラミ オッソ
고작 그 정도밖에 안 되는 사람이었어?
たった その 程度 しか ならない 人 だったの

人生はそんなものね。
インセンウン クロン ゴヤ
인생은 그런 거야.
人生　は　そんな　ものなの

カルチャー
그런 거야 クロン ゴヤ
は日常的にもよく使われ、「仕方がないこと」のニュアンスがある

空気読んで。なんでそんなことするの？
プニギ パアクチョム ヘ ウェ グレ
분위기 파악 좀 해. 왜 그래?
雰囲気　把握　ちょっとして　なぜ　そうするの

もう、私の手には負えないわ。
イジェ ト イサン ナロソヌン カムダンイ アン デ
이제 더이상 나로서는 감당이 안 돼.
もう　これ以上　私としては　手に負えない

あなたが私の人生を台無しにしたのよ。
ネガ ネ インセンウル タ マンチョ ヌァッソ
네가 내 인생을 다 망쳐 놨어.
あなたが　私の　人生　をすべて　壊して　おいた

きょうは鼻がねじれるまで飲んでみよう。
オ ヌルン コガ ピットゥロ ジドロク マショ ボジャ
오늘은 코가 비뚤어지도록 마셔 보자.
きょう　は　鼻が　ねじれるように　飲んで　みよう

すぐに記憶も戻るわ。
クムバン キオクト トェドラオル コヤ
금방 기억도 되돌아올 거야.
すぐ　記憶も　戻ってくるよ

カルチャー
韓国ドラマでは交通事故が多く、ストーリーをドラマチックに仕立てるため、よく記憶喪失を使う

THEME: ドラマ・映画

時代劇によくある台詞

おい、誰かおらんか?
ヨバラ ケ アムド オムヌニャ
여봐라! 게 아무도 없느냐?
おい そこに 誰も おらんか

★ +α
時代劇で、目下の人を呼ぶ時によく使われる台詞

こっちへ来い。
イリ オノラ
이리 오너라.
こっち 来い

★ +α
昔は人の家を訪ねた時、下人を呼んで主人に客が来たことを伝えていた

聖恩の大きさは計り知れません。
ソンウ ニ マングカオムナイダ
성은이 망극하옵나이다.
聖恩 が 限りがありません

ならぬ。
アン デゲッタ
안 되겠다.
だめだ

殿下、事情を推し量ってください。
チョナ トンチョカヨ ジュシオプソソ
전하 통촉하여 주시옵소서.
殿下 (事情を)推し量って くださいませ

時代劇によくある台詞

賞をつかわす。
ネ ノ エゲ クン サンウル ネリリラ
내 너에게 큰 상을 내리리라.
わしが君に 大きな賞を 下す

🌟 +α
歴史的な人物のラブストーリーを扱った사극 サグク(史劇)が近年多く作られている

恐れ入ります。
ソン ハ オムニダ
송구하옵니다.
恐れ入ります

💋 フレーズ
송구스럽사옵니다. ソングスロァサオムニダも同じ意味

死に値する罪を犯しました。
チュグル チェルル チ オッサ オムニダ
죽을 죄를 지었사옵니다.
死ぬ 罪を 犯しました

🌟 +α
昔の死刑には、사약 サヤク(死薬)を与えることもあった

おほめに預かり大変恐縮です。
モムドゥル パ ルル モルゲッサ オムニダ
몸둘 바를 모르겠사옵니다.
体置く場を 知りません

🌟 +α
時代劇では~겠사옵니다 ケッサオムニダと言うが、現代語の~겠습니다 ケッスムニダと同じ意味

けしからん。
クェッシマ ドダ
괘씸하도다.
けしからん

🌟 +α
相手がとても失礼なことをした時に言い、目上の人には使えない

無礼者!
ム オマ ドダ
무엄하도다.
無礼だ

💋 フレーズ
무례하다 ムレハダ(無礼だ)も使われる

[定番編]

そのまま使える LETTER 手紙文例 ❶

<ruby>병헌<rt>ビョンホン</rt></ruby> <ruby>오빠<rt>オッパ</rt></ruby>!
ビョンホン オッパ

<ruby>오빠의<rt>オッパエ</rt></ruby> <ruby>영원한<rt>ヨンウォナン</rt></ruby> <ruby>팬<rt>ペン</rt></ruby> <ruby>에리예요<rt>エリエヨ</rt></ruby>.
オッパ の 永遠な ファン 絵里 です

<ruby>텔레비전에서<rt>テレビジョネソ</rt></ruby> <ruby>오빠의<rt>オッパエ</rt></ruby> <ruby>드라마를<rt>ドゥラマルル</rt></ruby> <ruby>보고<rt>ボゴ</rt></ruby>
テレビ で オッパ の ドラマ を 見て

<ruby>팬이<rt>ペニ</rt></ruby> <ruby>됐어요<rt>デッソヨ</rt></ruby>.
ファン が なりました

<ruby>오빠는<rt>オッパヌン</rt></ruby> <ruby>요즘<rt>ヨジュム</rt></ruby> <ruby>한국에서<rt>ハングゲソ</rt></ruby> <ruby>활동하느라<rt>ファルトンハヌラ</rt></ruby> <ruby>바쁘죠<rt>バップジョ</rt></ruby>?
オッパ は このごろ 韓国 で 活動する ため 忙しいでしょ

<ruby>그래서<rt>クレソ</rt></ruby> <ruby>쉴<rt>スィル</rt></ruby> <ruby>시간도<rt>シガンド</rt></ruby> <ruby>없을<rt>オプスル</rt></ruby> <ruby>것<rt>コッ</rt></ruby> <ruby>같아요<rt>カタヨ</rt></ruby>.
だから 休む 時間 も なさそうです

<ruby>그래도<rt>クレド</rt></ruby> <ruby>항상<rt>ハンサン</rt></ruby> <ruby>웃어<rt>ウソ</rt></ruby> <ruby>주는<rt>ジュヌン</rt></ruby> <ruby>우리<rt>ウリ</rt></ruby> <ruby>오빠<rt>オッパ</rt></ruby>.
それでも いつも 笑って くれる 私たち オッパ

<ruby>오빠의<rt>オッパエ</rt></ruby> <ruby>미소를<rt>ミソルル</rt></ruby> <ruby>보면<rt>ボミョン</rt></ruby> <ruby>행복해진답니다<rt>ヘンボケジンダムニダ</rt></ruby>.
オッパ の 微笑 を 見ると 幸せになるんです

<ruby>그러니까<rt>クロニッカ</rt></ruby> <ruby>오늘도<rt>オヌルド</rt></ruby> <ruby>환하게<rt>ファナゲ</rt></ruby> <ruby>웃으며<rt>ウスミョ</rt></ruby> <ruby>화이팅<rt>ファイティン</rt></ruby>!
だから きょう も 明るく 笑いながら ファイト

<ruby>저희가<rt>チョヒガ</rt></ruby> <ruby>오빠를<rt>オッパルル</rt></ruby> <ruby>지켜보고<rt>チキョボゴ</rt></ruby> <ruby>있으니까요<rt>イッスニッカヨ</rt></ruby>.
私たち が オッパ を 見守って いるからです

<ruby>에리가<rt>エリガ</rt></ruby>
絵里 が

> 訳

ビョンホンオッパ!

オッパの永遠のファン、絵里です。

テレビでオッパのドラマを見て

ファンになりました。

オッパはこのごろ韓国での活動が忙しいでしょ。

だから休む時間もなさそうですね。

それでもいつも笑ってくれる私たちのオッパ。

オッパのほほえみを見ると幸せになるんです。

だから、きょうも明るく笑いながらファイト!

私たちがオッパを見守っているからね。

絵里より

> POINT **手紙の書き方**

❶「○○さんへ」の書き方
敬語を使った丁寧な表現では「○○께 ッケ(○○へ)」が一般的です。○○に名前を入れる際は「○○씨 ッシ(○○さん)」を使い「○○씨께 シッケ」、役職やお母さんなどの一般名詞の際には「○○님 ニム(○○様)」を用いて「○○님께 ニムッケ」とします。相手の名前は、下の名前かフルネームを入れましょう。親しい友達や年下には、名前の後ろに「에게 エゲ」もしくは「오빠 オッパ」の呼び方を入れたりします。Toを使ってもいいですし、呼び捨てでも大丈夫です。

❷「○○より」の書き方
丁寧な表現では「○○올림 オルリム(○○より)」が一般的ですが、「○○ 드림 トゥリム(○○より)」を使うこともあります。送り先が親しい友達や年下の場合は、名前だけでも問題ありません。名前の後ろに「○○が」を意味する「○○가 ガ」を入れてもOKです。

[アルバム発売お祝い編]

성현 씨 안녕하세요!
_{ソンヒョンッシ アンニョンハセヨ}
ソンヒョンさん　こんにちは

저는 일본에 살고 있는 다카하시 유라고 합니다.
_{チョヌン イルボネ サルゴ インヌン タカハシ ユラゴ ハムニダ}
私 は 日本 に 住んで いる 高橋　　ユウ と 申します

먼저 앨범 나온 거 축하드려요.
_{モンジョ エルボム ナオン ゴ チュカドゥリョヨ}
先に アルバム 出た こと おめでとうございます

뮤직비디오도 너무 멋있게 잘 찍어서
_{ミュジクビディオド ノム モシッケ チャル ッチゴソ}
ミュージックビデオ も とても かっこよく よく 撮って

한편의 영화를 보고 있는 것 같았어요.
_{ハンピョネ ヨンファルル ボゴ インヌン ゴッ カタッソヨ}
一編 の 映画 を 見て いるようでした

한국에서 새 앨범 내고
_{ハングゲソ セ エルボム ネゴ}
韓国 で 新 アルバム 出して

컴백했다는 뉴스는 들었어요.
_{コムペケッタヌン ニュスヌン トゥロッソヨ}
カムバックしたという ニュース は 聞きました

일본에도 와 주실 거죠?
_{イルボネド ワ ジュシル コジョ}
日本 にも 来てくださいますよね

한국 활동이 끝날 때까지 기다려야겠지만…
_{ハングク ファルトンイ ックンナル ッテッカジ キダリョヤゲッチマン}
韓国　　活動 が 終わる 時 まで 待たなければならないだろうけど

일본에 있는 팬들도 잊지 말아 주세요.
_{イルボネ インヌン ペンドゥルド イッチ マラ ジュセヨ}
日本 に いる ファン たち も 忘れないで　　ください

　　　　　　　　　　　　　　　　　다카하시 유가
　　　　　　　　　　　　　　　　　_{タカハシ ユガ}
　　　　　　　　　　　　　　　　　高橋　　ユウが

訳

ソンヒョンさん、こんにちは。

私は日本に住んでいる高橋ユウと申します。

まず、アルバムの発売おめでとうございます。

ミュージックビデオもとてもかっこよく撮れていて

一本の映画を見ているようでした。

韓国で新しいアルバムをひっさげて

カムバックしたというニュースを聞きました。

日本にも来てくれますよね？

韓国でのプロモーションが終わるまで待たないといけないでしょうが、

日本にいるファンも忘れないでください。

高橋ユウより

こんな書き方も

発売日に並んで買いました。
パルメハヌン ナレ チュルソ サッソヨ
발매하는 날에 줄서서 샀어요.
発売 する 日に 並んで 買いました

毎日聴いています。
メイル トゥッコ イッソヨ
매일 듣고 있어요.
毎日 聴いて います

今回のアルバムもとても気に入っています。
イボン エルボムド アジュ マウメ ドゥロヨ
이번 앨범도 아주 마음에 들어요.
今回 アルバムもとても 心に 入ります

HANGUL PHRASE 手紙文例 ❷ 〔アルバム発売お祝い編〕

[体調気遣い編]

수현 씨! 잘 지냈어요?
スヒョンさん よく 過ごしましたか

밥은 먹었어요?
ご飯は 食べましたか

이번에 일본에서 팬미팅을 한다고 들었어요.
今回に 日本で ファンミーティングを すると 聞きました

하지만 너무 빡빡한 스케줄 때문에
しかし とても ぎっしりしたスケジュール せいで

무리해서 병이 나지는 않을까 걱정이에요.
無理して 病が 出るのでは ないだろうか 心配 です

꼭 식사는 챙겨 드시고
必ず 食事は 抜かさず召し上がり

운동도 하면서 건강 잘 챙기세요.
運動も しながら 健康 よく 準備してください

그리고 영원한 제 왕자님으로 있어 주세요.
そして 永遠な私の 王子様 で いて ください

그럼 전 공주가 되는 건가요? ㅎㅎ
では 私は 姫が なる のですか

건강한 모습으로 팬미팅 때 만나요.
健康な 姿で ファンミーティング時 会いましょう

리사 올림
理沙 より

訳

スヒョンさん！ 元気ですか？

ご飯は食べましたか？

今度、日本でファンミを開くと聞きました。

しかし、ハードスケジュールで

無理して病気になってしまうのではと心配しています。

絶対食事は抜かずに、

運動もしながら健康を維持してくださいね。

そして、私の永遠の王子様でいてください。

私は姫になれるのかなあ？　ホホホ

健康な姿で、ファンミの時に会いましょう。

理沙より

こんな書き方も

睡眠時間は取れていますか？
スミョン シガニ プジョカジン アヌンガヨ
수면 시간이 부족하진 않은가요?
睡眠　時間　が　不足してはいませんか

くれぐれもお大事に。
アムッチョロッコンガンチャル チェンギセヨ
아무쪼록 건강 잘 챙기세요.
可能なかぎり　健康　よく準備してください

風邪が流行っているから気を付けてください。
カムギガ ユヘンハニッカ チョシマセヨ
감기가 유행하니까 조심하세요.
風邪　が　流行しているから　気を付けてください

[結婚お祝い編]

そのまま使える LETTER 手紙文例 ❹

결혼 축하드려요.
<small>結婚　祝賀　さしあげます</small>

사실 민영 누나가 결혼 소식을 발표했을 때
<small>事実　ミニョン　ヌナ(姉)が　結婚　便り　を　発表した　時</small>

충격이 너무 커서 학교에도 못 갔어요.
<small>衝撃　が　とても　大きくて　学校　にも　行けなかったです</small>

하지만 진정한 팬이라면
<small>しかし　真正な　ファン　なら</small>

앞으로도 계속 열심히 응원해야겠죠?
<small>これからも　継続　熱心に　応援しなければならないでしょう</small>

집안일과 방송 활동을 같이 하는 게
<small>家中仕事　と　放送　活動　を　一緒に　する　ことが</small>

쉽지는 않겠지만 포기하지 마세요.
<small>やさしくは　ないだろうけど　放棄しないでください</small>

민영 누나가 나오는 새 드라마는
<small>ミニョン　ヌナ　が　出てくる　新　ドラマ　は</small>

사월부터 일본에서도 한대요.
<small>四月　から　日本　でも　するそうです</small>

그럼 사월에 안방 극장에서 만나요.
<small>では　四月　に　部屋　劇場　で　会いましょう</small>

사사키 케이스케 올림
<small>佐々木　圭介　より</small>

訳

ご結婚おめでとうございます。

正直、ミニョンさんが結婚すると聞いた時は

ショックで、学校を休んでしまいました。

でも、本当のファンなら

これからも応援しなくてはいけませんね。

家庭と仕事の両立は

大変だと思いますが、がんばってください。

ミニョンさんの新しいドラマが

4月から日本でも放映されるそうです。

では、またテレビで会いましょう。

佐々木圭介より

こんな書き方も

温かい家庭を築いてください。
タルラナン ガジョンウル ックミセヨ
단란한 가정을 꾸미세요.
だんらんな 家庭 を 作ってください

お似合いのカップルですね。
トゥ ブ ニ チャムチャル オウルリネヨ
두 분이 참 잘 어울리네요.
2 方 が とても よく 似合いますね

いつまでも幸せでいてください。
オンジェッカジナ ヘンボカセヨ
언제까지나 행복하세요.
いつ までも 幸福でいてください

247

[入隊応援編]

そのまま使える 手紙文例 ⑤

<small>ソジン ッシ</small>
소진 씨

ソジン さん

<small>ッシクッシカゲ クンデ センファル チャル ハゴ イッチョ</small>
씩씩하게 군대 생활 잘 하고 있죠?

たくましく 軍隊 生活 よく して いるでしょ

<small>ペンドゥルグァ ヘオジヌン ゴル アシウォハミョ</small>
팬들과 헤어지는 걸 아쉬워하며

ファンたち と 別れる ことを 寂しがって

<small>ヌンムル フルリドン ソジン ッシ モス ブル ボゴ</small>
눈물 흘리던 소진 씨 모습 을 보고

涙 流していた ソジン さん 姿 を 見て

<small>チョン チョルテロ ペシナジ アンケッタゴ タジメッソヨ</small>
전 절대로 배신하지 않겠다고 다짐했어요.

私は 絶対に 背信 しないと 心に決めました

<small>アジット イルリョニ ナマッタゴ センガカミョン</small>
아직도 일년이 남았다고 생각하면

まだ も 一年 が 残ったと 考えると

<small>アピ ッカムッカメジル ッテド イッチマン</small>
앞이 깜깜해질 때도 있지만

前 が 真っ暗になる 時 も あるけれど

<small>ウリ カチ ッシクッシカゲ ポティョヨ</small>
우리 같이 씩씩하게 버텨요.

私たち 一緒に たくましく 耐えましょう

<small>ハンチュン ナムジャダウォジン モスブロ マンナル グナルッカジ</small>
한층 남자다워진 모습으로 만날 그날까지

いっそう 男らしくなった 姿 で 会う その日 まで

<small>オロジ ソジン ッシマン センガカミョ キダリルケヨ</small>
오로지 소진 씨만 생각하며 기다릴게요.

ひたすら ソジン さん だけ 考えながら 待ちます

<small>エミ オルリム</small>
에미 올림

恵美 より

訳

ソジンさん

たくましく軍生活をやっていますよね?

ファンと別れるのを悲しんで

涙を流していたソジンさんを見ながら、

私は絶対に裏切らないと、心に決めました。

まだ1年残っていると考えると

目の前が真っ暗になることもありますが、

一緒にたくましく耐えましょう。

さらに男らしくなった姿で会える日まで

ソジンさんのことだけを思って、待ってます。

恵美より

こんな書き方も

遠い日本から応援しています。
モルリ イルボネソ ウンウォナゴ イッソヨ
멀리 일본에서 응원하고 있어요.
遠く 日本 で 応援して います

私も韓国語の勉強をがんばることにしました。
チョド ヨルシミ ハングゴ ゴンブハギロ ヘッソヨ
저도 열심히 한국어 공부하기로 했어요.
私も 熱心に 韓国語 勉強 することに しました

除隊する日が待ち遠しいです。
ポルッソブト チェデハヌン ナリ キダリョジョヨ
벌써부터 제대하는 날이 기다려져요.
今から 除隊 する 日 が 待ち遠しいです

応援うちわ・プラカードの作り方

スターの応援に欠かせないのがプラカードや応援うちわ。
ここでは、目立たせるためのポイントをふまえて作り方を紹介します。

POINT 1　文字を目立たせるために、うちわやプラカードの台紙は黒や紺など、濃い色がおすすめ。

POINT 2　文字はパソコンで入力するか手書きで型紙を作ったあと、カッティングシートにはり付けて切り取ります。さらに目立たせるには、発泡スチロールを付けて高さを出したり、文字に縁取りを付けて浮き立たせたりしてもいいでしょう。

POINT 3　でき上がった文字を台紙にはり付けます。さらに、ハートや星、花などを付けてデコレーションしてもGood！

たくさんのファンの中で 目立つフレーズ

応援うちわ・プラカードの作り方

オッパ、こっちこい!

오빠 일로 와.
オッパ イルロ ワ

私の初めての愛!

나의 첫번째 사랑!
ナエ チョッポンッチェ サラン

くるった美貌

미친 미모
ミチン ミモ

無限の魅力

무한 매력
ムハン メリョク

251

封筒の書き方

好きな俳優や歌手、韓国に住む友人や恋人にエアメールを送ってみましょう。一生懸命書けば、多少文法が間違っていてもきっと気もちは伝わるはずです。ここでは宛先と差出人の書き方を紹介します。

差出人の住所、氏名は左上に書く

手紙を書く時は自分の名前のあとに「**올림 オルリム**」を付ける。親しい関係であれば名前だけでもOK

東京都 文京区 音 羽
도쿄도 분쿄구 오토와 1-26-1-406
田 中 マ ミ より
다나카 마미 올림
　　　　　　日本
111-1234　　일본

ソウル特別市　中区　明洞　街
서울특별시 중구 명동 2 가 ○-○
イ　ミヌ　貴下
이 민우 귀하
AIR MAIL
602-123　KOREA

郵便番号は名前の下に書くことが多い

目上の人に丁寧に書く時は、名前の後ろに「**귀하 クィハ**」を入れる。団体や機関に送る時は「**귀중 クィジュン**」を使う

受取人の住所、氏名は右下に書く

日本語のハングル表記

手紙には自分の名前や地名など、日本語をハングルで表記することもあります。基本的にはハングル表を見ながら書けますが、いくつか注意点を紹介します。

💬 語頭と語中で文字が変わる音

韓国語には、外来語を表記するためのルールがあります。日本語の場合、「か行」と「た行」で、語頭と語中で使う文字が違います。

日本語	ハングル (語頭)	ハングル (語中)
かきくけこ	가기구게고	카키쿠케코
たちつてと	다지쓰데도	타치쓰테토

※「が行」「だ行」は語中、語頭とも同じ表記です。

伸ばす音

韓国語では伸ばす音を表記しません。「おおた」は「おた」、「とうきょう」は「ときょ」と表記します。

「ん」はパッチムㄴ (n)、「っ」はパッチムㅅ (s)で表記します。

「ん」「っ」の音

地名、人名表記の例

近畿	긴키	キンキ
堀田優子	홋타 유코	ホッタ ユコ

ハングルの入力

パソコンや携帯電話、スマートフォンでもハングルを入力できます。機種によって設定が異なるので、それぞれの説明書にしたがって操作してください。

キーボードについて

日本語のキーボードと仕様が異なる点を紹介します。

Shift ＋ 半角／全角 ⇒ ~

「~」を表示するキーが、日本語キーボードとは異なります。

Shift ＋ 2 ⇒ @

メールアドレスに必要な「@」も、日本語キーボードと異なります。

E ⇒ ㄷ　　Shift ＋ E ⇒ ㄸ

濃音(ㅃなど)を入力するには、shiftを押しながら該当するキーを押します。ほかのキーでも同様です。

タイピングのポイント

実際に入力してみましょう。パソコンのキーボードを想定して説明します。

❶「가」と入力するには、まず子音の「ㄱ」キーを押します。続けて母音の「ㅏ」キーを押すと「가」になります。

❷ パッチムのある文字「간」を入力するには、まず子音の「ㄱ」キーを、続けて母音の「ㅏ」キーを、最後にもう一度子音の「ㄴ」キーを押すと「간」になります。

❸ パッチムが2つある文字「앉」を入力する時も同様で、子音の「ㅇ」キー、母音の「ㅏ」キー、子音の「ㄴ」キー、子音の「ㅈ」キーの順に押すと「앉」になります。

❹ 組み合わせて作られた母音を使った「뭐」を入力するには、まず子音の「ㅁ」キーを、続けて母音の「ㅜ」キーを、最後にもう一度母音の「ㅓ」キーを押すと「뭐」になります。

言語バーの切り替え

画面の言語バーのJPを押し、KOを選ぶと切り替わります。

HANGUL PHRASE ハングルの入力

PC KEYBOARD

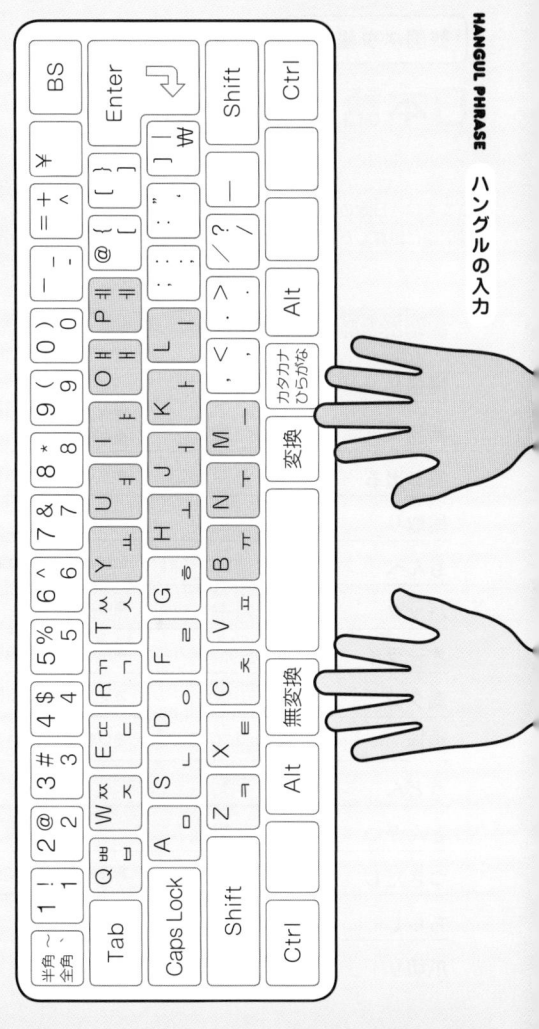

> 韓国ネタ帳 ④

日本語が語源の言葉

ここでは、日本の映画やドラマのせりふがもととなって
韓国語に定着した言葉を紹介しましょう。

もとになった日本語	韓国語	
縄張り	나와바리 (ナワバリ)	
新品	신삥 (シンッピン)	軍隊に入ったばかりの若者や新入社員を指すことも
感じ出る	간지나다 (カンジナダ)	かっこよくて、おしゃれ
段取り	단도리 (タンドリ)	
もんぺ	몸빼 바지 (モムッペ バジ)	おばさんがはくゴムひものズボン
バック	빠꾸 (ッパク)	車のバック
オーライ	오라이 (オライ)	車のバックの時のオーケーサイン
満タン	만땅 (マンッタン)	ガソリン以外にも使う
根性	곤조 (コンジョ)	悪い意味で使われる
うどん	우동 (ウドン)	
とんかつ	돈까스 (トンッカス)	
つきだし	쓰끼다시 (ッスッキダシ)	刺身専門店で出てくる基本のおかず
ちらし	찌라시 (ッチラシ)	
爪切り	쓰메끼리 (ッスメッキリ)	

THEME

日常フレーズ ❶

THEME: 一日の流れ

起 床

おはよう。
チョウン アチム
좋은 아침!
いい　朝

あと5分、寝かせて。
オ プンマン ド チャゲ ヘ ジュォ
오 분만 더 자게 해 줘.
五　分 だけ もっと 寝るようにして くれ

あー、よく寝た！
ア ア チャルジャッタ
아아 잘 잤다!
あぁ　よく　寝た

単語
기지개를 펴다 キジゲルル
ピョダ (伸びをする)
하품을 하다 ハプムル ハダ
(あくびをする)

朝ご飯、食べましたか？
アチム シクサ ハ ショッソ ヨ
아침 식사 하셨어요?
朝　　食事　なさいましたか

フレーズ
아침 먹었어? アチムモ
ゴッソ (朝食べた?)
밥 먹었어? パムモゴッソ
(ご飯食べた?)

よく眠れましたか？
アンニョンヒ チュム ショッソ ヨ
안녕히 주무셨어요?
安寧に　　眠れましたか

+α
家で朝、目覚めたばかり
の時だけに使う。タメ口は
잘 잤어? チャル ジャッソ

258

起床

寝不足です…。
スミョン ブジョギ エヨ
수면 부족이에요….
睡眠　不足　です

> 🗨️ **フレーズ**
> 形容詞を使うと잠이 부족해요. チャミ ブジョケヨ（眠りが不足です）

徹夜しました。
パムル セウォッソヨ
밤을 새웠어요.
夜を　明かしました

> 👓 **カルチャー**
> PC방 ピッシバン（ネットカフェ）で友達と一緒に徹夜する人も多い

寝違えたみたい。
チャムル チャルモッ チャンナ バ
잠을 잘못 잤나 봐.
眠りを　間違えて　寝た　みたい

> 📖 **単語**
> 파스 パス（湿布）
> 물파스 ムルパス（液体湿布）

すごい寝ぐせ！
モリエ セジブル チオンネ
머리에 새집을 지었네!
頭に　鳥の巣を　建てたね

> 📖 **単語**
> 눈꼽 ヌンコブ（目やに）
> 코딱지 コッタクチ（鼻くそ）

顔がむくんでます。
オル グ リ トゥントゥンブ オッソヨ
얼굴이 통통 부었어요.
顔が　パンパン　むくみました

遅刻だ！
チガギダ
지각이다!
遅刻　だ

> 👓 **カルチャー**
> 韓国は車通勤の人も多く、차가 막혀서. チャガマキョソ（車が混んで）は、よく使われる言い訳

> 入れ替えフレーズ

THEME: 一日の流れ

家事

　　しなきゃ！
　　해야겠다！
　ヘ ヤ ゲッタ

洗濯
빨래
ッパルレ

掃除
청소
チョンソ

アイロンかけ
다리미질
タリミジル

ごみ、捨てなくちゃ。
쓰레기 버려야겠다.
ッスレギ ポリョヤゲッタ

食器洗い
설거지
ソルゴジ

家事

そろそろ部屋を片付けないと…。
슬슬 방을 정리해야 하는데….
そろそろ 部屋を 整理しなければいけないのに

ほこりが多いです。
먼지가 많아요.
ほこり が 多いです

カルチャー
韓国は暖かくなると窓を開けておく家が多く、砂ぼこりが多い

トイレ掃除しますね。
화장실 청소할게요.
化粧室 清掃 しますね

カルチャー
浴室とトイレは一緒で、広い家にはトイレ＋浴室の場所が複数あることが多い

布団干してくれる？
이불 좀 널어 줄래?
布団 ちょっと干して くれる

カルチャー
韓国には布団を干す習慣はなく、比較的薄い布団をよく洗濯して使う

手に水を付けない日がありません。
손에 물 안 대는 날이 없어요.
手に 水 付けない 日が ありません

韓国ツウ
洗濯、洗い物など、家事は手に水を付ける仕事が多いので、こういう表現をする

家事はやっても気付いてもらえないのよね。
집안일은 해도 아무도 알아 주지 않아.
家事 は しても 誰も わかってくれない

THEME: 一日の流れ

朝の身じたく

顔を洗わなきゃ!
オル グ ル ッシ ソ ヤゲッタ
얼굴을 씻어야겠다!
顔 を 洗わなくちゃ

フレーズ
이를 닦아야겠다. イルル タッカヤゲッタ（歯を磨かなきゃ）

ひげのそり残しがあるよ。
ス ヨ ミ トゥルッカッキン デ ガ イッソ
수염이 덜 깎인 데가 있어.
ひげ が まだそれてない ところが あるよ

カルチャー
韓国人は比較的毛が薄く、ひげを伸ばす人も少ない

急いで!
ソドゥルロ
서둘러!
急いで

+α
せっかちな人が多く、빨리 빨리! ッパルリッパルリ（早く、早く）ともよく言う

靴下が見つからないよ!
ヤンマ リ オディ ガッチ
양말이 어디 갔지?
靴下 が どこ 行った

あー! ボタンが取れてる!
オットケ タンチュガ ットロ ジョッソ
어떡해! 단추가 떨어졌어!
どうしよう ボタン が 落ちた

単語
단추를 달다 タンチュルル ダルダ（ボタンを付ける）
단추를 채우다 タンチュルル チェウダ（ボタンを閉める）

鍵を探してくれない？

ヨルスェ ジョム チャジャ ジュ ジ アヌルレ
열쇠 좀 찾아 주지 않을래?
鍵　ちょっと探して　　　　くれない

単語
열쇠고리 ヨルスェゴリ（キーホルダー）
자물쇠 チャムルスェ（錠前）

寒いからマスクしてね。

チュウニッカ　マスク ヘ
추우니까 마스크 해.
寒いから　　マスク　してね

↓

入れ替え単語

モ ジャッソ	モクトリ ヘ	チャンガブッキョ
모자 써.	**목도리 해.**	**장갑 껴.**
帽子かぶってね	マフラーしてね	手袋はめてね

忘れ物はない？

イジョボリン ゴ オプチ
잊어버린 거 없지?
忘れてしまった　もの　ないよね

文法
잊어버리다 イジョボリダ（忘れてしまう）と잃어버리다 イロボリダ（なくしてしまう）の混同に注意

MINI トリビア

日本人顔負け？ 勉強熱心な韓国人

韓国では出勤前に勉強する人も多く、外国語教室では朝6、7時から夜10時までたくさんのクラスがあります。平日5日コース、月水金コース、火木金コース、週末コースに分かれ、授業料は1か月15万〜25万ウォン。日本人の習い事の感覚とはだいぶ違いますね。

HANGUL PHRASE　朝の身じたく

THEME: 一日の流れ

通勤・通学

行ってきます。
タニョオルケヨ
다녀올게요.
行ってきます

行ってらっしゃい。
タニョオセヨ
다녀오세요.
行っていらっしゃい

早く帰ってきてね。
イルッチクトゥロワ
일찍 들어와.
早く　入ってきて

👄 フレーズ
일찍 들어오세요. イルッチクトゥロオセヨ（早く帰ってきてくださいね）

気を付けてね！
チョシメ
조심해!
気を付けて

👓 カルチャー
ソウルはよく渋滞するので、バイクを使っている人も多い

車に気を付けて。
チャチョシメ
차 조심해.
車　気を付けて

👓 カルチャー
韓国は車が多く、バスやタクシーの運転はやや乱暴なので注意

きょう、晩ご飯は家で食べる?

オヌル ジョニョグン チベソ モグル コヤ
오늘 저녁은 집에서 먹을 거야?
きょう 夕飯 は 家 で 食べるの

> 👓 **カルチャー**
> 朝ご飯は家族全員でしっかり食べる習慣の家庭も多い

きょうはとくに混雑してる。

オ ヌルン トゥキ ホンジャパ ネ
오늘은 특히 혼잡하네.
きょう は 特に 混雑しているね

> 👓 **カルチャー**
> ソウルにはバス専用道路があり、青い線の内側に一般の車が入ると違反となって罰金が科せられる

しまった! 定期を落とした。

オットケ キョトンカドゥルル イロボリョッタ
어떡해! 교통카드를 잃어버렸다.
どうしよう 交通 カード を 失ってしまった

途中で具合が悪くなりました。

オヌン ドジュンエ ソギ アン ジョアジョッソヨ
오는 도중에 속이 안 좋아졌어요.
来る 途中 に 中が よくなくなりました

乗り継ぎがうまくいきました。

カラタヌン デ シガニ アン ゴルリョッソヨ
갈아타는 데 시간이 안 걸렸어요.
乗り換える ところ 時間 が かからなかったです

ふう。ぎりぎり間に合った。

フユ アスラスラゲ アン ヌジョッタ
후유. 아슬아슬하게 안 늦었다.
ふう ぎりぎりに 遅れなかった

> 📎 **単語**
> 「ぎりぎり」には 빠듯하게 ッパドゥタゲ、빠듯이 ッパドゥシ、겨우 キョウ などがある

THEME: 一日の流れ

学校 ❶

授業を始めます！
スオブル シジャカゲッスムニダ
수업을 시작하겠습니다!
授業 を　　　始めます

起立！ 礼！
チャリョッ キョンニェ
차렷! 경례!
気を付け　敬礼

📖 **カルチャー**
班長だけが立つので、「着席」はない

スンウさんはお休みです。
スンウ ヌン オ ヌル キョルソ ギムニ ダ
승우는 오늘 결석입니다.
スンウ は　きょう　欠席　　です

📖 **カルチャー**
学校では同い年の友達どうしなので、名前を呼び捨てにすることが多い

ああ、赤点かも…。
オッチョジ ナクチェチョミルチ ド モルラ
어쩌지? 낙제점일지도 몰라….
どうしよう　　　落第点かも　　　しれない

先生、質問があります。
ソンセンニム チルム ニ イッソヨ
선생님 질문이 있어요.
先生様　　質問 が　あります

✏️ **文法**
目上の人を呼ぶ時は、役職名のあとに尊敬の意味で、님 ニム（様）を必ず入れる

算数は苦手です。

サンス ヌンチャルモ テヨ
산수 는 잘 못 해요.
算数 は よく できません

入れ替え単語

ムルリ	ヨクサ	ヨンオ
물리	**역사**	**영어**
物理	歴史	英語

この問題、わかる人？

イ ムンジェ ア ヌン サラム
이 문제 아는 사람?
この 問題 知っている 人

はい！

チョヨ チョヨ
저요! 저요!
私   私

+α
「わかる人」と問われて手を挙げる時の言葉。丁寧に言っても、**저예요. 저에요**にはならない

MINI トリビア

大学受験は、国をあげての一大事

日本でもニュースになる韓国の大学受験。開始時間に間に合わない人がいるとパトカーが出動したり、ヒアリング試験の妨げにならないよう、その時間帯の飛行を禁止したりします。試験会場の前では、母親の拝む姿や、先輩や後輩が応援する光景も見られます。

HANGUL PHRASE / 学校❶

THEME: 一日の流れ

学校 ❷

そこの男子、うるさい!
コギ ナマクセンドゥル シックロウォ
거기 남학생들, 시끄러워!
そこ　男学生たち　うるさい

> 👓 カルチャー
> 韓国では先生をとても敬うが、最近はモンスターペアレントも増えているらしい

35ページを開いて。
サムシボ ペイジルル ピョセヨ
삼십오 페이지를 펴세요.
三十五　ページ を　開いてください

> ⭐ +α
> 페이지 페이지の代わりに쪽 ッチョクとも言う

席替えしまーす。
チャリルル パックゲッソヨ
자리를 바꾸겠어요.
席 を　替えます

> 👄 フレーズ
> 짝을 바꾸겠어요. ッチャグル バックゲッソヨと言ってもいい

夏休みに合宿があるんです。
ヨルム パンハク ッテ ハプスギ イッソヨ
여름 방학 때 합숙이 있어요.
夏　休み　時　合宿 が　あります

> 👓 カルチャー
> 勉強は「体が資本」ということもあり、合宿の目的は体力訓練が多い

コンクールで賞をとりました。
コンクレソ サンウル タッソヨ
콩쿨에서 상을 탔어요.
コンクール で　賞 を　とりました

学園祭、遊びに来てね!

ハ ゲフェッテ ノルロ ワ
학예회 때 놀러 와!
学芸会　時　遊びに　来て

部活サボっちゃおうよ。

トンアリ モイム ッテンッテンイ チジャ
동아리 모임 땡땡이 치자.
部活　集まり　サボろう

👓 カルチャー
中高等学校では勉強がメインで、部活動は週に1コマの時間だけ

テニス部に入りたいです。

テニス ドンアリエ カイパゴ シポヨ
테니스 동아리에 가입하고 싶어요.
テニス　部活　に　加入したいです

↓
入れ替え単語

スヨン	ミスル	チュィジュアク
수영	**미술**	**취주악**
水泳	美術	吹奏楽

MT行こう!

エムティ ガジャ
엠티 가자!
MT　行こう

☆ +α
「MT」は同じ学科どうしの、親睦を深めるためのグループ旅行のこと

いじめられています。

ワンッタルル タンハゴ イッソヨ
왕따를 당하고 있어요.
いじめ を　受けて　います

☆ +α
왕따 ワンッタは深刻ないじめで、은따 ウンッタは目立たないように、陰でいじめること

HANGUL PHRASE　学校②

THEME: 一日の流れ

学校 ❸

ノートをコピーさせて！

コンチェクチョムポクサヘドデ
공책 좀 복사해도 돼?
ノート　ちょっと　複写しても　いい

⭐ +α
友達どうしでは、주세요.
チュセヨ（ください）は使わず、〜도 돼? トデと聞くのが一般的

代返よろしく！

テチュルジョム プ タ ケ
대출 좀 부탁해!
代出　ちょっと　お願い

⭐ +α
대출 **テチュル**は代理出席 테리출석 **テリチュルソク**（代理出席）の略語

あの先生、かっこいいよね。

チョ ソンセンニム モ シッチ
저 선생님 멋있지?
あの　先生様　かっこいいよね

⭐ +α
「大学の先生」の場合は、교수님 **キョスニム**

やったあ！ 休講だ。

アッサ ヒュガン イ ダ
앗싸! 휴강이다.
やった　休講　だ

📚 単語
대강 **テガン**（代講）
보강 **ポガン**（補講）
공강 **コンガン**（授業と授業の間の時間）

ソウル大学とコンパだって～！

ソウル デ ハクキョ ハ ゴ ミ ティン イ レ
서울대학교하고 미팅이래~.
ソウル　大学校　と　ミーティング　だって

⭐ +α
헌팅 **ホンティン**（ナンパ）、소개팅 **ソゲティン**（紹介）など、「〜팅」で言葉を作ることができる

学校 ③

あの人、また留年らしい…。
저 사람 또 낙제래….
チョ サラム ット ナクチェレ
あの 人 また 落第 だって

カルチャー: 成績が優秀なら월반 ウォルバン (越班)、つまり飛び級をすることもある

単位落としそう。
권총 차겠네.
クォンチョンチャゲンネ
拳銃 付けそうだね

韓国ツウ: 大学で単位が取れなかった場合、「F」と表示される。これが拳銃に似ているため生まれた表現

来週、補講あるんだって。
다음 주에 보강 있대.
タウム チュエ ポガン イッテ
次の 週 に 補講 あるんだって

カルチャー: 受講していない講義をこっそり聴くことを도강 トガン (どろぼう講) という

就職活動、不安だなあ。
취업이 불안하네.
チュィオビ プラナネ
就業 が 不安だなあ

カルチャー: 同じ条件なら軍隊免除の人のほうが就職では不利

卒論、間に合わないよー！
졸업 논문 기간 안에 못 쓸 것 같아!
チョロム ノンムン キガ ナネ モッ ッスル コッ カタ
卒業 論文 期間 内 に 書けなそう

もう卒業かあ、早いなあ。
벌써 졸업이네. 시간 참 빠르다.
ポルッソ チョロビネ シガン チャム ッパルダ
もう 卒業だね 時間 まこと 早い

THEME: 一日の流れ

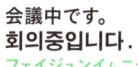

オフィス ❶

会議中です。
회의중입니다.
フェイジュンイムニダ

朝礼を始めます。
조례를 시작하겠습니다.
チョレルル シジャカゲッスムニダ

お昼に行ってきます。
점심 식사 하고 오겠습니다.
チョムシム シクサ ハゴ オゲッスムニダ

お世話になっております。
수고 많이 하십니다.
スゴ マニ ハシムニダ

コピーを5部、とってください。
다섯 부 복사해 주세요.
タソッ プ ポクサヘ ジュセヨ

GOAL

HANGUL PHRASE オフィス ❶

仕事がたまっています。
일이 산더미처럼 쌓여 있어요.
イリ サンドミチョロム ッサヨ イッソヨ

お疲れさまです。
수고하셨습니다.
スゴハショッスムニダ

うまくいきません。
일이 잘 안 되네요.
イリ チャル アン デネヨ

お先に失礼します。
먼저 실례하겠습니다.
モンジョ シルレハゲッスムニダ

社内恋愛は禁止です。
사내 연애는 금지입니다.
サネ ヨネヌン クムジイムニダ

― 休暇届 ―

あしたはお休みしたいのですが。
내일 휴가를 내고 싶은데요.
ネイル ヒュガルル ネゴ シプンデヨ

STOP!!
1回休み

273

THEME: 一日の流れ
オフィス❷

昇進おめでとうございます！
スンジン チュカ ドゥリョヨ
승진 축하 드려요!
昇進　祝賀　さしあげます

商談成立です。
コレチョワ ケヤギ ソンニプテッソヨ
거래처와 계약이 성립됐어요.
取引先　と　契約　が　成立しました

予算、達成した～！
イェサン タルソンヘッタ
예산 달성했다～！
予算　達成した

あの人、ミンホさんばっかりひいきするよね。
チョ サラムン ミノ ッシマン イェッポヘ
저 사람은 민호 씨만 예뻐해.
あの　人　ミンホ　さんだけ　かわいがる

それはセクハラです。
クゴン ソンヒロンイ エヨ
그건 성희롱이에요.
それは　セクハラ　です

+α
「パワーハラスメント」「アカデミックハラスメント」に当たる言葉はない

会社に行きたくないなあ。

フェサエ カギ シルタ
회사에 가기 싫다.
会社 に 行きたくない

単語
피병 ッ クェビョン（仮病）
무단결근 ムダンギョルグン（無断欠勤）

出張が決まりました。

チュルチャンイ チョンヘジョッソ ヨ
출장이 정해졌어요.
出張 が 決まりました

入れ替え単語

ヘ ウェ ブ イ ミ	チョング ニ	タンシン ブ イ ミ
해외 부임이	**전근이**	**단신 부임이**
海外赴任が	転勤が	単身赴任が

きょうも残業です。

オ ヌル ド ヤ グ ニ エ ヨ
오늘도 야근이에요.
きょう も 夜勤 です

カルチャー
最近では、能力制による競争が激しく、労働時間を自ら増やして仕事をする人も多い

これっぽちの月給では生活が難しいです。

チュィッコリ マ ナン ウォルグ プ ロヌン センファリ オ リョウォ ヨ
쥐꼬리만한 월급으로는 생활이 어려워요.
ねずみ尻尾 くらいの 月給 では 生活 が 難しいです

転職を考えています。

チョンジグル センガッ チュニ エ ヨ
전직을 생각 중이에요.
転職 を 考え 中 です

カルチャー
韓国の大手の社員は勤続年数が非常に短く、10年未満の社員が多い

HANGUL PHRASE オフィス②

入れ替えフレーズ

THEME: 一日の流れ

人の呼び方

すみません、　　　　！
죄송한데요, 　　　　！
チェソンハンデ ヨ

社長
사장
サジャン

専務
전무
チョンム

常務
상무
サンム

部長
부장
プジャン

次長
차장
チャジャン

課長
과장
クァジャン

主任
주임
チュイム

代理
대리
テリ

○□△商事

肩書きのあとに、
~님 ニム(～様)
を付けます。

276

あの、☐！
저기요, ☐！
チョギヨ

HANGUL PHRASE

人の呼び方

若い(未婚)男性
총각
チョンガク

若い(未婚)女性
아가씨
アガッシ

お客様
손님
ソンニム

～先輩
～선배님
ソンベニム

おばさん(既婚)
아줌마
アジュムマ

おまわりさん
경찰 아저씨
キョンチャル アジョッシ

おじさん
아저씨
アジョッシ

あの、すみませんが。
저기요! 죄송한데요.
チョギヨ チェソンハンデヨ

277

THEME: 一日の流れ

電話 ❶

日本語	韓国語（読み）
もしもし。	ヨボセヨ 여보세요. _{もしもし}
こんにちは。	アンニョンハセヨ 안녕하세요. _{こんにちは}
夜分遅くすみません。	パム ヌッケ チェソンハムニダ 밤 늦게 죄송합니다. _{夜 遅く すみません}
いつもお世話になっております。	ハンサン シンセ マニ ジゴ イッスムニダ 항상 신세 많이 지고 있습니다. _{いつも 世話 たくさん 負って います}
高橋と申します。	タカハシラゴ ハヌンデヨ 다카하시라고 하는데요. _{高橋 と 申しますが}

★ +α
韓国での 신세 シンセはあいさつとしてより、実際に助けてもらった時に使う

👓 カルチャー
友達になるとその家族とも知り合いになり、本人に電話を代わる前に家族と話すことも多い

ウンジョンさんはいますか?

ウンジョンッシ ケセヨ
은정 씨 계세요?

ウンジョン さん いらっしゃいますか

🗨 **フレーズ**
은정이 있어? ウンジョン イ イッソ (ウンジョンいる?)

お名前を教えていただけますか?

チョナムル カルチョ ジュシゲッスムニッカ
존함을 가르쳐 주시겠습니까?

お名前 を 教えて くださいますか

少しお待ちください。

チャムシマン キダリセヨ
잠시만 기다리세요.

しばらくだけ 待ってください

✨ **+α**
잠시만 チャムシマンの代わりに 잠깐만 チャムッカンマンを使うこともできる

はい、お電話代わりました。

ネ チョヌァ パックォッスムニダ
네, 전화 바꿨습니다.

はい 電話 代えました

✨ **+α**
仕事の時や知らない相手に対して使うフレーズ

伝言をお願いします。

マルッスム ジョムチョネ ジュセヨ
말씀 좀 전해 주세요.

言葉 ちょっと伝えて ください

🗨 **フレーズ**
나중에 제가 다시 전화 드릴게요. ナジュンエ チェガ ダシ チョヌァ ドゥリルケヨ
(折り返し電話します)

電話番号を申し上げます。

チョヌァボノ プルルケヨ
전화번호 부를게요.

電話番号 呼びます

✨ **+α**
電話番号は漢数詞が基本。確認のために固有数詞で言うこともある

THEME: 一日の流れ

電話 ❷

かけ直してもらえますか？
ナジュンエ タシ チョヌァヘ ジュシ ゲッソヨ
나중에 다시 전화해 주시겠어요?
あと で　　再び　　電話して　　くださいますか

⭐ **+α**
나중에 ナジュンエはいつになるかわからない時に使う。이따가 イッタガは短時間後に使う

わかりました。
ネ　アルゲッスムニダ
네, 알겠습니다.
はい　　わかります

📝 **文法**
要求に対して了解する時は 알았어요. アラッソヨではなく、알겠습니다. アルゲッスムニダ

では、失礼します。
クロム　シルレ ハゲッスムニダ
그럼, 실례하겠습니다.
では　　　失礼いたします

📎 **単語**
이만 イマン（これで）、그만 クマン（その程度までで）を入れることも可能

失礼いたします。
スゴ ハセヨ
수고하세요.
苦労　なさってください

👄 **フレーズ**
目下の人に「ご苦労さま」の意味で、고생했어. コセンヘッソ（苦労した）、애썼어. エッソッソ（がんばった）

はい。
ネ　　イェ
네. ／ 예.
はい　　はい

⭐ **+α**
네. ネのほうが一般的。예. イェはやわらかく聞こえるが、かしこまった印象を与えることもある

バイバイ。

アンニョン
안녕.
安寧

> ★ +α
> 안녕. アンニョンは永遠の別れのイメージもある。잘 가. チャル ガ (よく行って) もよく使う

じゃ、電話切るね。

クロム チョヌァ ックヌルケ
그럼, 전화 끊을게.
それでは 電話 切るね

> 👓 カルチャー
> 目上の人が先に電話を切るのが礼儀

あらためて電話をさしあげます。

タ シ チョヌァ トゥリゲッスム ニ ダ
다시 전화 드리겠습니다.
再び 電話 さしあげます

そちら焼き肉レストランですよね？

コ ギ スップルゴギ レス トランイジョ
거기 숯불고기 레스토랑이죠?
そちら 炭火焼き肉 レストラン ですよね

はい、そうですが。

ネ マンヌンデ ヨ
네, 맞는데요.
はい 合ってますが

> 💬 フレーズ
> 그런데요. クロンデヨ (そうですが) と言うこともできる

すみません、間違えました。

チェソンハム ニ ダ チョヌァルル チャルモッ コ ロン ネ ヨ
죄송합니다, 전화를 잘못 걸었네요.
すみません 電話 を 間違えて かけましたね

THEME: 一日の流れ

帰宅

ただいま〜。
다녀왔습니다.
タニョワッスムニダ
行って来ました

ただいま帰りました。
지금 왔어요.
チグム ワッソヨ
今　来ました

お帰りなさい。
어서 와.
オソ ワ
早く 来て

💬 フレーズ
잘 갔다 왔어? チャル ガッタ ワッソ (よく行ってきた?)

お疲れさま。
수고했어.
スゴ ヘッソ
苦労 した

💬 フレーズ
수고 많이 하셨습니다. スゴ マニ ハショッスムニダ (お疲れさまです)

いや、酒臭い。
아휴, 술냄새.
アヒュ スルレムセ
いや 酒におい

⭐ +α
二日酔いは 속쓰리다 ソクッスリダ (胃が痛い)など、症状で表現することが多い

コンビニに寄って帰ります。
ピョニジョメ トゥルロッタ カルケヨ
편의점에 들렀다 갈게요.
便宜店 に 寄ってから 行きます

カルチャー
住宅街では미니슈퍼 ミニシュポ(ミニスーパー)や구멍가게 クモンガゲ(駄菓子屋)が夜遅くまで営業

何か買って行くものはない？
ムォ サ ガル コン オプソ
뭐 사 갈 건 없어?
何 買って行くものは ない

+α
一人暮らしより家族と同居のほうが多く、帰りに電話でこう聞いたり、家族から電話がかかってきたりする

途中まで一緒に帰りませんか？
カヌン デッカジ カチ アン ガルレヨ
가는 데까지 같이 안 갈래요?
行く ところまで 一緒に 行きませんか

じゃあ、またあしたね。
クロム ネイル バ
그럼 내일 봐.
それでは あした 見よう

カルチャー
韓国人は、友達や恋人に毎日会いたがる人も多い

一日疲れました。
オヌル ハル ヒムドゥロッソヨ
오늘 하루 힘들었어요.
きょう 一日 大変でした

文法
形容詞の피곤하다 ピゴナダ(疲れている)を使う場合は、現在形で피곤해요. ピゴネヨとなる

終電逃しちゃった…。
マクチャ ノ チョボ リョッソ
막차 놓쳐버렸어….
終電 逃してしまった

+α
막차 マクチャは電車だけでなく、バス、飛行機などすべての交通手段の終発に使える

THEME: 一日の流れ
スーパーマーケット

ゆず茶はどこにありますか?
ユ ジャチャヌン オディエ イッソヨ
유자차는 어디에 있어요?
ゆず茶 は どこ に ありますか

📎 単語
오미자차 オミジャチャ(五味子茶)、라면 ラミョン(インスタントラーメン)、과자 クァジャ(菓子)

そうざいがお買い得!
バンチャニ セイル ハネヨ
반찬이 세일 하네요!
おかず が セール してますね

📎 単語
閉店時間前のセールは마감시간 세일 マガムシガンセイル(締切時間セール)

ちらしに出ていた目玉商品はどこですか?
チョンダンジ エ ナ オントゥッカ サンプムン オディ イッソヨ
전단지에 나온 특가상품은 어디 있어요?
ちらし に 出た 特価 商品 は どこ ありますか

大根、売り切れてる…。
ムガ タ パルリョンネ
무가 다 팔렸네….
大根 が すべて 売れたね

1人何個までですか?
ハン サラ メ ミョッ ケカジ サル ス インナヨ
한 사람에 몇 개까지 살 수 있나요?
1 人 に 何 個 まで 買えますか

スーパーマーケット

1つ買うと、もう1つさしあげます。
ハナルル サミョン ハナ ト ドゥリョヨ
하나를 사면 하나 더 드려요.
1つ を 買うと　1つ　もっと　さしあげます

配達してもらえますか？
ペダルド ヘ ジュナヨ
배달도 해 주나요?
配達　も　して　くれますか

👓 **カルチャー**
韓国は出前が発達していて、その地区で出前のできる店が掲載された雑誌もある

あっちのレジがすいてるね。
チョッチョク ケサンデガ ピオ インネ
저쪽 계산대가 비어 있네.
あっち　計算台　が　すいて　いるね

👄 **フレーズ**
사람이 없네. サラミ オムネ（人がいないね）

レジ袋をください。
ピニルボントゥ ジュセヨ
비닐봉투 주세요.
ビニール　封筒　ください

📖 **単語**
장바구니 チャンバグニ（エコバッグ）

小銭、出せますよ。
チャムッカンマンニョ チャンドン ネル ケ ヨ
잠깐만요, 잔돈 낼게요.
ちょっと待ってください　小銭　出します

👓 **カルチャー**
小銭を出さずにすむよう、飲食店関係は500ウォン単位の価格設定が多い

レシートはいりません。
ヨンスジュンウン ピリョオプソヨ
영수증은 필요없어요.
領収書　は　必要　ありません

⭐ **+α**
「領収書」は현금영수증 ヒョングムヨンスジュン（現金領収書）と区別することが多い

入れ替えフレーズ

THEME: 一日の流れ

食事のしたく

> □□ くれる?
> □□ 줄래?
> ジュルレ

みじん切りにして
다져
タジョ

乱切りにして
숭덩숭덩 썰어
スンドンスンドン ッソロ

千切りにして
채 썰어
チェ ッソロ

弱火にして
약한 불로 해
ヤカン プルロ ヘ

中火にして
중불로 해
チュンブルロ ヘ

強火にして
강한 불로 해
カンハン プルロ ヘ

286

何が食べたい？
ムォ モッコ シポ
뭐 먹고 싶어?
何　　食べたい

🗨️ **フレーズ**
뭐 드시고 싶으세요? ムォ ドゥシゴ シプセヨ（何がめしあがりたいですか？）

ラップが切れちゃった。
レピ タッ トロジョンネ
랩이 다 떨어졌네.
ラップ が すべて 切れちゃったね

⭐ **+α**
日本語と発音が異なるカタカナ語は샐러드 セルロドゥ（サラダ）、햄버거 ヘムボゴ（ハンバーガー）

今、炒めものをしているから手が離せない。
チグム ボンヌンジュンイ オソ ソヌルッテルス オプソ
지금 볶는 중이어서 손을 뗄 수 없어.
今　 炒める　中だから　　 手 を　 離せない

これから麺をゆでます。
チグムブト ミョヌル サムルケヨ
지금부터 면을 삶을게요.
今 　から　麺を 　　ゆでます

🗨️ **フレーズ**
조려요. チョリョヨ（煮込みます）、볶아요. ポッカヨ（炒めます）

味見してみる？
マッチョムボルレ
맛 좀 볼래?
味 ちょっと 見る

🗨️ **フレーズ**
간 좀 볼래요? カンジョム ボルレヨとも言う

料理は手の味です。
ヨリヌン ソンマシエヨ
요리는 손맛이에요.
料理 は 　手味　　です

🌳 **韓国ツウ**
韓国料理は手作りだとその人の「手の味」が入り、おいしいといわれる

入れ替えフレーズ

THEME: 一日の流れ

ちょっとした一言 ①

こないだ、　　　　ことがあったの。
요전에　　　　　　일이 있었어.
ヨジョネ　　　　　　イリ イッソッソ

おかしい
웃긴
ウッキン

いい
좋은
チョウン

おもしろい
재미있는
チェミインヌン

悔しい
억울한
オグラン

困った
황당한
ファンダンハン

HANGUL PHRASE ちょっとした一言①

腹が立つ
화나는
ファナヌン

頭にくる
열받는
ヨルバンヌン

すごい
굉장한
クェンジャンハン

珍しい
신기한
シンギハン

変な
이상한
イサンハン

怖い
무서운
ムソウン

信じられない
믿을 수 없는
ミドゥル ス オムヌン

びっくりする
깜짝 놀랄
ッカムッチャン ノルラル

THEME: 一日の流れ

ちょっとした一言 ❷

ちょっと話があるの。
チャムッカンハル イヤギガ イッソ
잠깐 할 이야기가 있어.
ちょっとする　話　が　ある

聞いてよ、聞いてよ。
ネ イェギ ジョム トゥロ バ
내 얘기 좀 들어 봐.
私の　話　ちょっと聞いて　みて

🗣 **フレーズ**
見せたい時も、見たい時も **봐 봐, ポァ パ**と言う。タメ口の表現

最近、どう?
ヨジュム オッテ
요즘 어때?
このごろ　どう

🗣 **フレーズ**
요즘 잘 지내? ヨジュム チャル ジネ (このごろよく過ごしてる?)

何かいいことあった?
ムスン チョウン ニル イッソッソ
무슨 좋은 일 있었어?
何の　いい　こと　あった

⭐ **+α**
いいことがあった時の表情を、**싱글벙글 シングルボングル**と表す

うかない顔してるね。
キブニ アンジョア ボイネ
기분이 안 좋아 보이네.
気分　が　よくなく　見えるね

📘 **単語**
「変顔」は、**엽기 표정 ヨプキ ピョジョン**(猟奇表情)

これ、まだ内緒ですよ。
イゴ アジゥ ピミリエヨ
이거 아직 비밀이에요.
これ　まだ　秘密　ですよ

最近、ツイてるんです。
ヨジュム ウニ ジョムチョア ヨ
요즘 운이 좀 좋아요.
このごろ　運 が ちょっと いいです

💋 **フレーズ**
対義語に、재수가 없어요.
チェスガ オプソヨ（ツイてないんです）

懐かしいですね。
イェンナル センガンナ ネ ヨ
옛날 생각나네요.
　昔　　考え　出ますね

✏️ **文法**
同じ「懐かしい」でも**그립다 クリプッタ**には、切ない気もちが入る

最近、料理にはまってます。
ヨジュム ヨ リ エ クァンシミ マナ ヨ
요즘 요리에 관심이 많아요.
このごろ　料理 に　　関心 が　多いです
↓

入れ替え単語

ウマゲ	ファジャンエ	ヨゥサ エ
음악에	**화장에**	**역사에**
音楽に	化粧に	歴史に

いい話だね。
チョウン イヤギダ
좋은 이야기다.
　よい　　話だ

📚 **単語**
훈훈한 **フヌナン**（心温まる）、감동적인 **カムドンジョギン**（感動的な）、눈물나는 **ヌンムルラヌン**（泣ける）

THEME: 一日の流れ

ちょっとした一言 ❸

週末は暑くなるそうです。

チュマ レヌン　トウォ　ジンデヨ
주말에는 더워 진대요.
週末　には　暑く　なるそうです

▼ 入れ替え単語

チュウォ	シウォネ	ムドウォ
추워	**시원해**	**무더워**
寒く	涼しく	蒸し暑く

きょうは暖かかったね!

オ ヌル ナルッシ ッタットゥテッチ
오늘 날씨 따뜻했지?
きょう　天気　暖かかったよね

💋 フレーズ
추웠지? チュウォッチ (寒かったよね)
더웠지? トウォッチ (暑かったよね)

羽織るもの、ある?

ウィ エ コルチル コ イッソ
위에 걸칠 거 있어?
上に　かける　もの　ある

⭐ +α
韓国では、新学期の始まる3月は春のイメージで、薄着の人が多い

エアコン効きすぎてない?

エ オコン ノム センゴ アニンガ
에어컨 너무 센 거 아닌가?
エアコン　とても　強いんじゃない

💋 フレーズ
온도를 올려 주세요. オンドルル オルリョ ジュセヨ
(温度を上げてください)

年取ったみたい。一日がとても早い。

나이 먹었나 봐. 하루가 너무 빨라.
ナイ モゴンナ バ ハルガ ノム ッパルラ
年　食べた　みたい　一日　が　とても　早い

体力がだいぶ落ちました。

체력이 많이 떨어졌어요.
チェリョギ マニ ットロジョッソヨ
体力　が　たくさん　落ちました

+α
많이 マニの많 マンはニ重パッチムだが、「ㅎ」は激音化が起こらない時は無音で、発音しない

髪切ったね？

머리 잘랐네?
モリ チャルランネ
髪　切ったね

フレーズ
머리 자르셨네요? モリ ジャルションネヨ（髪切りましたね?）

新しい服？よく似合うね。

새 옷이야? 잘 어울린다.
セ オシヤ チャル オウルリンダ
新　服　なの　よく　似合う

文法
새 セは固有語で、後ろに付く名詞とは間をあける

今度の週末、どこへ行こうか？

이번 주말에 어디 갈까?
イボン ジュマレ オディ ガルッカ
今度　週末　に　どこ　行こうか

単語
여름방학 ヨルムバンハク（夏休み）、겨울방학 キョウルバンハク（冬休み）、연휴 ヨンヒュ（連休）

こぼしちゃった。

엎질렀어.
オプチル ロッソ
こぼした

THEME: 一日の流れ

ちょっとした一言 ❹

彼 (女)、結婚したらしいよ。
クチング キョロンヘッテ
그 친구 결혼했대.
その　友達　結婚　したそう

カルチャー
結婚式のご祝儀の額には相場がなく、5万ウォン以下が多い

今度、同窓会があります。
コットンチャンフェ ハンデ ヨ
곧 동창회 한대요.
もうすぐ 同窓会　するそうです

+α
同じ学校の同学年が集まるのが동창회 トンチャンフェ、卒業生全員が集まるのは동문회 トンムヌェ

先月、引っ越しました。
チナンダレ イ サ ヘッソヨ
지난달에 이사했어요.
先月　に 引っ越し しました

単語
이번 달 イボン タル
(今月)
다음 달 タウム タル
(来月)

最近、物騒な事件が多いですね。
ヨジュム ム ソウン サ コ ニ マンネ ヨ
요즘 무서운 사건이 많네요.
このごろ 怖い　事件 が 多いですね

外がうるさいですね。
パッキ シックロ ム ネ ヨ
밖이 시끄럽네요.
外 が　うるさいですね

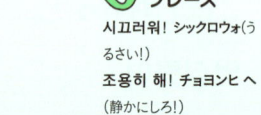

フレーズ
시끄러워! シックロウォ (うるさい!)
조용히 해! チョヨンヒ ヘ
(静かにしろ!)

ちょっとした一言 ④

あ、おならしちゃった。
어머, 방귀 뀌었어.
オモ バンギ ッキ オッソ
あら　おなら　　した

カルチャー
夫婦や恋人、友達の間で、おならを無遠慮にすることを、방귀 트다 パングィ トゥダという

鼻毛出てますよ。
콧털 삐져나왔어.
コットル ッピジョナ ワッソ
鼻毛　　　　はみ出た

しゃっくりが止まらない。
딸꾹질이 멈추질 않아.
ッタルックチリ モムチュジル アナ
しゃっくり が　　止まらない

単語
하품 ハプム(あくび)
재채기 チェチェギ(くしゃみ)
기침 キチム(せき)

この間のお返しです。
저번 일에 대한 보답이에요.
チョボン ニレ デハン ポダビエヨ
この間　ことに 対する　恩返し　です

カルチャー
自分が使っている物をそのまま人にあげることも多い

気おくれしちゃって…。
기가 죽어서….
キガ ジュゴソ
気が 死んで

フレーズ
풀이 죽어서…. プリジュゴソ(元気が死んじゃって)も同じ表現

顔に書いてありますよ。
얼굴에 써 있어요.
オルグレ ッソ イッソヨ
顔 に 書いて あります

文法
よくこう言うが文法的に正しくは、쓰여 있어요. ッスヨイッソヨ(書かれてあります)

THEME: 一日の流れ

冗 談

この豚。
イ デジャ
이 돼지야.
この 豚

🌳 韓国ツウ
たくさん食べるさまを冷やかす時に、親しい間柄で使う

姫病には薬もないそうよ。
コンジュビョンエ ヌン ヤクト オプテ
공주병에는 약도 없대.
姫病 には 薬も ないそうよ

🌳 韓国ツウ
ナルシストな相手に対して使う表現。男性は 왕자병 ワンジャビョン（王子病）

寒い。
ッソルロンハ ダ
썰렁하다.
肌寒い

🌳 韓国ツウ
日本と同じように、冗談がおもしろくない時に使う

トイレに付いてこい！
ファジャンシルロ ッタラワ
화장실로 따라와!
化粧室 へ 付いてこい

🌳 韓国ツウ
からかわれたり、秘密を暴露されたりした時に、おどけて相手を脅かすように使う

「何でも」というメニューはないんだけど？
アム ゴナ ラヌン メニュヌン オプコドゥン
「아무거나」라는 메뉴는 없거든?
何でも という メニューは ないんだよ

🌳 韓国ツウ
「何食べる？」と尋ねた際、「何でもいい」と言われたらこう返す

この子は水に溺れたら口だけ浮くだろう。

앤 물에 빠지면 입만 뜰 거야.
イェン ムレ ッパジミョン イムマン ットゥル コ ヤ
この子は 水に 落ちると 口だけ 浮くだろう

韓国ツウ
口が軽い、秘密を守れない、おしゃべりが多いの意味

舌が曲がったね。

혓바닥이 꼬부라졌네.
ヒョッパ ダ ギ ッコブ ラジョンネ
舌が 曲がったね

韓国ツウ
酔ってうまく発音できない状態を指す

オッパ、いない。

오빠 없다.
オッパ オプタ
兄 いない

韓国ツウ
「オッパ!」と呼びかけて愛きょうを振る舞い、何かを頼もうと甘える人に対して言う

きょうも死体遊びしたの？

오늘도 시체놀이 했냐?
オ ヌル ド シチェノ リ ヘンニャ
きょうも 死体 遊び したの

韓国ツウ
「きょうも家で横になってゴロゴロしていたの?」という意味

わき腹がしびれる。

옆구리가 시려워.
ヨプクリガ シリョウォ
わき腹が しびれる

韓国ツウ
恋人がいないので腕を組めず、寒く感じるという表現

かぼちゃに線引いたからってすいかになるの？

호박에 줄 긋는다고 수박돼?
ホ バ ゲ チュル クンヌンダ ゴ ス バクテ
かぼちゃに 線 引くからと すいか なるの

韓国ツウ
化粧をしてもたいして変わらないという意味

THEME: 一日の流れ

ダイエット

痩せるぞ～!!
ッコク サル ル ッペ ゲッソ
꼭 살을 빼겠어!!
必ず 肉 を 抜くぞ

📚 **単語**
몸짱 다이어트 モムッチャンダイオトゥ（筋肉をつけながら行うダイエット）

2キロ、落としたいなあ。
イ キル ロマン ッペゴ シポ
이 킬로만 빼고 싶어.
二 キロ だけ 抜きたい

✏️ **文法**
キロは外来語なので、漢数詞を使う。오 킬로オキルロ（5キロ）、십 킬로シプキルロ（10キロ）

体脂肪率20%が目標です。
チェジバンニュル イシプ プロ ガ モクピョエ ヨ
체지방률 이십 프로가 목표예요.
体脂肪率 二十 ％ が 目標 です

👓 **カルチャー**
韓国は肥満体の人が少ないが、近年は増えている

5年前より8キロ太りました。
オ ニョンジョンポダ パル キルロ サリ ッチョッソヨ
오 년 전보다 팔 킬로 살이 쪘어요.
五 年 前 より 八 キロ 肉 が 付きました

リバウンドでもっと太りました。
ヨヨ ヒョンサンウロ サリ ドッチョッソヨ
요요 현상으로 살이 더 쪘어요.
ヨーヨー 現象 で 肉 が もっと 付きました

🌱 **韓国ツウ**
요요 현상 ヨヨ ヒョンサンとは玩具のヨーヨーが、落ちたあとにもっと上がってくることから

皇帝ダイエット中です。

ファンジェ **ダイオトゥジュンイ エヨ**
황제 다이어트 중이에요.
皇帝　ダイエット　中　です

入れ替え単語

タンシク	ムタンスファムル	ウォキン
단식	무탄수화물	워킹
断食	無炭水化物	ウオーキング

ダイエットは口だけでします。

タイオトゥヌン イ ブロマン ヘ ヨ
다이어트는 입으로만 해요.
ダイエット　は　口　で　だけ　します

韓国ツウ
口ばかりで実行に移さないこと。공부 コンブ（勉強）、운동 ウンドン（運動）などにも使える

ダイエットは三日坊主ですね。

タイ オトゥヌン チャクシムサミル ロ ックンナ ヨ
다이어트는 작심삼일로 끝나요.
ダイエット　は　決心三日　で　終わります

MINI トリビア

細いだけではNG！

韓国も、テレビやネットの影響で細身が美しいという認識が強くなり、ダイエットが盛んです。最近では、**웰빙 ウェルビン(Wellbeing)** がブームになり、健康で美しく生きるため、運動で筋肉を付け、締まった体を作るダイエットが男女ともに人気です。

入れ替えフレーズ

THEME: 一日の流れ

エクササイズ

☐ はまっています。
プッ ッパジョ イッソ ヨ
푹 빠져 있어요.

ウォーキングに
워킹에
ウォキンエ

ランニングに
런닝에
ロンニンエ

ピラティスに
필라테스에
ピルラテスエ

ヨガに
요가에
ヨガエ

ジム通いに
스포츠센터 다니는 것에
スポチュセント ダニヌン ゴセ

300

HANGUL PHRASE エクササイズ

水泳に
수영에
スヨンエ

ボクササイズに
복서사이즈에
ポクソサイジュエ

筋トレに
근육트레이닝에
クニュクトゥレイニンエ

バレエに
발레에
パルレエ

エアロビクスに
에어로빅에
エオロビゲ

301

THEME: 一日の流れ

入 浴

お風呂が沸きました。
モギョクタン ムル タ パ ダジョッソ ヨ
목욕탕 물 다 받아졌어요.
沐浴湯　水 すべて もらうようになりました

カルチャー
家ではシャワーだけを使い、湯船は近くの銭湯や汗蒸幕で利用する人が多い

お先にお風呂いただきます。
モンジョ モギョカル ケ ヨ
먼저 목욕할게요.
先に　　沐浴　　します

フレーズ
먼저 사워해. モンジョ シャウォヘ（先にシャワーして）

疲れが吹っ飛ぶなあ！
ピゴ ニ ッサン ナ ラ ガンダ
피곤이 싹 날아간다!
疲れ が すっかり 飛んでいく

フレーズ
피로가 풀려요. ピロガ プルリョヨ（疲労が取れます）

かみそりで切っちゃった。
ミョンドギ エ ピ オッソ
면도기에 비었어.
かみそり に　切った

カルチャー
韓国の男性はきちんとスキンケアをする人が多く、男性用化粧品の種類も豊富

半身浴に凝っているんです。
パンシンニョ ゲ ッパジョッソ ヨ
반신욕에 빠졌어요.
半身浴　に　はまりました

カルチャー
半身浴がダイエットに有効とのことで、半身浴専用の浴槽が販売されている

あちゃー！シャンプーがなかった。

オモ シャムプ ガ オプソンネ
어머! 샴푸가 없었네.
あら　シャンプー が　なかったね

背中を流しましょうか？

👓 **カルチャー**

トゥンミ ロ ドゥリルッカ ヨ
등 밀어 드릴까요?
背中　押してさしあげましょうか

銭湯や汗蒸幕などでは、隣に居合わせた他人に背中のあかすりをやってもらうこともある

時間がないからシャワーだけにします。

シ ガ ニ オプ ス ニッカ シャウォマン ハル ケ ヨ
시간이 없으니까 샤워만 할게요.
時間　が　ないから　シャワー だけ　します

お風呂掃除めんどくさい…。

👓 **カルチャー**

モギョクタン チョンソ クィチァナ
목욕탕 청소 귀찮아 ….
沐浴湯　　掃除　　めんどくさい

日本のように、毎日入浴する習慣はないので、風呂場の掃除の回数も少ない

MINI トリビア

自宅で風呂には入らない？

昔の韓国では風呂場のない家庭が多く、週末に家族全員で銭湯に行く姿が見られたのですが、近年では浴室設備付きのマンションが増えました。ただし、シャワーブースだけのところも多く、浴槽があっても湯を沸かして入る習慣はありません。

THEME: 一日の流れ

就　寝

おやすみ。
チャルジャ
잘 자.
よく 寝て

🗨 **フレーズ**
좋은 꿈 꿔. チョウンックムックォ(いい夢見て)

おやすみなさい。
アンニョンヒ ジュム セヨ
안녕히 주무세요.
安寧に　　寝てください

🗨 **フレーズ**
目上の人には、丁寧に편안히 주무세요. ピョナニジュムセヨと言う

いい夢見てね！
チョウン ックムックォ
좋은 꿈 꿔!
いい　夢　見て

怖い夢、見ませんように。
ム ソ ウン ックム アン ックゲ ヘ ジュセヨ
무서운 꿈 안 꾸게 해 주세요.
怖い　　夢　見ないように　して　ください

👓 **カルチャー**
韓国では、돼지꿈 テジックム(豚夢)を見ると福が入ってくるといわれ、宝くじが当たった人も

目覚まし時計はセットした？
アルム マッチョッソ
알람 맞췄어?
アラーム　合わせた

👓 **カルチャー**
恋人どうしだと、電話をかけて起こすこともよくある

いびきがうるさい！

コ ゴヌン ソリガ ノム シックロウォ
코 고는 소리가 너무 시끄러워!

鼻(いびき)かく 音 が とても うるさい

📚 **単語**

いびきの音は、드르렁 트룰롱、쿨쿨 クルクル、드르렁쿨쿨 トゥルロンクルクルなど

金縛りにあいました。

カ ウィ エ ヌルリョッソヨ
가위에 눌렸어요.

怖い夢 に 押されました

✨ **+α**

가위 カウィには「はさみ」と「怖い夢」の意味がある

あくびが止まらないね。

ハ プ ミ モムチュジル アンネ
하품이 멈추질 않네.

あくび が 止まらないね

💬 **フレーズ**

하품이 나요. ハプミ ナヨ
（あくびが出ます）
눈을 비벼요. ヌヌル ピビョヨ（目をこすります）

歯ぎしりがうるさい。

イ ガヌン ソリガ シックロウォ
이 가는 소리가 시끄러워.

歯 する 音 が うるさい

✨ **+α**

이를 갈다 イルル ガルダには「歯ぎしりする」と「復讐のため歯をくいしばる」の意味がある

寝言を言ってたよ。

チャムッコデ ハ ドラ
잠꼬대 하더라.

寝言 言ってたよ

💬 **フレーズ**

意味のわからないことを言った時は왜 잠꼬대 해?
ウェ ジャムッコデ ヘ（なぜ寝言言うの?）

寝相が悪いんです。

チャムポルシ ナッパヨ
잠버릇이 나빠요.

寝るくせ が 悪いです

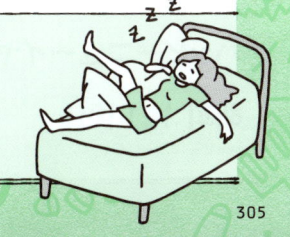

305

THEME: 行事

年中行事 ❶

よいお年をお迎えください。
ハネ　マムリ　チャラセヨ
한해 마무리 잘 하세요.
　一年　　仕上げ　　よくしてください

💬 フレーズ
연말 즐겁게 보내세요.
ヨンマル チュルゴッケ ボネセヨ（年末、楽しく過ごしてください）

忘年会しませんか？
ウリ　ソンニョヌェ　ハルッカヨ
우리 송년회 할까요.
私たち　　送年会　　しましょうか

⭐ +α
망년회 マンニョヌェ（忘年会）も使うが、망 マン（忘）の発音が망 マン（亡）と同じで、イメージが悪い

あけましておめでとうございます！
セヘ　ボク　マニ　バドゥセヨ
새해 복 많이 받으세요!
新年　福　たくさん　もらってください

⭐ +α
新年だけでなく、年末にも使える

謹賀新年。
クナ シンニョン
근하신년.
　謹賀新年

ハッピーニューイヤー！
ヘピ ニュ イオ
해피 뉴 이어!
ハッピー ニュー イヤー

⭐ +α
外来語の発音は、聞こえたままの発音で言う人も多い

名節はゆっくり休めましたか？

ミョンジョルン チャルシュィショッソヨ
명절은 잘 쉬셨어요?
名節　は　よく　休みましたか

カルチャー
名節には설날 ソルラル（お正月）、추석 チュソク（秋夕）、동짓날 トンジンナル（大みそか）などがある

よいお盆をお迎えください。

チュソク チャル ボ ネ セヨ
추석 잘 보내세요.
秋夕　よく　送ってください

カルチャー
秋夕は日本のお盆のような節日だが、正確には仏教に由来するお盆とは異なる

お墓参りに行きました。

ソンミョ ガッタ ワッソヨ
성묘 갔다 왔어요.
墓参り　行って　来ました

カルチャー
お墓参りは、主に추석 チュソク（秋夕）にする。命日にはしない人が多い

法事に参加します。

チェサガ イッソッソヨ
제사가 있었어요.
祭祀　が　ありました

カルチャー
「法事」は기일 キイルともいい、料理を作ってささげる習慣がある

命日の食事を作りました。

キ イ リラソ チェサ ウム シグル マンドゥロッソヨ
기일이라서 제사 음식을 만들었어요.
忌日　だから　祭祀　飲食　を　作りました

メリークリスマス！

メリクリスマス
메리크리스마스!
メリークリスマス

HANGUL PHRASE 年中行事❶

THEME: 行事

年中行事 ❷

雪だるまを作ろう！
ヌン サ ラ ムル マンドゥルジャ
눈사람을 만들자!
　雪人　　を　　作ろう

> ⭐ +α
> 얼음집 オルムチプ（氷の家＝かまくら）は、イヌイットの家のイメージが強い

バレンタインデーの準備です。
パルレン タ イン デ イ　ジュン ビ エ ヨ
발렌타인데이 준비예요.
　　バレンタインデー　　　　準備　です

> 👓 カルチャー
> 日本同様、会社で義理チョコを配ったりするが、安価なものが多い

ホワイトデー、期待してるね！
ファイトゥデ イ　キ デ ハル ケ
화이트데이 기대할게!
　ホワイトデー　　期待　するね

> 👓 カルチャー
> 韓国のホワイトデーは、あめ、特にはっかの白いあめを贈るイメージがある

今年もブラックデーに参加するのかなあ…。
オ レ ド　ブルレクテ イ エ　チャムガ ヘ ヤ　デ ゲックン
올해도 블랙데이에 참가해야 되겠군….
　今年も　　ブラックデー　に　　参加しなければ　ならないなあ

> 👓 カルチャー
> 4月14日は恋人のいない人たちの記念日。集まってジャージャー麺を食べたりする

お花見、行きませんか？
ポッコンノ リ　カ ジ　ア ヌルレ ヨ
벚꽃놀이 가지 않을래요?
　桜花　遊び　　　行きませんか

> 👓 カルチャー
> 春になると桜だけでなく、さまざまな꽃구경 ッコッ クギョン（花見物）に行く

年中行事 ②

「先生の日」にカーネーションを贈りましょう。
ススンエ ナ レヌン カネ イションヌル ソンムル ハプシダ
스승의 날에는 카네이션을 선물합시다.
先生(師) の 日 には カーネーション を プレゼントしましょう

夏休みが始まります。
ヨルム バンハギ シジャクテヨ
여름 방학이 시작돼요.
夏 休み が 始まります

花火、見に行きましょう。
プルコンノリ ポロ ガヨ
불꽃놀이 보러 가요.
火花 遊び 見に 行きましょう

100日記念日です。
ペギル ギニョミリエヨ
백일 기념일이에요.
百 日 記念日 です

カルチャー
韓国人は記念日好き。付き合って100日目の記念日に男性が女性にバラの花束を贈ったりする

きょうは何かの記念日ですか?
オヌルン ムスン ギニョミリエヨ
오늘은 무슨 기념일이에요?
きょう は 何の 記念日 ですか

カルチャー
恋人に大きな花束や等身大のぬいぐるみをプレゼントする人も多い

いつ引っ越し祝いをしますか?
オンジェ チプトゥリ ヘヨ
언제 집들이 해요?
いつ 引っ越し祝いしますか

カルチャー
집들이 チプトゥリは新婚さんの家で行うことが多く、招待客が洗剤などの日用品を贈る

入れ替えフレーズ
THEME: 行事

お祝い ①

　おめでとうございます。
チュカ ハム ニ ダ
축하합니다.

ご結婚
결혼
キョロン

ご出産
출산
チュルサン

ご入学
입학
イパク

ご卒業
졸업
チョロプ

HANGUL PHRASE

お祝い ❶

合格
합격
ハプキョク

ご進学
진학
チナク

ご昇進
승진
スンジン

ご栄転
영전
ヨンジョン

ご入賞
입상
イプサン

THEME: 行事

お祝い ❷

誕生日おめでとう。
センイル チュカ ヘ ヨ
생일 축하해요.
生日　祝賀　します

わかめスープは食べましたか？
ミヨックグン モ ゴッソヨ
미역국은 먹었어요?
わかめスープ は　食べましたか

🕶 **カルチャー**

昔から、韓国では子どもを産むとわかめスープを何か月も食べる

1歳のお誕生日おめでとうございます。
トル チュカ ヘ ヨ
돌 축하해요.
初誕生日 祝賀 します

結婚記念日にもらった指輪です。
キョロンギニョミ レ バドゥンパンジ エ ヨ
결혼기념일에 받은 반지예요.
結婚　記念日　に　もらった　指輪　です

結婚20周年ですね。
キョロン イ シプ チュニョニ ネ ヨ
결혼 이십 주년이네요.
結婚　二十　周年　ですね

📖 **単語**

은혼식 ウノンシク (銀婚式)
금혼식 クモンシク (金婚式)

還暦祝いに一緒に行きませんか？

ファンガプチャンチ エ カチ カジ アヌルレヨ
환갑잔치에 같이 가지 않을래요?

還暦　祝い　に　一緒に　　行きませんか

招待されていないのですが。

チョデ アン パダンヌンデ ヨ
초대 안 받았는데요?

招待　　もらわなかったですが

カルチャー
韓国では招待状をもらっていない人も、つてで参加できる。そのため席も決まっていない

どんなプレゼントがいいですか？

オットン ソンム リ チョウルッカ ヨ
어떤 선물이 좋을까요?

どんな　プレゼントが　いいでしょうか

開けてみて！

ヨロ バ
열어 봐!

開けて　みて

フレーズ
마음에 들었으면 좋겠다.
マウメ ドゥロッスミョン ジョケッタ（気に入ってくれるとうれしいな）

MINI トリビア

記念日を忘れたら大変?!

韓国人は100という数字が好きで、記念日を100単位で祝います。付き合って100日目、200日目、試験の100日前など。またバレンタインデーから、毎月14日を○○デーとして記念日を設けていますが、一般的なのは4月14日のブラックデーだけですね。

THEME: 行事

お悔やみ

母が亡くなりました。
オモニガ トラガショッソヨ
어머니가 돌아가셨어요.
お母さん が 亡くなりました

> 👓 **カルチャー**
> 韓国には、定額を毎月払い、家庭での行事の準備や出費をフォローしてもらうシステムがある

心からお悔やみを申し上げます。
ムォラ ウィロエ マルッスムル トゥリョヤ ハルッチ モルゲッスムニダ
뭐라 위로의 말씀을 드려야 할 지 모르겠습니다.
何と 慰労 の 言葉 を さしあげればいいか わかりません

この度はご愁傷さまです。
サムガ チョイルル ピョハムニダ
삼가 조의를 표합니다.
慎んで 弔意 を 表します

> 👄 **フレーズ**
> 얼마나 애통하십니까?
> **オルマナ エトンハシムニッカ**(どれほど哀痛でいらっしゃいましょうか)

故人の冥福をお祈りします。
コイネ ミョンボグル ビムニダ
고인의 명복을 빕니다
故人 の 冥福 を お祈りします

> 🌳 **韓国ツウ**
> あの世でも福をもらうよう願う言葉なので、最後を意味するピリオドは付けない

惜しい人を亡くしました。
アッカウン インジェルル イロ ボリョッスムニダ
아까운 인재를 잃어버렸습니다.
惜しい 人材 を 失ってしまいました

> 📚 **単語**
> 상주 **サンジュ**(喪主)
> 상제 **サンジェ**(喪主以外の遺児)

お悔やみ

まだ実感がわきませんね。
アジク シルガミ ナジ アンネヨ
아직 실감이 나지 않네요.
まだ　実感　が　　出ませんね

カルチャー
葬式に行く時は、礼服の必要はないが、黒や濃紺など落ち着いた色の服装が好ましい

早すぎます…。
ノム ッパルラヨ
너무 빨라요….
とても　早いです

カルチャー
韓国では故人の残した子どもは罪人なので、悔いを表現するため大声で泣くのが一般的

どれほど傷心が大きいでしょうか。
オルマナ サンシミ クシムニッカ
얼마나 상심이 크십니까?
どれほど　傷心　が　大きいですか

天国で見守っていらっしゃると思います。
ハヌルララエソ チキョボゴ ケシル コムニダ
하늘나라에서 지켜보고 계실 겁니다.
空国　で　見守って　いらっしゃるでしょう

告別式を執り行います。
チャンネ シグル コヘンハ ゲッスムニ ダ
장례식을 거행하겠습니다.
葬礼式　を　挙行　します

カルチャー
昔は両親が亡くなると、お墓のそばに小屋を建て3年間、食事などを準備してささげた

享年82歳です。
ヒャンニョンパル シビ セルル イルギロ ピョルセ ハショッスムニ ダ
향년 팔십이 세를 일기로 별세하셨습니다.
享年　八十二　歳を　一期に　別世　なさいました

入れ替えフレーズ

THEME: 数

月日・時間 ❶

☐ です。
☐ 예요.
　エヨ

今、何時ですか?
지금 몇 시예요?
チグム ミョッ シエヨ

12時
열두 시
ヨルドゥ シ

11時
열한 시
ヨルハン シ

1時
한 시
ハン シ

10時
열 시
ヨル シ

2時
두 시
トゥ シ

9時
아홉 시
アホプ シ

3時
세 시
セ シ

8時
여덟 시
ヨドル シ

4時
네 시
ネ シ

7時
일곱 시
イルゴプ シ

6時
여섯 시
ヨソッ シ

5時
다섯 시
タソッ シ

316

HANGUL PHRASE

月日・時間 ❶

4時10分
네 시 십분
ネ シ シプ プン

午前7時40分
오전 일곱 시 사십 분
オジョン イルゴプ シ サシプ プン

正午
정오
チョンオ

午後5時半
오후 다섯 시 반
オフ タソッ シ パン

零時
자정
チャジョン

3時15分前
세 시 십오 분 전
セ シ シボ プン ジョン

2時10分前
두 시 십 분 전
トゥ シ シプ プン ジョン

317

THEME: 数

月日・時間 ❷

あと10分しかありません。
シブ プンバッケアン ナ マッソヨ
십 분밖에 안 남았어요.
十 分 しか 残りませんでした

カルチャー
韓国人はよく定刻に遅れるなど時間にあまり厳しくない。10分なら許容範囲だと思う人も多い。

30分だけ時間をください。
サムシブ プンマン シガヌル ジュセヨ
삼십 분만 시간을 주세요.
三十 分だけ 時間を ください

フレーズ
시간을 줘. シガヌルジョ
(時間をちょうだい)

あと1週間あればなあ…。
イルチュイルマン ト イッソッタミョン
일주일만 더 있었다면….
一週日 だけ もっと あったなら

単語
時間に関する副詞は **벌써** ポルッソ (すでに)、**점점** チョムジョム (だんだん)、**아직** アジク (まだ) など

3か月間勉強しました。
サム ゲウォルガンコンブ ヘッソヨ
삼 개월간 공부했어요.
三 か月 間 勉強しました

単語
반년 パンニョン (半年)
일 년 イルリョン (1年)
이 년 イニョン (2年)

きょうは何月何日ですか?
オヌリ ミョドゥォル ミョチリエヨ
오늘이 몇 월 며칠이에요?
きょうが 何月 何日 ですか

3月1日です。

삼월 일 일 이에요.
サムォル イル イリル イエヨ
三月 一 日 です

入れ替え単語

칠월 십 일
チルォル シ ビル
7月10日

시월 이십삼 일
シウォル イシプ サ ミル
10月23日

きょうは何曜日ですか?

오늘이 무슨 요일이에요?
オヌ リ ムスン ニョ イ リ エ ヨ
きょう が 何の 曜日 ですか

月曜日です。

월요일 이에요.
ウォリョイル イエヨ
月曜日 です

入れ替え単語

화요일 ファヨイル 火曜日

수요일 スヨイル 水曜日

목요일 モギョイル 木曜日

きょうは金曜日でしたっけ?

오늘이 금요일이었던가요?
オヌ リ クミョイ リ オットンガ ヨ
きょう が 金曜日 でしたっけ

単語
토요일 トヨイル (土曜日)
일요일 イリョイル (日曜日)

韓国ネタ帳 ⑤

知って得する 数詞の使い分け

P26〜29のとおり、韓国語の数字の言い方には固有数詞、
漢数詞の2種類があります。
数詞の使い分けには明確な基準があるわけではなく
学習者にはわかりにくいですが、およその法則性を紹介するので、
とっさにどちらかを選ぶ際の参考にしてください。

固有数詞を使うことが多いもの	漢数詞を使うことが多いもの
手で数える感覚のもの 例 세 마리 (セ マリ) 3匹	とても大きな数字 例 만 원 (マ ヌォン) 1万ウォン
固有語の単位 例 네 사람 (ネ サラム) 4人	外来語の単位 例 오 미터 (オ ミト) 5メートル
昔からあったもの 例 한 채 (ハン チェ) 1軒	比較的新しいもの 例 이 층 (イ チュン) 2階
日常生活での買い物 例 두 개 (トゥ ゲ) 2個	抽象的な概念 例 삼 년 (サム ニョン) 3年
個、歳、時 例 스무 살 (スム サル) 20歳 열두 시 (ヨルドゥ シ) 12時	お金、年月日、分秒 例 칠월 (チロル) 7月 십오 분 (シボ ブン) 15分

THEME

日常フレーズ ❷

THEME: 恋愛

好きな気もち ❶

好きになったみたい。

チョア ハ ゲ デンナ バ
좋아하게 됐나 봐.
　好きに　　　なった みたい

📝 **文法**
形容詞の語幹に게 되다 ケ デダを付けると「〜になる、〜くなる」の表現になる

あの人が気になってしかたないの。

チョ サ ラマンテ チャック マ ウ ミ ガ
저 사람한테 자꾸 마음이 가.
　あの　人　　に　　しきりに　心　が　いく

親友と同じ人を好きになっちゃった。

チナン チング ハゴ カトゥン サラムル チョア ハ ゲ デッソ
친한 친구하고 같은 사람을 좋아하게 됐어.
　親しい　友達　　と　　同じ　　人　を　　好きに　　　なった

ずっと片思いです。

ッチュク チャク サ ランマン ヘッソ ヨ
쭉 짝사랑만 했어요.
　ずっと　片思い　だけ　しました

⭐ **+α**
韓国語で「両思い」は사랑サラン(愛)と表現するしかない

ずっと一緒にいたいです。

オンジェッカジ ナ カ チ イッコ シ ポ ヨ
언제까지나 같이 있고 싶어요.
　いつ　　までも　　一緒に　　いたいです

⭐ **+α**
最後の요 ヨを取って싶어シポとだけ言うとタメ口になる

322

本当に素敵な人なんです。

チョンマル モッチン サラミエヨ
정말 멋진 사람이에요.
本当　素敵な　人　です

入れ替え単語

チャカン
착한
善良な

マウミ ノルブン
마음이 넓은
心が広い

チェミ インヌン
재미있는
おもしろい

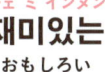

声が聴きたいなあ。

モクソリ トゥッコ シプタ
목소리 듣고 싶다.
声　　　　聴きたい

単語
얼굴 보고 싶다. オルグル ポゴ シプタ (顔を見たい)、보고 싶다. ポゴ シプタ (会いたい)

もっと話したいなあ。

ト イヤギルル ハゴ シポ
더 이야기를 하고 싶어.
もっと　話を　　　したい

+α
더 ト (もっと)、다 タ (すべて)、또 ット (また) は発音が似ているので注意！

MINI トリビア

カップルは不良だった？ 韓国の恋愛観

1990年代までは、小・中・高校生の恋愛は禁止されていて、素行の悪いイメージがありましたが、2000年代からは、わりと自由に恋愛する傾向になりました。道で、手をつないだりハグしたりする光景をよく見かけるほど、男女交際や性に対してオープンになっています。

HANGUL PHRASE 好きな気もち ①

THEME: 恋愛

好きな気もち ❷

胸がキュンとします。
カ ス ミ ットゥルリョヨ
가슴이 떨려요.
　胸　が　震えます

ああ、切ないです…。
エダルポヨ
애달퍼요….
　切ないです

+α
つらくて心が痛い気もちを
いう。もどかしい時は안타
까워요. アンタッカウォヨ

気になりすぎて胸が痛いです。
ノム ジョアソ カスミ アパヨ
너무 좋아서 가슴이 아파요.
とても　好きで　胸　が　痛いです

+α
「気になる」は、状況によっ
て「好きだ」のほか「心配だ」
「心にかかる」など表現が
変わる

私、面食いなんですよ。
チョン オルグル ッタジョヨ
전 얼굴 따져요.
私は　顔　推し量ります

+α
「顔にこだわる」の表現で、
얼굴 봐요. オルグル バヨ
ともいう

緊張して声をかけられません。
キンジャンデソ マルド モッ コル ゲッソヨ
긴장돼서 말도 못 걸겠어요.
　緊張　なって　話も　　かけられません

フレーズ
自分以外が緊張している
時は긴장하지 마세요. キ
ンジャンハジ マセヨ（緊張し
ないでください）

好きな気もち ❷

両思いになったら死んじゃう！
ソロ チョア ハゲ デミョン スミ マキョ ボリル コッカタ
서로 좋아하게 되면 숨이 막혀 버릴 것 같아!
互い 好きに なると 息 が つまって しまいそう

好きな人の夢を見ました。
チョア ハヌン サラミ ックメ ナワッソヨ
좋아하는 사람이 꿈에 나왔어요.
好きな 人 が 夢に 出ました

彼女、もてるよね。
ク アイヌン インキガ マナ
그 아이는 인기가 많아.
その 子 は 人気 が 多い

💋 フレーズ
인기가 있어요. インキガ イッソヨ (人気があります) とも

ライバルが多そう…。
ライボリ マヌル コッカタ
라이벌이 많을 것 같아….
ライバル が 多そう

恋人はいるのかな？
エ イヌン イッスルッカ
애인은 있을까?
愛人 は いるだろうか

⭐ +α
남친 ナムチン(彼氏)、여친 ヨチン(彼女) ということも多い

彼女と別れないかなあ…？
ヨジャチング ハゴ ヘオジジ アヌルッカ
여자친구하고 헤어지지 않을까 …?
女子 友達 と 別れないかなあ

THEME: 恋愛

好きな気もち ❸

単語
키가 크다 キガ クダ(背が高い)、미인 ミイン(美人)、가정적 カジョンジョク(家庭的)

どんな人がタイプか知ってる?
オットン サラミ イサンヒョンインジ アラ
어떤 사람이 이상형인지 알아?
どんな　人が　理想型　なのか　知っている

私のこと、どう思ってるんだろう?
ナルル オットケ センガカゴ イッスルッカ
나를 어떻게 생각하고 있을까?
私を　どう　思って　いるんだろうか

私のことを好きだったらいいのに。
ナル ジョア ハミョンジョケンヌンデ
날 좋아하면 좋겠는데.
私を　好きなら　いいだろうに

よく見られたいな。
チャルボイゴ シポ
잘 보이고 싶어.
よく　見せたい

気が付くと、彼女ばかり見てるんだ。
ナド モルゲ ネ ヌヌン クニョマン ケソクッチョッコ インネ
나도 모르게 내 눈은 그녀만 계속 쫓고 있네.
私も　知らないうちに　私の目は　彼女だけ　継続　追って　いるね

好きな気もち❸

見るだけで胸が躍ります。
ポギマン ヘド カスミ ッティオヨ
보기만 해도 가슴이 뛰어요.
見ることだけ しても 胸 が 走ります

目が合うだけで幸せ♡
ヌニ マジュチギマン ヘド ヘンボケ
눈이 마주치기만 해도 행복해♡
目 が 合うこと だけ しても 幸福だよ

胸がいっぱいです。
カスミ ポクチャヨ
가슴이 벅차요.
　　胸　が　いっぱいです

🗣 **フレーズ**
가슴이 아파요. カスミ アパヨ（胸が痛いです）

いちずです。
イルピョンダンシム ミンドゥルレ エ ヨ
일편단심 민들레예요.
一片 丹心 たんぽぽ です

🧠 **韓国ツウ**
일편단심 イルピョンダンシムは、変わらない心。有名な歌にたんぽぽとセットで登場する

好きすぎて嫌い…。
ノム ジョアソ ミウォ
너무 좋아서 미워….
とても 好きで 憎い

⭐ **+α**
好きな人のせいでいらいらしがちな時によく使う

彼、ユンホに似てるよね？
ク サラム ユノ タルマッチ
그 사람 윤호 닮았지?
その 人　ユンホ 似てるよね

⭐ **+α**
〜 닮지 않았어? 〜 タルチ アナッソ（〜似てないの?）と尋ねる人も多い

THEME: 恋愛

告白・ナンパ ①

気もちを伝えたいな。
マウムル チョナゴ シポ
마음을 전하고 싶어.
　心を　　伝えたい

+α
기분 キブン(気もち、気分)は、「心」の意味にはならない

告白しちゃいなよ。
コベケ ボリョ
고백해 버려.
　告白して　しまえ

カルチャー
昔から男性からのイメージが強いが、最近は女性からの告白も増えているらしい

断られたらどうしよう？
コジョルダンハミョン オッチョジ
거절 당하면 어쩌지?
　拒絶　　されたら　どうしよう

単語
「フラれる」は、차이다 チャイダ(蹴られる)で、채다 チェイダともいう

フラれるくらいなら友達のままがいいです。
チャイヌン ゴッ ボダン イデロ チング ロ インヌン ゲ ナアヨ
차이는 것 보단 이대로 친구로 있는 게 나아요.
　フラれる こと よりは このまま　友達　で　いる　のが　ましです

好きです。
チョア ヘヨ
좋아해요.
　好きです

フレーズ
좋아해. チョアヘ(好きよ)

付き合ってください。
チョラン サギルレヨ
저랑 사귈래요?
私と 付き合いますか

私も好きでした。
チョド チョア ヘッソヨ
저도 좋아했어요.
私も 好きでした

＋α
좋다 チョタにも「好きだ」の意味があるが、좋았어요、チョアッソヨは主に「よかった」の意味

気もちはうれしいけど…。
マ ウムン コマプチマン
마음은 고맙지만 ….
心は ありがたいけど

フレーズ
마음만 고맙게 받을게요、マウムマン コマプケ パドゥルケヨ（心だけありがたくもらいます）

ほかに好きな人がいるんです。
サ シルン チョア ハヌン サラミ イッソヨ
사실은 좋아하는 사람이 있어요.
事実は 好きな 人が います

友達のままでいましょう。
イデロ チングロ ジネヨ
이대로 친구로 지내요.
このまま 友達で 過ごしましょう

単語
그대로 クデロ（そのまま）
저대로 チョデロ（あのまま）

少し考えさせてください。
チョム ド センガカル シガヌル ジュセヨ
좀 더 생각할 시간을 주세요.
少しもっと 考える 時間を ください

文法
좀 더 チョム ドは直訳すると「少しもっと」だが、入れ替えて더 좀 とは言えない

THEME: 恋愛

告白・ナンパ ❷

一目ぼれでした。
チョンヌ ネ パ ネッソヨ
첫눈에 반했어요.
初目　に　　ほれました

🫦 フレーズ
한눈에 반했어요. ハンヌ
ネ パネッソヨも同じ表現

きっと幸せにしますから。
パンドゥシ ヘンボカゲ ヘ ジュルケヨ
반드시 행복하게 해 줄게요.
きっと　　幸福に　　して あげます

📎 単語
꼭 ッコク（必ず）
절대로 チョルテロ（絶対に）
기필코 キピルコ（きっと）

ねえねえ、一人？
チョギ ホンジャエヨ
저기, 혼자예요?
あの　　一人　ですか

よかったら一緒に遊ぼうよ？
ホクシ シガン デミョン カチ ノルジョ
혹시 시간 되면 같이 놀죠?
もし　時間　なれば　一緒に　遊びましょう

これからお酒でも飲まない？
ス リラド ハンジャン ア ナル レヨ
술이라도 한잔 안 할래요?
酒　でも　　一杯　　しませんか

✏️ 文法
「一杯飲もう」の「一杯」は「한 잔」と言い、1杯、2杯と数える時は「한 잔」とスペースを入れる

しつこくしないで。
チグンゴリジ マラヨ
치근거리지 말아요.
うるさく付きまとわないでください

口説かないでください。
チャゴプ コルジ マセヨ
작업 걸지 마세요.
作業　かけないでください

🌳 **韓国ツウ**
작업 걸다 チャゴプ コルダ
(作業かける)はナンパや
口説く時に若い男性がよく
使う俗語

また会えますよね？
ット マンナル ス インヌン ゴジョ
또 만날 수 있는 거죠?
また　　会える　のですよね

✏️ **文法**
만날 수 없다 マンナル ス オプタ で「会えない」の不可能表現となる

君、僕のこと好き？
ノ ナ チョアヘ
너 나 좋아해?
君　私　好き

⭐ **+α**
こう尋ねられた時の返事は 좋아해. チョアヘ (好きだよ)、별로… ピョルロ (別に…) など

10回たたいて折れない木はないよ。
ヨルポンッチゴ ソ アン ノモ ガヌン ナムヌン オプソヨ
열 번 찍어서 안 넘어가는 나무는 없어요.
10回　ぶち切って　倒れない　木　はありません

🌳 **韓国ツウ**
何回でもあきらめずがんばれば、いつかは成功する、という意味のことわざ。この場合は告白を意味する

キーパーがいるからゴールが入らないの？
コル キ ポ イッタゴ ゴル アン ドゥロガ
골키퍼 있다고 골 안 들어가?
ゴールキーパー　いるからと　ゴール　入らないの

🌳 **韓国ツウ**
彼氏や彼女がいるからといって、あきらめる必要はないという意味で使われる

THEME: 恋愛

待ち合わせ

駅で待ち合わせしましょう。
ヨゲソ マンナヨ
역에서 만나요.
駅　で　会いましょう

👓 カルチャー
ソウルの汽車駅(地方に行ける電車の駅)は、ソウル駅のほか3か所にある

迷っちゃった。
キルル ヘ メッソ
길을 헤맸어.
道　を　迷った

👄 フレーズ
길을 잃다 キルル イルタ (道を失う)でも同じ意味

着いたらメールするね。
トチャカミョン メイル ポネルケ
도착하면 메일 보낼게.
到着したら　メール　送るね

⭐ +α
메일 メイルは一般的にパソコンメール、携帯のメールは문자 ムンチャ(文字)という

約束ですよ。
ヤクソギ エヨ
약속이에요.
約束　です

👄 フレーズ
タメ口は、약속이야. ヤクソギヤ。꼭이야. ッコギヤ(絶対だよ)は念を押す表現

今どこですか?
チグム オディエヨ
지금 어디예요?
今　どこ　ですか

⭐ +α
지금 チグムと、조금 チョグム(少し)は、発音が紛らわしいので注意

もうすぐ着きます。
コイ ダ ワッソヨ
거의 다 왔어요.
ほとんどすべて 来ました

遅れてごめんなさい。
ヌジョソ ミアネヨ
늦어서 미안해요.
遅れて　　　すみません

🗨 フレーズ
会社などで、丁寧に言う時は、늦어서 죄송합니다. ヌジョソ ジェソンハムニダ

待った？
マニ ギダリョッソ
많이 기다렸어?
たくさん　　　待った

⭐ +α
많이 マニの代わりに、오래 オレ(長く)、한참 ハンチャム(しばらく)も使える

今来たばかりだよ。
チョド バングム ワッソヨ
저도 방금 왔어요.
私 も ついさっき 来ました

⭐ +α
지금 チグムは「今現在」、금방 クムバンは「ついさっき」「すぐ」の意味がある

なんでこんなに遅れたの？
ウェ イ ロケ ヌジョッソ
왜 이렇게 늦었어?
なぜ こんなに 遅れたの

どれほど待ったかわかる？
オルマナ ギダリョンヌンジ アラ
얼마나 기다렸는지 알아?
いくら　　　待ったか　　わかる

THEME: 恋愛

デート

デートしたい！
テイトゥ ハゴ シポ
데이트 하고 싶어!
デート　　　したい

☆ +α
韓国は、デートを**신청하다** シンチョンハダ（申請する）ともいい、硬い表現になる

きょうは僕に任せて。
オ ヌルン ナ ハンテ マッキョ
오늘은 나한테 맡겨.
きょうは　僕に　　　任せて

江南(カンナム)へ行こうよ。
カンナム エ ガジャ
강남 에 가자.
江南　に　行こう

↓

入れ替え単語

ホンデ	アプクジョン	インサドン
홍대	**압구정**	**인사동**
弘大	狎鴎亭	仁寺洞

手をつなぎたいな。
ソン ジャプコ シポ
손 잡고 싶어.
手　　つかみたい

👓 **カルチャー**
カップルが手をつなぐのはしぜんで、女子どうしで腕を組むのもよく見られる

僕たち、ラブラブだね。
ウリヌン タクサル コプル
우리는 닭살 커플!
私たちは 鳥肌 カップル

韓国ツウ
熱々の恋人どうしを見て「鳥肌が立つ」と言う。自分たちで言うと笑いが起こる

食べちゃいたいくらい好き！
サムキョボリゴ シプルジョンド ロ ノム ジョア
삼켜버리고 싶을 정도로 너무 좋아!
飲み込んでしまいたい 程度に とても 好き

帰りはちゃんと送るよ。
チブッカジ バレ ダジュルケ
집까지 바래다줄게.
家 まで 送ってあげる

カルチャー
韓国には、夜、女性を一人で帰らせるのは紳士ではない、というイメージがまだ残っている

今すぐ会いに来て。
チグム ダンジャンマンナ ロ ワ ジョ
지금 당장 만나러 와 줘.
今 すぐ 会いに 来てくれ

カルチャー
韓国では女性の多くが男性に甘え、このフレーズをよく言う

よそ見しないでね。
ハンヌン バルジ マ
한눈 팔지 마.
片目 売るな

カルチャー
きれいな女性がいると見てしまうのは、韓国男性も同じ

どれぐらい愛している？
ナ オルマ マンクム サランヘ
나 얼마만큼 사랑해?
私 いくら ぐらい 愛しているの

カルチャー
母親思いの息子が多いため「お母さんと私のどちらが大切なの？」と尋ねる女性もいる

THEME: 恋愛

メイクラブ

きょうは帰らせたくない。
オヌルン ポネゴ シプチ アナ
오늘은 보내고 싶지 않아.
きょうは　　送りたくない

カルチャー
親が厳しく、外泊を許さない場合もあるので、同性の友人宅に泊まる、と親にうそをつくこともある

そういうことは結婚してからにしたいの。
クゴン キョロナン フエ ハゴ シポ
그건 결혼한 후에 하고 싶어.
それは　結婚した　あとに　　　したい

きょうは生理中だからだめ。
オヌルン マポエ ゴルリン ナリラソ アンデ
오늘은 마법에 걸린 날이라서 안 돼.
きょうは　魔法に　かかった　日　だから　だめ

韓国ツウ
「生理中」のことをかわいらしく「魔法にかかった」と表現する

そんなに見つめないで。
クロケットゥロ ジゲ チョダボジ マ
그렇게 뚫어지게 쳐다보지 마.
そんなに（穴が）開くように　見ないで

キスして。
キス ヘ ジョ
키스해 줘.
キスして　くれ

336

ね、チューして。 ヨギエ ッポッポ **여기에 뽀뽀!** ここに　チュー	⭐ **+α** 「最初のキス」は **첫키스** チョッキスで、**달콤하다** タルコマダ（甘い）で表すことが多い
恥ずかしいな。 アイ チャム ブックロウォ **아이 참, 부끄러워.** あら　ほんと　恥ずかしい	✏️ **文法** 「恥ずかしい」は、「照れる」「失敗して」「赤っ恥」など、状況によって使い分ける
ちゃんと避妊してね。 ッコク ピイメ ヤ デ **꼭 피임해야 돼.** 必ず　避妊しなければならないよ	⭐ **+α** 韓国で **처녀** チョニョ（処女）は、結婚していない女性を指す言葉で、未経験の意味では使わない
初めてだから優しくしてね。 チョウ ミ ニッカ サルサレ **처음이니까 살살해.** 初めて　だから　そっとして	📚 **単語** 初めての経験は、**첫경험** チョッキョンホム（初経験）という
すごくいいよ。 ノム ジョア **너무 좋아.** すごく　いい	📚 **単語** **오르가즘** オルガジュム（オーガズム）
ちょっと痛い。 チョグム アパ **조금 아파.** 少し　痛い	👓 **カルチャー** かつては、出血するかしないかで、処女かどうかを判断していたこともある

THEME: 恋愛

浮気・不倫 ❶

浮気してるでしょう?
パラム ピウゴ イッチ
바람 피우고 있지?
風　　吹かして　いるよね

📎 **単語**
바람 피우다 パラム ピウダ で「浮気する」の意味

最近、彼が怪しいのよ。
ヨジュム ネ ナムジャチング ガ ジョム スサンヘ
요즘 내 남자친구가 좀 수상해.
このごろ 私の　男子　友達　が　ちょっと 怪しい

ちょっと、誰とメールしてるの?
チャムッカン ヌ グラン メイルハ ゴ インヌン ゴ ヤ
잠깐, 누구랑 메일하고 있는 거야?
ちょっと待って 誰　と　メール　して　いる　　の

また合コンに行ったのね?
ット ミティン ナ ガッチ
또 미팅 나갔지?
また ミーティング 出て行ったよね

👓 **カルチャー**
韓国では、合コンの始めにペアを決め、その日はカップルのようにデートする

何か隠してない?
ムォ スム ギヌン ゴ オプソ
뭐 숨기는 거 없어?
何　隠している　こと　ない

…

浮気してないよ。

バラム アン ピ ウォッソ
바람 안 피웠어.
風　　吹かなかった

🌱 **韓国ツウ**
風がすぐやむように、浮気もすぐ終わって戻ってくる、という意味からできた言葉

やきもち焼くなよ。

チルトゥハジ マ
질투하지 마.
嫉妬　　しないで

👓 **カルチャー**
恋人のいる人が合コンで不細工な人担当となり 폭탄 제거 ポクタン ジェゴ(爆弾除去)と呼ばれることもある

勝手に携帯を見るなよ。

ハムブロ ヘンドゥポン ボジマ
함부로 핸드폰 보지 마.
勝手に　　携帯電話　　見るな

あいつのこと気になってるんだろう？

ク ニョソグル マ メ ドゥゴ インヌン ゴジ
그 녀석을 맘에 두고 있는 거지?
その　やつを　　心に　　おいて　いる　のだろ

浮気しました。

バラム ピ ウォッソ
바람 피웠어.
風　　吹かした

👄 **フレーズ**
잠깐 한눈 팔았어. チャムッカン ハンヌン パラッソ (ちょっとよそ見した)だと軽く聞こえる

ほんの遊びだったんだ。

チャムッカンノ ラットン ゴッ プニ ヤ
잠깐 놀았던 것 뿐이야.
短い時間　遊んだ　ことだけ だよ

⭐ **+α**
真剣に付き合っていない場合、가지고 놀다 カジゴ ノルダ(持って遊ぶ)と表現する

THEME: 恋愛

浮気・不倫 ❷

奥さんと別れてよ。
プイナゴ ヘオジョヨ
부인하고 헤어져요.
夫人　と　　　別れて

💋 フレーズ
結婚している人には、**이혼해요. イホネヨ**（離婚してよ）と言うこともできる

出会うのが遅かっただけ。
マンナン シギガ ヌジョットン ゴップニヤ
만난 시기가 늦었던 것 뿐이야.
会った　時期　が　遅かった　こと だけ なの

👓 カルチャー
友達を探すウェブサイトなどがあり、初恋の人を積極的に探す人もいる

不倫なんて傷付くだけよ。
プルリュヌン サンチョマン ナムル ップニヤ
불륜은 상처만 남을 뿐이야.
不倫 は　傷 だけ　残る　だけ だよ

👓 カルチャー
韓国には**간통죄 カントンチェ**（姦通罪）がある

こんな修羅場、耐えられない。
イロン ア ス ラジャンエソン モッ キョンディゲッソ
이런 아수라장에선 못 견디겠어.
こんな　　阿修羅場　　では　　　耐えられない

⭐ +α
수라장 スラジャン（修羅場）だけでもよいが、韓国では**아수라장 アスラジャン**のほうが一般的

あの世で一緒になろう。
チョ セ サン エソン ハムッケ ハ ジャ
저세상에선 함께 하자.
あの世　では　一緒に　しよう

浮気・不倫 ②

女の勘はだませない。
ヨジャエ　ガムン　モッ　ソギョ
여자의 감은 못 속여.
女子 の 勘は だませない

⭐ +α
감 カムの代わりに육감 ユクカム(肉勘)と言うこともある

俺にもチャンスをくれ。
ナエゲド　キフェルル　ジョ
나에게도 기회를 줘.
私 に も 機会 を くれ

⭐ +α
기회 キフェを、찬스 チャンスにもできるが、英語を使うと軽く感じられる

人の男を奪って幸せなの？
ナメ　ナムジャルル　ッペソソ　ヘンボケ
남의 남자를 뺏어서 행복해?
他人の　男子 を　奪って　幸福なの

📑 単語
既婚の男性は유부남 ユブナム(有婦男)、女性は유부녀 ユブニョ(有夫女)

悪かった。二度とやらない。
チャルモテッソ　タ　シヌン　アン　グロルケ
잘못했어. 다시는 안 그럴게.
間違い した　再び は　そうしない

👄 フレーズ
自分の非を認める時は、잘못했어. チャルモテッソ や미안해. ミアネ(ごめん)

一度だけ許してくれ。
ハンボンマン　ヨンソヘ　ジョ
한번만 용서해 줘.
一度 だけ　許して　くれ

本当だ。一度だけ信じてくれ。
チンッチャヤ　ハンボンマン　ミド　ジョ
진짜야. 한번만 믿어 줘.
マジだよ　　一度 だけ 信じて くれ

👄 フレーズ
정말이야. チョンマリヤ(本当だ)
거짓말 아니야. コジンマル アニヤ(うそじゃない)

THEME: 恋愛

けんか ❶

むかつく！
ヨル バ ダ
열받아!
熱　もらう

☆ +α
比較的、若者の言葉。軽く「あいつ、むかつくよね」のニュアンスには使わない

腹が立つ！
ア　ファ ナ
아, 화나!
あ　怒出る

ふざけないで！
ッカブルジ　マ
까불지 마!
ふざけないで

☆ +α
あまり品がなく、脅しのニュアンスが含まれたフレーズ

あいつ…。
チョ ニョソク
저 녀석….
あの　やつ

👓 カルチャー
韓国人は感情表現が激しく、人前でも大声を上げてけんかする人もいる

ほんと、いらいらするっ。
チョンマルッチャジュンナ
정말 짜증나.
本当　いらいらする

☆ +α
짜증 ッチャジュンは、理由がはっきりしない場合も使える

けんか ❶

あなたなんて大嫌い！
ノ ガトゥン ゴ チョンマル シロ
너 같은 거 정말 싫어!
あなたみたいな もの 本当 嫌い

もう、うんざり。
イジェ ジギョウォ
이제 지겨워.
もう うんざり

💋 **フレーズ**
질렸어. チルリョッソ（飽きた）と言うことも

知らない！
イジェ ナド モルラ
이제 나도 몰라!
もう 私 も 知らない

⭐ **+α**
이제 イジェは省略もできるが、強調したい場合は入れたほうが効果的

ばか！
パ ボ　　　モンチョンイ
바보！／멍청이！
ばか まぬけ

⭐ **+α**
바보 パボはかわいいイメージだが、멍청이 モンチョンイは頭の悪さをからかう悪いイメージ

最低ね。
ノン ジョンマル チェ ア ギ ダ
넌 정말 최악이다.
あなたは 本当 最悪 だ

⭐ **+α**
최저 チェジョ（最低）は、人には使わず、物事の高低に使う

勝手すぎるわ。
ワンジョン ジャギ マム デ ロ ヤ
완전 자기 맘대로야.
完全 自己 心どおりだよ

✏️ **文法**
맘대로 マムデロは、마음대로 マウムデロの縮約形で、멋대로 モッテロともいえる

THEME: 恋愛

けんか ❷

何？ 何と言った？
<ruby>ムォヤ</ruby> <ruby>マルダ</ruby> <ruby>ヘッソ</ruby>
뭐야? 말 다 했어?
何だ　話　すべて　したの

⭐ **+α**
言いたいことを全部言ったか確かめる表現

あなたはいつもそうよ。
ノン オンジェナ グレ
넌 언제나 그래.
あなたは いつも　そう

✏️ **文法**
「いつも」は、ほかに 늘 ヌル、항상 ハンサンがあり、あまり使い分けない

私の話最後まで聞いて。
ネ マル ックッカジ ドゥロ
내 말 끝까지 들어.
私の 話 終わりまで　聞いて

👓 **カルチャー**
韓国人はせっかちな人が多く、人の話を最後まで聞かずに割り込むことも多い

わかった、僕が死ぬ罪を犯した。
クレ ネガ チュグル チェルル ジ オッタ
그래, 내가 죽을 죄를 지었다.
そう　私が　死ぬ　罪を　犯した

🌸 **韓国ツウ**
めんどうになって皮肉っぽく言うニュアンスでよく使われる

皮肉らないで。
ピンジョンデジ マ
빈정대지 마.
皮肉らないで

📎 **単語**
빈정거리다 ピンジョンゴリダ (皮肉る)

けんか ❷

ごめん。
미안해.
ミアネ
ごめん

💋 **フレーズ**
미안. ミアン(すまん)。友達には죄송하다 チェソンハダは使わない

仲直りしよう。
화해하자.
ファヘ ハジャ
和解　しよう

⭐ **+α**
二人で仲直りすることをいい、一方が謝る場合は사과하다 サグァハダ(謝る)を使う

すまなかった。
잘못했어.
チャルモ テッソ
間違い　した

悪かったよ。
내가 나빴어.
ネガ ナッパッソ
私が　悪かった

それは誤解だよ。
그건 오해야.
クゴン オヘヤ
それは　誤解だよ

💋 **フレーズ**
누명을 썼어. ヌミョンウルッソッソ(ぬれぎぬを着せられたんだ)

もう怒らないで。
이제 화내지 마.
イジェ ファネジ マ
もう　　怒らないで

⭐ **+α**
韓国では、목소리 큰 사람이 이긴다. モクソリ クン サラミ イギンダ(声が大きい人が勝つ)といわれる

345

THEME: 恋愛

愚　痴

私は悪くないのに。
ネ ジャルモット アニンデ
내 잘못도 아닌데.
私の　間違いも　　ないのに

カルチャー
韓国は長幼の序を重視するので、目上の人の間違いを指摘できない場合も多い

俺が何したって言うんだよ。
ネガ ムォルオッチェッタグ
내가 뭘 어쨌다구?
私が　何を　どうしたって言うの

単語
「文句」は불만 プルマン(不満)、불평 プルピョン(不平)という

もう、嫌になっちゃった。
タ ジギョウォジョッソ
다 지겨워졌어.
すべて　うんざりになった

フレーズ
싫다 シルタ (嫌だ)を使って、싫어졌어. シロジョッソとも言える

昔はもっと優しかった。
イェンナレヌン ナハンテ チャ レ ジョッソ
옛날에는 나한테 잘 해 줬어.
昔　には　私に　　よくしてくれた

+α
そんなに昔ではなくても、옛날 イェンナルをよく使う

元彼と比較しないでほしい。
チョンナムジャチング ワ ビギョハ ジ マ
전 남자친구와 비교하지 마.
前　男子　友達　と　　比較しないで

毎日けんかばかり。
매일 티격태격해.
毎日 ごたごたしている

単語
「けんか」は 싸움 ッサウム。
티격태격 ティギョクテギョクは、けんかの様子を表す擬態語

もっといい人がいるかもしれない。
더 좋은 사람이 있을지도 몰라.
もっと いい 人 が いるかも わからない

実は暴力を受けたの。
사실은 폭행 당했어.
事実 は 暴行 受けたの

文法
당하다 タンハダは受身の言葉で、悪いことをされた時に使う

3日も連絡が来ないんだ。
삼 일이나 연락이 안 와.
三 日 も 連絡 が 来ない

文法
助詞の「も」は、前に一般名詞がきたら「도 ト」、数字がきたら「~나 ナ/이나 イナ」

なんでこうなっちゃうんだろう？
왜 이렇게 되는 걸까?
なぜ こう なる のかなあ

一緒にいるとむしろ疲れる。
같이 있으면 오히려 피곤해.
一緒に いると むしろ 疲れる

カルチャー
結婚前に同棲する韓国人は少なく、交際中の人とは比較的頻繁に会う

THEME: 恋愛

別れ ❶

好きな人ができたの。
チョア ハヌン サラ ミ センギョッソ
좋아하는 사람이 생겼어.
好きな　　人　が　　できた

★ +α
一般的には、사랑하다 サランハダ(愛する)より좋아하다 チョアハダ(好きだ)を多く使う

もう別れよう。
ウリ イジェ ヘオジジャ
우리 이제 헤어지자.
私たち　もう　　別れよう

会うのはやめよう。
ク マン マンナ ジャ
그만 만나자.
やめよう　会うの

✏ 文法
그만 クマン(その程度まで)に動詞を付けると、その動作をやめるという意味になる

妻にばれたよ。
ア ネ ハンテ ドゥルキョッソ
아내한테 들켰어.
妻　に　　ばれた

📣 単語
「気付く」は、알아채다 アラチェダ、눈치채다 ヌンチチェダ

きょう限りにしないか？
オ ヌル ロ ックンネジ ア ヌルレ
오늘로 끝내지 않을래?
きょう　で　　終わらせない

★ +α
「終わり」という言葉には、끝 ックッ(終了のイメージ)と마지막 マジマヶ(最後のイメージ)がある

別々の道を歩もう。
カクチャ エ ギルル カジャ
각자의 길을 가자.
各自 の 道を 行こう

私にかまわないで。
ネ インセン エ チャムギョナジ マ
내 인생에 참견하지 마.
私の 人生 に 参見するな

📖 **単語**
「かまわないで」は **상관하지 마, サングァナジ マ**, 縮約して **상관 마, サングァン マ**ともいう

しばらく距離を置きましょう。
チャムシ ゴ リルル トゥジャ
잠시 거리를 두자.
しばらく 距離 を 置こう

⭐ **+α**
잠시 チャムシは短い時間を意味する言葉で、**잠깐 チャムッカン**ともいう

君を忘れないよ。
ノル イッチ ア ヌルケ
널 잊지 않을게.
あなたを 忘れないよ

👓 **カルチャー**
韓国の男性は、初恋の女性を一生、**못 잊어. モンニジョ**(忘れられない)といわれる

幸せになってね。
ヘンボケヤ デ
행복해야 돼.
幸福でなければならない

👄 **フレーズ**
얼마나 잘 사는지 보자. オルマナ チャル サヌンジ ボジャ(どれくらいよく生きるか見よう〈皮肉〉)

恨んでもかまわないよ。
ナル ウォンマンヘ ド サングァノプソ
날 원망해도 상관없어.
私を 恨んでも かまわない

✏️ **文法**
미워해도 ミウォヘド(憎んでも)も使うが、**싫어하다 シロハダ**(嫌う)は使えない

THEME: 恋愛

別れ ❷

荷物は全部持って行って。
짐 다 가지고 가.
荷物すべて　持って　行って

さよなら。
안녕.
さよなら

そうね。
그러자.
そうしよう

⭐ +α
一方的に別れを宣言された時は、**알았어.** アラッソ（わかった）とも言う

君と別れたくない。
너랑 헤어지고 싶지 않아.
君と　　　別れたくない

⭐ +α
미련 ミリョン（未練）を引きずることを**질질 끌다** チルジルックルダという

もう一度考え直して。
다시 한번 잘 생각해 봐.
再び　一度　よく　考えて　みて

✏️ 文法
「〜し直す」の表現はなく、**다시** タシ（また、再び）などの副詞を使って表現する

こんな形で終わるなんて嫌だ。
イロ ケックンネ ギヌン シロ
이렇게 끝내기는 싫어.
このように 終わらせるのは 嫌だ

僕の何がいけないんだ？
ナエ オットンブブニ シルン ゴヤ
나의 어떤 부분이 싫은 거야?
私の どんな部分 が 嫌い なの

カルチャー
自然消滅より、別れる日と理由をはっきりさせる人のほうが多い

きっと後悔すると思う。
パンドゥシ フフェハル コヤ
반드시 후회할 거야.
きっと 後悔するよ

考える時間が欲しいわ。
センガカル シガニ ピリョヘ
생각할 시간이 필요해.
考える 時間 が 必要だ

文法
「欲しい」という言葉はなく、「〜したい」「〜が必要だ」と表現する

よく食べてよく生きろ。
チャルモッコ チャル サララ
잘 먹고 잘 살아라.
よく 食べて よく 生きろ

韓国ツウ
相手に怒りをぶつけながら吐くせりふ。お金が絡むトラブルで多く使われる

十里も行けなくて足病になる。
シムニド モッ カソ パルビョンナンダ
십리도 못 가서 발병난다.
十里 も 行けなくて 足病出る

韓国ツウ
私を捨てて行くと遠く行かないうちに足の病気になるから捨てないで、という意味

THEME: 結婚

プロポーズ

結婚してください。

キョロ ネ ジュルレヨ
결혼해 줄래요?

結婚して　　くれますか

カルチャー
韓国の男性は年上の女性と付き合うことは比較的少なく、年の差婚も日本より少ない

愛しています。

サランハムニダ
사랑합니다.

愛しています

フレーズ
少し硬い表現。普通は사랑해요. サランヘヨ、タメ口は사랑해. サランヘ

僕と結婚してくれる?

ナラン キョロネ ジュジ アンケッソ
나랑 결혼해 주지 않겠어?

私　と　結婚して　　　くれない

幸せに暮らそう。

ヘンボカゲ サルジャ
행복하게 살자.

幸福に　　生きよう

死ぬ時も一緒だよ。

ハヌルララエド カチ ガジャ
하늘나라에도 같이 가자.

空　国　にも　一緒に　行こう

+α
하늘나라 ハヌルララで「天国」を意味し、저세상 チョセサン(あの世)は死後の世界をいう

プロポーズ

もちろん。
ムルロニジ
물론이지.
もちろんだよ

🗨 フレーズ
좋지. **チョチ**（いいよ）、그럼. **クロム**（そうよ）と答えてもOK

ちょっと考えさせて。
チョム センガカル シガヌル ジョヨ
좀 생각할 시간을 줘요.
ちょっと考える　時間　を　ください

🗨 フレーズ
생각해 볼게. **センガケ ポルケ**（考えてみるわ）と言うこともある

子どもは欲しくないけどいい？
ア イヌン ナウル センガギ オムヌンデ ケンチャナ
아이는 낳을 생각이 없는데 괜찮아?
子ども は　産む　考え が　ないけど　大丈夫

俺が君を一生守ってあげる。
ネガ ノル ピョンセン チキョ ジュルケ
내가 널 평생 지켜 줄게.
私 が あなたを 一生　守って　あげる

⭐+α
일생 **イルセン**（一生）は、同じ漢字からきた言葉で、「生涯」の意味でよく使われる

君のために僕の命をささげるよ。
ノルル ウィヘ ネ モクスムッカジ パ チルケ
너를 위해 내 목숨까지 바칠게.
あなた を ために 私の　命　まで　ささげるよ

とうとうプロポーズを引き出したわ！
トゥディオ プロポジュルル パ ダ ネヌンデ ソンゴン ヘッソ
드디어 프로포즈를 받아내는데 성공했어!
とうとう　プロポーズ を　もらうのに　　成功　した

THEME: 結婚

結婚式 ❶

私たち結婚することになりました。
우리 결혼하게 됐어요.
_{ウリ キョロナゲ デッソヨ}
私たち 結婚することに なりました

愛の誓いを！
사랑의 선서!
_{サランエ ソンソ}
愛 の 誓い

👓 カルチャー
韓国の男性は、友達に彼女を紹介したがり、イベントも友達に協力してもらったりする

婚姻届を出しました。
혼인신고 했어요.
_{ホニンシンゴ ヘッソヨ}
婚姻 申告 しました

👓 カルチャー
韓国の女性は結婚しても名字は変わらず、子どもは父親の姓を継ぐので、母と子は別姓

二人で幸せになります。
저희 행복하게 잘 살게요.
_{チョヒ ヘンボカゲ チャルサルケヨ}
私たち 幸福に よく 生きます

✏️ 文法
저희 チョヒは謙譲語で、自分たちをへりくだって言う言葉。普通語は우리 ウリ

韓国へお嫁に行きます。
한국으로 시집 가요.
_{ハンググロ シジプ カヨ}
韓国 へ 嫁に 行きます

👓 カルチャー
男性が結婚することは**장가 가다** チャンガ ガダといい、韓国社会には、婿入りの概念はない

結婚式 ①

(父母に) 今までお世話になりました。
チグムッカジ キウォ ジュショソ ガムサハムニダ
지금까지 키워 주셔서 감사합니다.
今　　まで　育てて　くださって　　感謝します

みんな、ありがとうございます！
ヨロブン チンシムロ ガムサ ドゥリムニダ
여러분 진심으로 감사 드립니다!
皆さん　　真心　で　　感謝　さしあげます

結婚おめでとう。
キョロン チュカ ヘ
결혼 축하해.
結婚　祝賀する

末永くお幸せに。
オレオレ ヘンボカゲ チャル サラ
오래오래 행복하게 잘 살아.
長く長く　　幸福に　　よく 生きて

MINI トリビア

韓国の伝統的な結婚式

伝統婚礼では、新婦の家で婚礼を挙げたのち新郎の実家に行きます。その時新婦は新郎の家族に初めて対面します。そのあいさつがペベクで、なつめなどを贈っていました。現在も新婦が新郎の家族に正式にあいさつする儀式として残っており、式場にペベク室もあります。

THEME: 結婚

結婚式 ❷

お見合いで出会いました。
マッソヌロ マンナッソヨ
맞선으로 만났어요.
お見合い で　　会いました

カルチャー
韓国のお見合いは、親どうしで話し合って紹介する軽いイメージ

プロポーズは何て言われたの？
オットン プロポジュルル パダッソヨ
어떤 프로포즈를 받았어요?
どんな　プロポーズ　を　もらいましたか

カルチャー
韓国にはプロポーズイベントを催している専門会社もある

新婚旅行はどこへ行きますか？
シノンニョヘンウン オディロ ガヨ
신혼여행은 어디로 가요?
新婚　旅行　は　どこ へ　行きますか

カルチャー
最近は、披露宴をせずに結婚式当日の飛行機で新婚旅行に発つ人が多い

尻に敷かれるなよ！
チャピョ サルミョンアン デ
잡혀 살면 안 돼!
つかまって 生きると だめだよ

カルチャー
結婚したら、まず誰が家の主導権をにぎるかの争いがある

結婚指輪を見せて！
キョロン バンジ ジョム ポ ヨ ジョ
결혼 반지 좀 보여 줘!
結婚　指輪 ちょっと見せて くれ

カルチャー
新婚旅行の時は、必ずペアルックを準備したりする

ご祝儀はどこに出せばいいですか？
プジョグムン オディエ ネミョン デヨ
부조금은 어디에 내면 돼요?
扶助金　は　どこ に　出せば　いいですか

幣帛も見られますか？
ペベクト ポル ス インナヨ
폐백도 볼 수 있나요?
幣帛　も　　　見られますか

👓 カルチャー
폐백 ペベクは、新婦が新郎の親にあいさつする儀式をいう

食事はどこでとりますか？
シクサヌン オディエソ ハジョ
식사는 어디에서 하죠?
食事　は　どこ で　しますか

👓 カルチャー
韓国では披露宴を、結婚式場とは別に、近くのレストランで行う

髪が白くなるまでお幸せに。
コムン モリ パップリ デドロク ヘンボカゲ チャル サラ
검은 머리 파뿌리 되도록 행복하게 잘 살아.
黒い　髪　ねぎの根　なるように　幸福に　よく 生きて

新郎の足裏をたたかなくちゃいけないのに。
シルラン パルパダグル チョヤ デヌンデ
신랑 발바닥을 쳐야 되는데.
新郎　足裏　を　たたかなくちゃいけないのに

🌳 韓国ツウ
新居に遊びに行った新郎の友人が、新郎を困らせるためにたたいて楽しむ

あら、1対のごきぶりみたいです。
オモ ハンッサンエ バキボルレ ガタヨ
어머 한 쌍의 바퀴벌레 같아요.
あら　一　双の　ごきぶり　みたいです

🌳 韓国ツウ
カップルをちゃかすフレーズ。ごきぶりのように、見ていると鳥肌が立つという意味

THEME: 結婚

仮面夫婦

離婚カウンセリングに通ってます。
イホン サンダムソ エ タニゴ イッソヨ
이혼 상담소에 다니고 있어요.
離婚　相談所　に　通って　います

家の中では口をききません。
チベソヌン ソロ マルル アン ゴロヨ
집에서는 서로 말을 안 걸어요.
家　で は　お互い　話を　かけません

カルチャー
昔は社会的に離婚が許されない雰囲気だったが、最近は恋愛結婚が多く、離婚も増えている

互いのことに関心がもてないんです。
ソロエゲ クァンシミ オプソヨ
서로에게 관심이 없어요.
互い　に　関心 が　ありません

外ではいい夫なんだけど…。
パッケソヌン チョウン ナムピョニンデ
밖에서는 좋은 남편인데….
外　で は　いい　夫　なんだけど

子どもがかわいそうだから一緒にいるの。
アイドゥリ プルッサンヘソ カチ インヌン ゴヤ
아이들이 불쌍해서 같이 있는 거야.
子ども たち が　かわいそうだから　一緒に　いる　の

一人じゃ生活できないし。

ホンジャ ソ ヌン センファルド モ タゲッコ
혼자서는 생활도 못 하겠고.
一人で は 生活 も できなそうだし

> **カルチャー**
> 韓国は専業主婦が多く、年齢を重視する文化のため、年をとると再就職が困難

仮面夫婦になってから、けんかが減ったわ。

カミョンブ ブロ チネギ シジャカ ゴ ッサウミ ジュロッソ
가면 부부로 지내기 시작하고 싸움이 줄었어.
仮面 夫婦 で 過ごし 始めて けんか が 減った

家庭内別居は快適です。

カジョンネ ビョルゴヌン オ ヒリョ ピョネ ヨ
가정내 별거는 오히려 편해요.
家庭内 別居 は むしろ 楽です

離婚するエネルギーも失せました。

イ ホナル キリョクト イ ロ ボリョッソ ヨ
이혼할 기력도 잃어버렸어요.
離婚する 気力 も 失ってしまいました

結婚なんて、みんなこんなものよね。

キョ ロ ヌン タ ットクカ タ
결혼은 다 똑같아.
結婚 は すべてまったく同じ

夫婦関係はずっと前に終わりました。

ブ ブ グァンゲヌン イェジョネ ックンナッソ ヨ
부부 관계는 예전에 끝났어요.
夫婦 関係 は ずっと前に 終わりました

THEME: 結婚

離　婚

離婚することになりました。
イホナゲ　デッソヨ
이혼하게 됐어요.
離婚することに　なりました

👓 カルチャー
最近は挙式後も子どもが生まれるまで籍を入れないカップルが増えている

バツイチです。
トルシンイ　エ　ヨ
돌싱이에요.
バツイチ　です

📚 単語
돌싱 トルシンは돌아온 싱글 トラオン シングル（戻ってきたシングル）の略語

出戻りで〜す。
イホンニョ　エ　ヨ
이혼녀예요.
離婚女　です

📚 単語
男性は、이혼남 イホンナム（離婚男）という

価値観が違ったんだよね。
カチグァニ　ノム　ダルラッソ
가치관이 너무 달랐어.
価値観　が　とても　違った

👓 カルチャー
女性の社会進出が増え、女性のキャリアや価値観の違いが理由で別れることも多い

性格の不一致かな？
ソンキョクチャイラゴ　ヘヤ　ハルッカ
성격 차이라고 해야 할까?
性格　差異　だと　言うべきかな

⭐ +α
性格では차이 チャイを使い、불일치 プリルチ（不一致）とはいわない

夫の浮気が原因です。
ナムピョネ バラミ ウォニニエヨ
남편의 바람이 원인이에요.
夫 の 浮気が 原因で です

+α
「浮気」は一般的に 바람 바람というが、외도 ウェド（外道）もたまに使われる

夫がゲイだったんです。
ナムピョニ ケイ ヨッソヨ
남편이 게이였어요.
夫 が ゲイ でした

単語
동성애자 トンソンエジャ（同性愛者）

親権は私にあります。
チンクォヌン チョハンテ イッソヨ
친권은 저한테 있어요.
親権 は 私 に あります

慰謝料はもらえなかったの。
ウィジャリョヌン モッ パダッソ
위자료는 못 받았어.
慰謝料 は もらえなかった

単語
친권 チンクォン（親権）
양육권 ヤンユックォン（養育権）

しばらくはシングルを楽しみましょ。
タンブンガン ソル ロ ルル ジュルギジャ
당분간 솔로를 즐기자.
当分間 ソロ を 楽しもう

再婚します。
チェホネヨ
재혼해요.
再婚 します

カルチャー
女性が再婚の場合、結婚式はあまり盛大にはしないことが多い

離婚

THEME: 結婚

妊娠・出産 ①

赤ちゃんができました！
アイガ センギョッソヨ
아이가 생겼어요!
子ども が できました

予定日はいつですか？
イェジョンイルン オンジェエヨ
예정일은 언제예요?
予定日 は いつ ですか

できちゃった婚です。
ソクト ウィバン ヘッソヨ
속도 위반 했어요.
速度 違反 しました

🌱 **韓国ツウ**
順番が違ってしまうことを「速度違反」という

女の子？男の子？
ヨジャエエヨ ナムジャエエヨ
여자애예요, 남자애예요?
女の子 ですか 男の子 ですか

👓 **カルチャー**
韓国では、子どもの性別を出産前に確認することは法律で禁止されている

プリンセス（プリンス）です。
コンジュニ ワンジャニ ミエヨ
공주님(왕자님)이에요.
姫様 王子様 です

📚 **単語**
女の子を따님 ッタニム(娘様)、男の子を아드님 アドゥニム(息子様)ともいう

つわりがひどくて…。
イプト シ シメソ
입덧이 심해서….
つわり が ひどくて

💋 **フレーズ**
입덧이 가벼워요. イプト シ カピョウォヨ (つわりが軽いです)

妊娠3か月です。
イムシン サム ゲウォリ エヨ
임신 삼 개월이에요.
妊娠 三 か月 です

⭐ **+α**
もうすぐ子どもを産む時期のことを、만삭 マンサク(臨月)という

胎夢は見ましたか？
テ モンウン ックォッソヨ
태몽은 꿨어요?
胎夢 は 見ましたか

🌱 **韓国ツウ**
胎夢は、懐妊を知らせる夢のことで、虎、龍、蛇、桃など動物やくだものが多い

元気な赤ちゃんを産んでね。
コンガンハン エギ ナア
건강한 애기 낳아.
健康な 赤ちゃん 産んで

流産しました。
ユ サン デッソ ヨ
유산됐어요.
流産 なりました

💋 **フレーズ**
びっくりした時に冗談で、애 떨어지겠다. エットロジゲッタ (子ども落としそう) と言うことがある

中絶してくれないか？
エルル ッテジュル ス オプ ケッソ
애를 떼 줄 수 없겠어?
子 を おろして くれることできないか

📢 **単語**
中絶手術は 낙태 수술 ナクテ ススル(堕胎手術)という

HANGUL PHRASE 妊娠・出産❶

THEME: 結婚

妊娠・出産 ❷

破水しました。
ヤンス ガ トジョッソヨ
양수가 터졌어요.
羊水 が 割れました

📝 **文法**
터지다 トジダは「割れる、裂ける」の意味

陣痛が長く続きました。
チントンイ オレ ガッソヨ
진통이 오래 갔어요.
陣痛 が 長く 行きました

👄 **フレーズ**
난산이었어요. ナンサンイオッソヨ(難産でした)ともいう。安産は、순산 スンサン(順産)

無事に出産しました。
ムサヒ チュルサネッソヨ
무사히 출산했어요.
無事に 出産 しました

母子ともに健康です。
オムマラン エギ トゥルダ コンガンヘ ヨ
엄마랑 애기 둘다 건강해요.
母 と 赤ちゃん 2人とも 健康です

2,924グラムの元気な女の子です。
イチョング ペ ギ シプ サ グ レ メ コンガンハン ヨ ジャ ア イ エヨ
이천구백이십사 그램의 건강한 여자 아이예요.
二千九百二十四 グラムの 健康な 女子 子 です

帝王切開でした。
チェワンジョルゲルル ヘッソヨ
제왕절개를 했어요.
帝王　切開　を　しました

カルチャー
韓国は、妊娠したら太る女性が多いため、赤ちゃんが大きく、帝王切開も多い

自然分娩（ぶんべん）です。
チャヨンブンマヌル ヘッソヨ
자연분만을 했어요.
自然　分娩　を　しました

カルチャー
帝王切開が多いイメージだが、最近は自然分娩に対する関心が高まっている

出産おめでとうございます！
チュルサヌル チュカドゥリョヨ
출산을 축하드려요!
出産　を　祝賀　さしあげます

カルチャー
出産後100日でパーティーを開くが、最近は簡単に親族のみで写真だけ撮ってすませることも多い

名前は決めましたか？
イルムン チョンヘッソヨ
이름은 정했어요?
名前　は　決めましたか

カルチャー
韓国人の名前は漢字2字が一般的だが、最近は漢字のないハングルだけの名前も多い

名前は作名所で決めます。
イルムンチャンミョンソエソ チウル コエヨ
이름은 작명소에서 지을 거예요.
名前　は　作名所　で　作る　つもりです

カルチャー
작명소 チャンミョンソは、年月日時などを考慮して、子どもによい名前を作ってくれるところ

産後の養生をよくしなければなりません。
サヌジョリルル チャル ヘヤ デヨ
산후조리를 잘 해야 돼요.
産後　養生　を　よく　しなければなりません

HANGUL PHRASE 妊娠・出産❷

THEME: 生活

子育て・育児 ❶

トリドリッカックン
도리도리 까꿍!
トリドリ ッカックン

頭を横に振って、カックンで顔をちゃんと見せる。「いないいないばあ」に似ている

コンジゴンジ
곤지곤지.
コンジゴンジ

左手を伸ばし、右手の人差し指で、左手の手のひらの真ん中を、指したり押したりする

ねんねの時間よ。
코 할 시간이야.
コ ハル シガニヤ

チェムジェム
잼잼.
チェムジェム

こぶしをにぎったり開いたりする動き。上のコンジゴンジと一緒にやることもある

あんよが上手。
걸음마 잘 하네.
コルムマ チャ ラネ

HANGUL PHRASE 子育て・育児 ❶

テッチ！
때찌 때찌！
ッテッチ ッテッチ

物につまずいた赤ちゃんをなだめるために、物が悪いねとたたく

ばっちいよ。
지지야.
チジヤ

そうだったの？
그랬져？
クレッチョ

おしっこしたか見よう。
쉬했나 보자.
シュィヘンナ ボジャ

まんま食べよう。
맘마 먹자.
マムマ モクチャ

チュー！
뽀뽀！
ッポッポ

THEME: 生活

子育て・育児 ❷

予防接種が大変です。

イェバン ジョプチョンイ ノム マナソ ヒムドゥロ ヨ
예방 접종이 너무 많아서 힘들어요.
予防　接種　が　とても　多くて　　大変です

また熱を出しました。

ット ヨ リ ナッソヨ
또 열이 났어요.
また 熱 が 出ました

健康が一番です。

コンガンイ チェイ リ エヨ
건강이 제일이에요.
健康　が　第一　です

いい子ね。

ウリ アギ チャカダ
우리 아기 착하다.
私たち 赤ちゃん 善良だね

📖 **カルチャー**
「かわいい」の意味で、わざと **강아지 カンアジ**（子犬）、**돼지 テジ**（豚）と言う人もいる

父親（母親）似だね。

アボジ オモニ ルル タルマンネ
아버지(어머니)를 닮았네.
父さん　母さん　を　似たね

子育て・育児 ❷

大きくなったらパパと結婚しようね。
クミョン アッパラン キョロ ナジャ
크면 아빠랑 결혼하자.
大きくなったら パパ と 結婚 しよう

よく寝て、うちの赤ちゃん。
チャル ジャラ ウリ アガ
잘 자라 우리 아가.
よく 寝て 私たち 赤ちゃん

🕶 **カルチャー**
韓国には子守歌が多く、リズムにのせて寝かしつける

チャジャンジャジャン私たちの赤ちゃん。
チャジャンジャジャン ウリ アガ
자장 자장 우리 아가.
チャジャン ジャジャン 私たち 赤ちゃん

🕶 **カルチャー**
歌ではないが、節を付けて言い、赤ちゃんをあやす

おんぶしよう。
オブバ
어부바.
おんぶ

⭐ **+α**
업다 **オッタ**が「おんぶする」で、어부바 **オブバ**は子どもに使う赤ちゃん言葉

母の手が薬よ。
オムマ ソニ ヤクソン
엄마 손이 약손.
母 手が 薬手

🌸 **韓国ツウ**
子どもがおなかが痛いと訴えた時、さすりながら言うせりふ

寝つきが悪いです。
チャムトゥジョンイ シメヨ
잠투정이 심해요.
寝る前に機嫌が悪くなることが ひどいです

⭐ **+α**
투정 **トゥジョン**は「だだをこねること」だが、眠れなくて泣くと、こう表現する

THEME: 生活

教育・しつけ ❶

厳しく育てるつもりです。
オマゲ キウル センガギエヨ
엄하게 키울 생각이에요.
厳しく　育てる　考え　です

> 👓 カルチャー
> 韓国では一人っ子が多く、子どもを甘やかす親が増えている

うちは放任主義かなあ。
ウリ ジブン パンイムジュイ ヤ
우리 집은 방임주의야.
私たち　家　は　放任　主義　なの

> 👓 カルチャー
> 子どもに対する教育熱が高く、放任主義の家庭は少ない

教育ママと呼ばれています。
キョユンニョル ノプン オムマ ラゴ プルリョヨ
교육열 높은 엄마라고 불려요.
教育熱　高い　ママ　と　呼ばれます

> 👓 カルチャー
> 韓国のお母さんたちは教育熱が高く、とくに英語教育には一生懸命

夫が子育てに無関心で…。
ナムピョニ チャニョギョユゲ ムグァンシメソ
남편이 자녀교육에 무관심해서….
夫　が　子女　教育　に　無関心だから

お受験させたいです。
イプシ ジュンビ シキゴ シポヨ
입시 준비 시키고 싶어요.
入試　準備　させたいです

> 👓 カルチャー
> 高校から入試があるが、付属高校でもエスカレーター式はなく、大学受験が難しい

370

塾の送り迎えが大変！

ハグォネ テリョダ ジュゴ ハヌン ゲ ヒムドゥロ
학원에 데려다 주고 하는 게 힘들어!
学院 に 連れていってあげたり する ことが 大変

いい大学へ入れてあげなくては。

チョウン デハゲ ポネ ジョヤ デヨ
좋은 대학에 보내 줘야 돼요.
いい 大学 に 送って あげなければならないです

スカート風が強いです。

チマッパラミ セヨ
치맛바람이 세요.
スカート風 が 強いです

> 韓国ツウ
> 母親が学校に圧力をかけたり、先生に頼んだりする熱心な行動を「歩き回ってスカートが揺れる」と表現している

人の物をとってはいけません。

タルン サラム ムルゴネ ソンデミョンアン デヨ
다른 사람 물건에 손대면 안 돼요.
違う 人 物件 に 手つけると だめです

うそをついてはいけないよ。

コジンマルン ハミョンアン デ
거짓말은 하면 안 돼.
うそ は すると だめ

> フレーズ
> 俗語で、뻥치지 마. ッポンチジマ（ほら吹くな）もよく言う

食べながらテレビは見ないようにね。

モグミョンソ テルレビジョン ポジ マララ
먹으면서 텔레비전 보지 말아라.
食べながら テレビ 見るなよ

THEME: 生活

教育・しつけ ❷

早くしなさい!

ッパルリ ヘ
빨리 해!
早く しなさい

📎 **単語**
어서 オソ (早く) も、行動をせかす時に使える

年上の人を敬いなさい。

オル ヌル コンギョンヘ ラ
어른을 공경해라.
目上の人を 恭敬しなさい

⭐ **+α**
「目上の人」は 윗사람 ウィッサラム、손윗사람 ソヌィッサラム ともいえる

目上の人にちゃんとあいさつしなさい。

オル ナンテ ットクパロ インサ ヘ
어른한테 똑바로 인사해.
目上の人に 正しく あいさつしなさい

わかった? まだわからないの?

ア ラッソ アジクト モル ゲッソ
알았어? 아직도 모르겠어?
わかった まだ も わからないの

✏️ **文法**
韓国語では、알다 アルダ (知る、わかる) も 모르다 モルダ (知らない、わからない) も動詞

言うこと聞かないと追い出すぞ!

マル アン ドゥ ルミョンネッチョチュル コ ヤ
말 안 들으면 내쫓을 거야!
話 聞かないと 追い出すぞ

⭐ **+α**
말을 듣다 マルル ドゥッタ (話を聞く) で、「言うことを聞く」

教育・しつけ ❷

食べ物を口に入れて話すんじゃないよ。
ウムシグル イベ ノコ マラヌン ゴ アニヤ
음식을 입에 넣고 말하는 거 아니야.
飲食 を 口に 入れて 話す こと じゃないよ

静かに座っていなさい。
チョヨン ヒ アンジャ イッソ
조용히 앉아 있어.
静かに 座って いなさい

どんな教育してるのかしら？
カジョンギョユグル オットケ シキン ゴ ヤ
가정교육을 어떻게 시킨 거야?
家庭 教育 を どのように させたの

カルチャー
昔は家に母がいないと家庭教育ができないといわれたが、最近は働く母がいいという子も多い

人格教育が重要です。
インソン ギョユ ギ チュンヨ ヘ ヨ
인성 교육이 중요해요.
人性 教育 が 重要です

+α
인성 インソンは漢字語で、「人柄」「品性」を意味する言葉

MINI トリビア

教育熱心なお国柄

韓国は大学を受ける人が多く、学校では授業の前後に自習させ、また、長い休みには、有料の補充学習も行われます。いずれも、たいてい強制的です。とにかく教育熱心ですが、最近では自由にさせてあげたいとの思いで海外移住する人も増えています。

入れ替えフレーズ

THEME: 生活

大きい買い物

検討しています。
コム トジュンイ エ ヨ
검토중이에요.

マンション購入を
아파트 구입을
アパトゥ クイブル

戸建ての購入を
단독주택 구입을
タンドクジュテク クイブル

リフォームを
리폼을
リポムル

生命保険の加入を
생명 보험 가입을
センミョン ボホム カイブル

新車を
새 차 구입을
セ チャ グイブル

大きい買い物

海外移住を
해외 이민을
ヘウェ イミヌル

中学受験を
중학교 입시를
チュンハクキョ イプシルル

投資を
투자를
トゥジャルル

株式購入を
주식 구입을
チュシク クイブル

お墓の購入を
묘자리 구입을
ミョチャリ グイブル

両親と同居を
부모님과 동거를
プモニムグァ トンゴルル

375

THEME: 生活

引っ越し

引っ越すんです。
イサヘヨ
이사해요.
引っ越します

> 👓 カルチャー
> 韓国には木造のアパートはなく、コンクリートボイラー装置のある家がほとんど

南向きの部屋がいいな。
ナミャン チ ビ ジョア ヨ
남향 집이 좋아요.
南向 家 が いいです

> 👓 カルチャー
> 一軒家は少なく、高層マンションが多い

家賃が高いですねえ。
ウォルセガ ビッサネ ヨ
월세가 비싸네요.
月ぎめ家賃が 高いですね

> 👓 カルチャー
> 韓国人は自分の家を購入しようとする人が圧倒的に多い

バスとトイレは別がいいです。
モギョクタン イラン ファジャンシリ ッタロ イッソッスミョンジョ ケッソ ヨ
목욕탕이랑 화장실이 따로 있었으면 좋겠어요.
沐浴湯 と 化粧室 が 別に あったら いいです

家賃はどうやって払いますか?
チプセヌン オットケ ネジョ
집세는 어떻게 내죠?
家賃 は どのように 出しますか

> 👓 カルチャー
> 不動産業者が管理している物件は少なく、個人の家をいろいろな事情で貸し出す場合が多い

376

引っ越し

月ぎめです。／チョンセです。

월세예요. / 전세예요.
ウォルセエヨ　　チョンセエヨ
月ぎめ家賃 です　チョンセ です

> **韓国ツウ**
> 昔は、月ぎめ家賃の월세 ウォルセではなく、保証金を預ける전세 チョンセが多かった

ペットは飼えますか？

애완동물은 키워도 되나요?
エワンドンムルン　キウォド　デナヨ
愛玩　動物　は　育てても　いいですか

風水にこだわりたいです。

풍수에 신경을 쓰는 편이에요.
プンスエ　シンギョンウルッスヌン　ピョニエヨ
風水 に　神経 を　使う ほう です

> **カルチャー**
> 地価の変動も家を選ぶ際のポイント

今、荷造り中です。

지금 짐을 싸고 있어요.
チグム　チムル　ッサゴ　イッソヨ
今　荷物を　包んで　います

引っ越しを手伝ってください。

이사하는 거 도와 주세요.
イサハヌン　ゴ　トワ　ジュセヨ
引っ越す　こと 手伝って　ください

> **単語**
> 「らくらく引っ越し」のことを포장 이사 ポジャン イサ（包装引っ越し）という

引っ越しそばを食べていってくださいね。

짜장면 먹고 가요.
ッチャジャンミョン　モク　コ　ガヨ
ジャージャー麺 食べて　行ってください

> **カルチャー**
> 引っ越しを手伝ってくれた人に、出前のジャージャー麺をふるまう

THEME: 生活

病気・通院

熱があります。
열이 있어요.
ヨリ イッソヨ

せきが出てのどが痛いです。
기침이 나고 목이 아파요.
キチミ ナゴ モギ アパヨ

骨が折れていませんか?
뼈가 부러지진 않았나요?
ッピョガ プロジジン アナンナヨ

捻挫したみたいです。
삐었나 봐요.
ッピオンナ バヨ

ぎっくり腰で…。
허리를 삐끗했어요….
ホリルル ッピックテッソヨ

HANGUL PHRASE

病気・通院

頭痛がします。
머리가 아파요.
モリガ アパヨ

めまいがします。
현기증이 나요.
ヒョンギチュンイ ナヨ

鼻水がひどいです。
콧물이 많이 나요.
コンムリ マニ ナヨ

救急車を呼んでください。
구급차를 불러 주세요.
クグプチャルル ブルロ ジュセヨ

くしゃみが止まりません。
재채기가 멈추질 않네요.
チェチェギガ モムチュジル アンネヨ

おなかがとても痛いです。
배가 너무 아파요.
ペガ ノム アパヨ

379

THEME: 生活

入院・看病

母が入院してるんです。
オモニガ イボナショッソヨ
어머니가 입원하셨어요.
母さん が 入院 しました

★ +α
어머니께서 オモニッケソ (お母様) ともいう。家族であっても目上の人には尊敬語を使う

A病棟はどこですか？
エイ ビョンドンウン オディエヨ
에이 병동은 어디예요?
A 病棟 は どこ ですか

👓 カルチャー
集中治療室でなければ、面会時間と関係なく出入りできることが多い

面会時間はいつですか？
ミョヌェ シ ガ ヌン ミョッ シ エ ヨ
면회 시간은 몇 시예요?
面会 時間 は 何 時 ですか

★ +α
면회 ミョヌェは、軍隊や刑務所に行く時も使われる

スリッパは必要ですか？
スル リ ポ ヌン ピリョハンガ ヨ
슬리퍼는 필요한가요?
スリッパ は 必要ですか

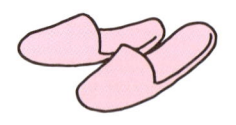

子ども連れでもお見舞いに行けますか？
アイルル デリゴ ムンビョンガド デルッカヨ
아이를 데리고 문병가도 될까요?
子ども を 連れて 見舞い 行っても いいでしょうか

入院・看病

痛いところはない?
アプン ゴスン オプソ
아픈 곳은 없어?
痛い ところは ない

🫦 **フレーズ**
病気で具合が悪い時は、아파요, 아퍼요(痛いです)と表現する

欲しいものはない?
ムォ ピリョハン ゴン オプソ
뭐 필요한 건 없어?
何 必要な ものは ない

👓 **カルチャー**
入院中は看病人が24時間付き添うことが多く、ジュースや食べ物などを買っていくことが多い

腰をさすりましょうね。
ホ リルル ムンジルルケヨ
허리를 문지를게요.
腰 を さすりますね

📖 **単語**
등 トゥン(背中)
다리 タリ(脚)

すぐに退院できますよ。
クムバン テウォナル ス イッスル コエヨ
금방 퇴원할 수 있을 거예요.
すぐ 退院できるでしょう

👓 **カルチャー**
韓国は保険証がなくても、本人の住民登録番号で保険で処理してくれる

元気出してくださいね。
ヒム ネ セヨ
힘내세요.
力 出してください

🫦 **フレーズ**
落ち込んでいる時のほか、「がんばれ」の意味でも使える

よくなるよう、祈っています。
ッパルリ チョア ジドロク キ ド ハルケヨ
빨리 좋아지도록 기도할게요.
早く よくなるように 祈ります

⭐ **+α**
기도하다 キドハダは「神に祈る」の意味があるが、キリスト教などの信者でない人も使う

THEME: 生活

介　護

父の介護をしています。
アボジルル カンビョンハゴ イッソヨ
아버지를 간병하고 있어요.
父さん　を　看病して　　います

もう３年になります。
ポルッソ サム ニョン デッソ ヨ
벌써 삼 년 됐어요.
もう　三　年　なりました

私もヘルパーの勉強をしています。
チョド カンビョンサ ゴンブルル ハゴ イッソヨ
저도 간병사 공부를 하고 있어요.
私　も　看病士　勉強　を　して　います

きょうは祖母の付き添いです。
オ ヌルン ハルモニ ボジョエヨ
오늘은 할머니 보조예요.
きょう　は　お祖母さん　補助　です

★ +α
「付き添い」は시중 シジュンだが、普段は軽く言う 보조 ポジョをよく使う

おむつ取り換えましょうね。
キジョギ カラ ドゥリルケヨ
기저기 갈아 드릴게요.
おむつ　取り換えて　さしあげます

👄 フレーズ
갈아입어요. カライポヨ
（着替えましょう）

介護

ひきこもってばかりはよくないですよ。

チベマントゥロ バキョ インヌン ゴン チョチ アナヨ
집에만 틀어박혀 있는 건 좋지 않아요.
家 に だけ ひきこもって いる のは よく ないです

介護うつかもしれません。

カンビョン ウウルチュンインジド モルラヨ
간병 우울증인지도 몰라요.
看病 憂うつ症 なのかも しれません

🗨️ **フレーズ**
긴 병에 효자 없다. キンビョンエ ヒョジャ オプタ（長患いに親孝行する人はいない）

介護問題は深刻です。

カンビョンムンジェヌン シムガケヨ
간병 문제는 심각해요.
看病 問題 は 深刻です

👓 **カルチャー**
韓国の病院では付き添いが必要で、간병인 カンビョンイン（看病人）を雇うこともある

どこもベッドの空きがありません。

オヌ ビョンウォネド ピンビョンシリ オプソヨ
어느 병원에도 빈 병실이 없어요.
どの 病院 にも 空いた病室 が ありません

認知症が進んでいますね。

チメガ シメジゴ イッソヨ
치매가 심해지고 있어요.
認知症 が ひどくなって います

👓 **カルチャー**
うっかりしたり忘れたりすることを、からかう言葉として치매 チメを使うこともある

最近、お母さんのこともわからないんです。

ヨジュム オモニド モ ダラポセヨ
요즘 어머니도 못 알아보세요.
最近 母さん も （誰なのか）わかりません

韓国ネタ帳 ⑥
身近な動物の呼び方

韓国語にも、動物の名称が2種類存在することがあります。
もとの音が嫌われ、鳴き声から生まれた別の呼び方が定着したからです。
日本語のわんこ(犬)、にゃんこ(猫)のような感じですね。

日本語	韓国語	鳴き声	別の呼び方
犬	개 [ケ]	멍멍 [モンモン]	멍멍이 [モンモンイ] / 멍멍개 [モンモンゲ]
子犬	강아지 [カンアジ]		
猫	고양이 [コヤンイ]	야옹야옹 [ヤオンヤオン]	야옹이 [ヤオンイ] / 나비 [ナビ]
ひよこ	병아리 [ビョンアリ]	삐악삐악 [ッピアクッピアク]	삐악이 [ッピアギ] / 삐약이 [ッピヤギ]
ねずみ	쥐 [チュィ]	찍찍 [ッチクッチク]	찍찍이 [ッチクッチギ]
豚	돼지 [トェジ]	꿀꿀 [ックルックル]	꿀꿀이 [ックルックリ] / 꿀꿀돼지 [ックルックルデジ]
すずめ	참새 [チャムセ]	짹짹 [ッチェクッチェク]	짹짹이 [ッチェクッチェギ]
かえる	개구리 [ケグリ]	개굴개굴 [ケグルゲグル]	개굴이 [ケグリ]
あひる	오리 [オリ]	꽥꽥 [ックェクックェク]	꽥꽥이 [ックェクックェギ]
鶏	닭 [タク]	꼬끼오 [ッコッキオ] / 꼬꼬댁 [ッコッコデク]	꼬꼬 [ッコッコ]
ふくろう	올빼미 [オルッペミ]	부엉부엉 [ブオンブオン]	부엉이 [ブオンイ]

THEME

ITライフフレーズ

THEME: IT
携帯電話・スマートフォン

その待ち受け画面いいね。
<small>ク ペギョンファミョン ケンチャンタ</small>
그 배경화면 괜찮다.
<small>その　背景　画面　大丈夫だ</small>

カルチャー
待ち受け画面は自分、もしくは家族や恋人と一緒に写っている写真が多い

ここ、電波が悪いなあ。
<small>ヨ ギ チョンパ ガ アン ジョンネ</small>
여기 전파가 안 좋네.
<small>ここ　電波　が　よくないね</small>

カルチャー
韓国では、電波の入らない場所が極端に少なく、地下鉄や地下の店内なども通じる

充電が切れちゃった！
<small>ペトリガ タ デンネ</small>
배터리가 다 됐네!
<small>バッテリー が すべてなったね</small>

写メ撮って！
<small>ヘンドゥポ ヌ ロ サジンジョムッチゴ ジョ</small>
핸드폰으로 사진 좀 찍어 줘!
<small>携帯　で　写真 ちょっと 撮って くれ</small>

携帯を忘れちゃったんです…。
<small>ヘンドゥポ ヌル チベ ノコ ワッソヨ</small>
핸드폰을 집에 놓고 왔어요….
<small>携帯　を　家に　置いて　きました</small>

携帯電話・スマートフォン

マナーモードにしてください。
チンドンウロ バックォノウセヨ
진동으로 바꿔 놓으세요.
振動 に 変えて おいてください

⭐ +α
매너모드 メノモドゥ(マナーモード)ともいうが、振動 チンドンのほうが多く使われている

あ、着信があったみたい。
オ プジェジュンジョヌァ ガ ワッソンナ ボネ
어, 부재중전화가 왔었나 보네.
あら 不在中電話 が 来ていた みたいね

⭐ +α
착신 チャクシン(着信)は着信禁止などで使われ、부재중전화 プジェジュンジョヌァが一般的

着信拒否されてるのかな?
チャクシン ゴブ ヘンナ
착신 거부 했나?
着信 拒否 したかなあ

📖 単語
착신 금지 チャクシン グムジ (着信禁止)
발신 금지 パルシン グムジ (発信禁止)

文字メッセージが届きました。
ムンチャ メセジガ ワッソヨ
문자 메세지가 왔어요.
文字 メッセージ が 来ました

👓 カルチャー
用件を伝える時、韓国人はメールより、すぐ電話をかける人のほうが多い

MINI トリビア

韓国人はハイスペックがお気に入り!

韓国人は画面の大きい携帯を好み、解像度の高い機種が人気です。とくにフラッシュを使ったウェブサイトも多いので、アイフォンよりアンドロイド搭載のものが売れています。一方、古くて使い勝手の悪い携帯を「똥폰 ットンポン(うんこフォン)」などと言っているんですよ。

THEME: IT

パソコン・WEB ❶

今、起動中です。
지금 컴퓨터 부팅 중이에요.
チグム コムピュト ブティンジュンイ エヨ
今　コンピューター　ブティング　中　です

これ、ダウンロードしていいですか？
이거 다운로드해도 돼요?
イゴ　タウンロドゥヘド　デヨ
これ　ダウンロード　しても　いいですか

このキーボード、使いやすい。
이 키보드 치기 편하다.
イ キボドゥ チギ ピョナダ
この キーボード 打ち 楽だ

+α　キーボードは、자판 チャパン(字板)ともいう

強制終了します。
강제 종료합니다.
カンジェ ジョンニョハムニダ
強制　終了　します

再起動してください。
재기동 하세요.
チェギドン ハセヨ
再起動　してください

+α　「ウインドウ」は、英語と韓国語を交ぜ인터넷 창 イントネッ チャン(インターネット窓)と表現する

プリンターはどこにありますか？
プリント ヌン オディエ イッソヨ
프린터는 어디에 있어요?
プリンター は　どこ に　ありますか

ハングル入力の仕方がわかりません。
ハングル イムニョカ ヌン バンボブル モル ゲッソヨ
한글 입력하는 방법을 모르겠어요.
ハングル　入力　する　方法　を　　わかりません

動画をアップロードしました。
トンヨンサンウル オム ノ ドゥ ヘッソヨ
동영상을 업로드했어요.
動映像　を アップロード しました

削除してください。
サクチェ ヘ ジュ セヨ
삭제해 주세요.
削除して　ください

フレーズ
지워 줄래? チウォ ジュルレ
(消してくれる?)
버려 줄래? ポリョ ジュルレ
(捨ててくれる?)

フォルダの中に保存してください。
ポル ド アネ チョジャンハ セヨ
폴더 안에 저장하세요.
フォルダ　中に　　貯蔵　してください

ごみ箱を空にしてください。
ヒュジトンウル ビ ウ セヨ
휴지통을 비우세요.
ごみ箱　を　空けてください

+α
「ごみ箱」は、쓰레기통 ッスレギトンともいうが、パソコンでは使わない

THEME: IT

パソコン・WEB ❷

バックアップしておいたほうがいいですよ。
ペゴペ ドゥヌン ゲ チョアヨ
백업해 두는 게 좋아요.
バックアップして おく ことが いいですよ

この壁紙、かわいくないですか?
イ バタンファミョン イェップジ アナヨ
이 바탕화면 예쁘지 않아요?
この 背景 画面 かわいくないですか

クラウドって便利ですね。
クルラウドゥヌン ピョルリ ハ ネ ヨ
클라우드는 편리하네요.
クラウド は 便利ですね

カルチャー
会員加入すると、動画などのデータを保存しておけるウェブサイトがたくさんある

ブックマークしておこう。
チュルギョチャッキ エ チュガ ヘ ドゥジャ
즐겨찾기에 추가해 두자.
お気に入り に 追加して おこう

+α
エクスプローラーでは즐겨찾기 チュルギョチャッキで、グーグルなどでは북마크 ブンマクという

同期しておこうっと。
トンギファ ヘ ドゥォヤジ
동기화해 둬야지.
同期化 して おこうっと

カルチャー
韓国はネイバーのような、国内で開発されたサイトのほうが多用されている

パソコン・WEB ❷

アップデートしなきゃ。
업데이트 해야 돼.
アップデート　　しなきゃ

+α 업그레이드 オックレイドゥ（アップグレード）は、一般用語で「グレードを上げる」の意味でも使う

それ、何のアプリですか？
그거 무슨 어플이에요?
それ　何の　アプリ　ですか

+α 어 オは日本語にはない音。外来語の発音でよく使われるが、日本ではよく「ア」と発音される

期間限定で無料だって！
기간 한정으로 무료래요!
期間　限定　で　無料　だって

単語 공짜 コンッチャ（無料）も使える。무료 ムリョのほうが少し硬く感じる

ネットで検索してみてください。
인터넷에서 검색해 봐요.
インターネット　で　検索して　みてください

単語 웹서핑 ウェプソピンはウェブ上をいろいろ調べることをいい、この資格試験もある

MINI トリビア

パソコンなしでは生きられない?!

韓国はネット社会なので、パソコンなどはスピードの速い製品が人気です。デスクトップの場合は、カスタマイズして自分で組み立てる人もいます。日本でも売られている一体型PCは少し高価ですね。「パソコンがない家はない」というほど普及しており、老若男女がITライフを楽しんでいます。

THEME: IT

パソコン・WEB ❸

インターネットをしたいのですが。
_{イント ネスル ハゴ シプンデヨ}
인터넷을 하고 싶은데요.
_{インターネットを　　したいですが}

👓 **カルチャー**
PC방 ピッシバン(ネットカフェ)は、隣の席と仕切られていないところが多い

ここはWi-Fiつながりますか?
_{ヨ ギ ヌン ワイ イ パイ ヨンギョルデ ナ ヨ}
여기는 와이파이 연결되나요?
_{ここ　は　　Wi-Fi　　連結　なりますか}

👓 **カルチャー**
カフェなどでも無料Wi-Fiを提供するところが多い

インターネットで調べてください。
_{イント ネスロ チャジャ ポ セヨ}
인터넷으로 찾아 보세요.
_{インターネット　で　探して　みてください}

✏️ **文法**
「〜で」は、ネットを手段と考えるなら으로 ウロ、ヴァーチャル空間と考えるなら에서 エソ

おすすめのサイトは?
_{オットン サイトゥガ ジョアヨ}
어떤 사이트가 좋아요?
_{どんな　　サイト　が　いいですか}

👓 **カルチャー**
韓国で人気のサイトは、「네이버 ネイボ」「Daum (다음) タウム」「네이트 ネイトゥ」など

急上昇中の検索ワードです。
_{クプサンスンジュンイン ゴムセク キ ウォドゥエ ヨ}
급상승 중인 검색 키워드예요.
_{急上昇　中である　検索　キーワード　です}

サイトのURLを送ってください。
サイトゥ ジュソルル ボネ ジュセヨ
사이트 주소를 보내 주세요.
_{サイト　住所　を　送って　ください}

この動画がおもしろいんです。
イ ドンヨンサン チェミ イッソヨ
이 동영상 재미있어요.
_{この　動映像　おもしろいです}

🕶 **カルチャー**
動画投稿者も多く、ドラマやバラエティーが頻繁にアップされる

ネットショッピングで買ったんです。
イント ネッ ショピンエ ソ サッソヨ
인터넷 쇼핑에서 샀어요.
_{インターネット ショッピング で　買いました}

オークションで落札しました。
オクショネ ソ ナクチャ レッソヨ
옥션에서 낙찰했어요.
_{オークション で　落札　しました}

⭐ **+α**
韓国語には伸ばす音がないので、「オークション」のようなかたかなは、伸ばさず短く言う

このページ、探しにくいなあ。
イ ホムペイジ チョム プルピョナネ
이 홈페이지 좀 불편하네.
_{この　ホームページ ちょっと　不便だね}

⭐ **+α**
独り言でも、タメ口でもOK。目上の人に話しかける時は、末尾に요 ヨを付ける

サーバーがダウンしたみたい。
ソボガ タウンデンナ バ
서버가 다운됐나 봐.
_{サーバー が　ダウン なった　みたい}

⭐ **+α**
外来語は、平音で表記されていても、濃音で強く発音することが多い

THEME: IT

メール

アドレス教えて。
메일 주소 좀 가르쳐 줘.
_{メイル ジュソ ジョム カルチョ ジョ}
メール　住所　ちょっと　教えて　くれ

☆+α
英語の「アドレス」より、주소 チュソのほうが一般的

私のメールアドレスはこれです。
제 메일 주소는 이거예요.
_{チェ メイル ジュソヌン イゴエヨ}
私の　メール　住所　は　これ　です

☆+α
메일 주소 メイル ジュソは멜주소 メルジュソと縮約したりもするが、実際の発音はあまり変わらない

あとでメールくださいね。
나중에 메일 주세요.
_{ナジュンエ メイル ジュセヨ}
あと　に　メール　ください

☆+α
電話なら전화 チョヌァ(電話)、特定せず연락 ヨルラク(連絡)と言う人も多い

メールアドレスを変更しました。
메일 주소를 변경했어요.
_{メイル ジュソルル ピョンギョンヘッソヨ}
メール　住所　を　変更　しました

👓 カルチャー
韓国では携帯のメールアドレスは使わず、短い文字メッセージを会話のように送る人が多い

返信遅れてすみません！
답장이 늦어져서 죄송해요!
_{タプチャンイ ヌジョジョソ ジェソンヘヨ}
返信　が　遅くなって　すみません

☆+α
韓国も急ぎの用件は電話を使うが、目上の人への返信が遅れたら、よくこう書く

メールを送ったんですが、届いていますか?
メイル ボネンヌンデ トチャケンナ ヨ
메일 보냈는데 도착했나요?
メール　　送ったが　　到着しましたか

ファイルを添付しました。
パイルル チョムブ ヘッソ ヨ
파일을 첨부했어요.
ファイルを　添付　しました

返信待ってます!
タプチャンキ ダリゴ イッスルケ ヨ
답장 기다리고 있을게요!
返信　　　待って　　いますね

💋 **フレーズ**
안 보내져요. アン ボネ ジョヨ（送信できません）

CC.で私にも送ってください。
チャムジョロ チョハンテド ボネ ジュセヨ
참조로 저한테도 보내 주세요.
参照　で　私　に　も　送って　ください

📎 **単語**
CCを 참조 チャムジョ、BCCを含む 참조 スムン チャムジョ（隠れた参照）ともいう

文字化けしていました。
クルチャガ ッケジョッソ ヨ
글자가 깨졌어요.
　文字　が　　割れました

⭐ **+α**
깨지다 ッケジダ（割れる）を名詞化した 글자 깨짐 クルチャッケジムもあるが、会話ではあまり使わない

迷惑メールが多くて困ります。
スペム メイリ ノム マナソ チュクッケッソ ヨ
스팸 메일이 너무 많아서 죽겠어요.
スパム　メール　が　とても　多くて　　死にそうです

THEME: IT

SNS ①

フェイスブックやってますか？
페이스북 해요?
ペイスブク ヘヨ
フェイスブック しますか

まだまだ初心者なんです…。
아직 초짜예요….
アジッ チョッチャエヨ
まだ 初心者 です

友達申請するね。
친구 신청할게.
チング シンチョンハルケ
友達 申請 するね

+α
친구 추가 チング チュガ
（友達追加）、略して친추
チンチュと表現することも
ある

ヨナが承認してくれました。
연아가 수락해 줬어요.
ヨナガ スラケ ジョッソヨ
ヨナ が 受諾して くれました

+α
친구 추가 チング チュガ
（友達追加）は申請も承
認も使え、カカオトークで
よく使われる

タグ付けしてもいい？
태그 붙여도 돼?
テグ ブチョド デ
タグ 付けても いい

「いいね!」をありがとうございます。
「좋아요!」를 눌러 줘서 고마워요.
チョアヨ ルル ヌルロ ジョソ ゴマウォヨ
いいね を 押して くれて ありがとうございます

このコメント、うける。
이 코멘트 웃기네.
イ コメントゥ ウッキネ
この コメント おかしい

フレーズ
丁寧な表現は、재미있다 チェミイッタ（おもしろい）を使い、재미있네요. チェミインネヨ

ツイッター、フォローしたよ。
트위터 팔로우 했어.
トゥウィト パルロウ ヘッソ
ツイッター フォロー したよ

フォローありがとうございます。
팔로우 해 주셔서 감사합니다.
パルロウ ヘ ジュショソ カムサハムニダ
フォロー して くださって 感謝します

+α
不特定多数の人に対して書く時は「～니다. ニダ」の硬い表現がよく使われる

リツイート（拡散）希望！
리트윗 부탁해요!
リトゥウィップ タ ケ ヨ
リツイート お願いします

単語
요망 ヨマン（要望）とも言う

フォロワーが1,000人を超えました。
팔로워가 천 명을 넘었어요.
パルロウォガ チョンミョンウル ノ モッソヨ
フォロワー が 千 名を 超えました

THEME: IT

SNS ❷

ソヒのアカウント、見つけました。
소희 어카운트 찾았어요.

リプライ(返信)が来なくて不安です。
리플이 안 와서 불안해요.

同じ趣味の人をフォローしてみました。
같은 취미를 갖고 있는 사람을 팔로우해 봤어요.

ハッシュタグ作りました。
해시태그를 만들었어요.

最近、ツイートやめました。
요즘 트위터 끊었어요.

☆ +α
끊다 ックンタ (縁などを切る) は、中毒性のあるものをやめた時によく使われる

398

スパム業者の釣りに引っかかってはいけません。
スペ モプチェドゥレ ナクシ エ コルリミョンアン デ ヨ
스팸 업체들의 낚시에 걸리면 안 돼요.
スパム 業者たちの 釣りに かかっては いけません

カカオトークやってますか?
カカオトク ヘヨ
카카오토크 해요?
カカオトーク しますか

☆ +α
「カカオトーク」は**카톡** カトクともいい、連動ゲームやアプリもたくさん開発されている

LINEやってる?
ライン ヘヨ
라인 해요?
LINE しますか

👓 カルチャー
韓国でも料金を制限でき、青少年料金制などもある

そのスタンプおもしろいね。
ク スティコ チェミイッタ
그 스티커 재미있다.
その ステッカー おもしろい

✏ 単語
ラインでは、스티커 スティコ。カカオトークでは、이모티콘 イモティコン、아이콘 アイコン

SNSがきっかけで再会したよ。
エスエンエスルル ケギロ タシ マンナッソ
에스엔에스를 계기로 다시 만났어.
SNS を 契機に 再び 会った

SNS全部やめよう。
エスエンエス チョンブ クマンドゥォヤ ゲッタ
에스엔에스 전부 그만둬야겠다.
SNS 全部 やめよう

💬 フレーズ
끊어야겠다. ックノヤゲッタ (切ろう)
버려야겠다. ポリョヤゲッタ (捨てよう)

THEME: IT

ブログ

よかったら私のブログ見てくださいね。
クェンチァンタミョンチェ ブル ロ グ エ トゥルリョ ジュ セ ヨ
괜찮다면 제 블로그에 들러 주세요.
大丈夫なら　私の　ブログ　に　寄って　ください

ブログ見ていますよ。
ブル ロ グ ポ ゴ イッソヨ
블로그 보고 있어요.
ブログ　見て　いますよ

ブログを更新しました。
ブル ロ グルル ケン シ ネッソヨ
블로그를 갱신했어요.
ブログ　を　更新　しました

🌟 +α
人気のあるブロガーは**파워블로거** パウォブルロゴ と呼ばれる

無断転載お断り。
ブルポム グムジ
불펌 금지.
不法コピー　禁止

👞 単語
무단 복제 ムダン ポッチェ
(無断複製)
무단 도용 ムダン ドヨン
(無断盗用)

コメントありがとうございます。
コメントゥ コ マ ウォヨ
코멘트 고마워요.
コメント　ありがとうございます

🌟 +α
「コメント」には**답글** タックル(答文)、**댓글** テックル(対文)、replyからきた**리플** リプル などがある

ブログに写真をアップしてもいいですか?
블로그에 사진을 올려도 될까요?

閲覧者数が増えました。
방문자수가 늘었어요.

カルチャー
ブログの影響力を判断する閲覧者数を増やすことに関心が高い

悪質な書き込みはやめてください。
악플 금지.

チェボムさんのブログが好きです。
재범 씨 블로그가 좋아요.

文法
呼び捨てにする時、最後にパッチムのある名前だけ「아 ア」を入れる。例えば **재범아! チェボマ**となる

最近、更新が滞っているなあ。
요즘 전혀 갱신을 안 했어.

+α
「更新」は、滞るという言葉は使わず、하다 ハダ(する)で表現するのが一般的

このブログ、写真がきれいですね。
이 블로그, 사진이 예쁘네요.

入れ替えフレーズ
THEME: IT

ネットトラブル ①

☐ しまいました。
☐ 버렸어요.
   ポ リョッソヨ

フリーズして
멈춰
モムチョ

データが飛んで
데이터가 날아가
テイトガ ナラガ

バッテリーが切れて
배터리가 나가
ペトリガ ナガ

ウイルスに感染して
바이러스에 감염돼
パイロスエ カミョムデ

失敗しました。
シルペ ヘッソヨ
실패했어요.

HANGUL PHRASE ネットトラブル❶

インストールに
인스톨에
インストレ

install

設定に
설정에
ソルチョンエ

Setting

アップロードに
업로드에
オムノドゥエ

Upload

同期に
동기화에
トンギファエ

Synchronize

403

THEME: IT

ネットトラブル ❷

私からのメールは破棄してください。
チェガ ボネン メイルン ポリセヨ
제가 보낸 메일은 버리세요.
私が 送った メール は 捨ててください

添付ファイルには気を付けて。
チョムブ パイル ヨル ッテヌン チョシメ
첨부 파일 열 때는 조심해.
添付 ファイル 開ける 時 は 気を付けて

📘 **単語**
바이러스 バイロス（ウイルス）
스팸메일 スペムメイル（迷惑メール）

ウイルス対策ソフトをインストールしたいです。
パイロス ペクシン ソプトゥルル インストル ハゴ シポヨ
바이러스 백신 소프트를 인스톨 하고 싶어요.
ウイルス ワクチン ソフト を インストール したいです

ネットで買った商品がまだ届かないんです。
イント ネセソ サン サンプミ アジク トチャカジ アンネヨ
인터넷에서 산 상품이 아직 도착하지 않네요.
インターネット で 買った 商品 が まだ 到着しません

ハッキングされました。
ヘ キン ダン ヘッソヨ
해킹 당했어요.
ハッキング されました

✏️ **文法**
당하다 タンハダは悪いことをされた時に使う接尾語で、前には名詞がくる

迷惑メールフォルダを確認してみます。

스팸 메일 폴더를 확인해 볼게요.

ファイルが開きません。

파일이 안 열려요.

フレーズ
열려요. ヨルリョヨ (開きます)
안 닫혀요. アンダチョヨ (閉まりません)

パソコンの調子が悪くて…。

컴퓨터 상태가 안 좋아서….

+α
俗語の맛이 갔어. マシガッソ (味が行った)で、調子が悪い状態を表現できる

起動しません。

컴퓨터가 작동하지 않아요.

フレーズ
「動きません」は안 움직여요. ア ヌムジギョヨと 움직이지 않아요. ウムジギジ アナヨ

インターネットにつながりません。

인터넷에 연결이 안 돼요.

マウスが反応しないのですが。

마우스 반응이 없는데요.

韓国ネタ帳 ⑦

よく使われる略語&顔文字

ここではブログやメールなどでよく見かける
略語や顔文字を紹介します。SNSなどで使ってみましょう。

略語	意味	顔文字	意味
ㅊㅋ	(おめでとう)	(^｜^)	
ㄱㅅ	(ありがとう)	ㅊ_ㅊ	
ㄱㄱ	(GoGo)	>ㅅ<	(いい気分)
ㅋㅋ	(笑：クク)	ㅋ_ㅋ	
ㅎㅎ	(笑：ハハ)	ㅎ.ㅎ	
ㅇㅇ	(うん)	ㅠ.ㅠ	
ㅉㅇ	(イライラする)	(＇ㅇ＇)	
ㅇㅋ	(OK)	ㅡ_ㅜ	
ㄱㄷ	(待って)	ㅠ^ㅠ	(悲しい気分)
ㅁㄴ	(マナー)	ㅠ_ㅠ	
ㅈㅅ	(すみません)	ㅜ0ㅜ	
ㅅㄱ	(お疲れ)	ㅜㅂㅜ	
ㅉㅉㅉ	(舌を鳴らす音)	ㅇ_ㅇ	(驚き)
ㄴㄴ	(NoNo)	ㅇㅁㅇ	
ㅂ2	(バイバイ)	ㅡㅡ	(怒り)
OTL / OTZ / orz	(挫折)	ㅡ.ㅡ;	

💬 THEME

さくいん

さくいん

【あ】

ああ、赤点かも…。 266
ああ、最高！ 152
ああ、切ないです…。 324
あ〜、疲れた。 93
アーティスト順の本はありませんか？ 179
ああ、びっくりした。 235
あー！ボタンが取れてる！ 262
あー、よく寝た！ 258
愛が離れていく。 232
愛妻家なんですね。 56
愛しています。 352
相性を見てください。 168
アイスクリームください。 118
あいつ…。 342
あいつのこと気になってるんだろう？ 339
空いている部屋はありますか？ 68
愛には薬もないと言ってたけど。 236
愛の誓いを！ 354
アイロンかけしなきゃ！ 260
愛を知らなかった僕。 232
会うのはやめよう。 348
あ、おならしちゃった。 295
あお向けになってください。 157
あかすりもしたいですが。 156
あかすり用タオルありますか？ 158
赤ちゃんができました！ 362
赤ちゃん肌にあこがれます。 219
明るい色に染めたい気分です。 163
明るい性格です。 228
明るい人（がタイプ）ですね。 210
悪質な書き込みはやめてください。 401
あくびが止まらないね。 305
悪役をやってみたいですね。 212
開けてみて！ 313
あけましておめでとうございます！ 306
あごをシャープにしました。 222
朝ご飯、食べましたか？ 258
足が軽くなりました！ 155
脚が長いですね。 224
脚がまっすぐできれいです。 226
足がよくむくむんです。 155
あしたはお休みしたいのですが。 273
足つぼ30分コースをお願いします。 155
味見してみる？ 287
あそこにいます！ 204
あそこの前で止めてください。 83
温かい飲み物もありますか？ 119
温めてもらえますか？ 147
新しい服？よく似合うね。 293
あちっ！ 121

あ

あちゃー！シャンプーがなかった。……303	あのお店、のぞいてみたいな。…93
あ、着信があったみたい。……387	あの曲をやってほしいですね。…198
あちらのお客様からです。……184	あの、すみませんが。……277
あちらの店ではもっと安かったけど。……132	あの席でお願いします。……102
あっ、今の反則じゃない？……177	あの先生、かっこいいよね。…270
あった、あった！……142	あの、〜先輩！……277
あっちのレジがすいてるね。…285	あのドラマのロケ地に行ってみたーい！……98
アップデートしなきゃ。……391	あの人が気になってしかたないの。……322
アップロードに失敗しました。403	あの人が憎いです。……233
あと1週間あればなあ…。……318	あの人、また留年らしい…。…271
あと5分、寝かせて。……258	あの人、ミンホさんばっかりひいきするよね。……274
あと10分しかありません。……318	あの二重まぶたは整形かしら…？……221
あとでメールくださいね。……394	あの世で一緒になろう。……340
アトピーがあるんです。……151	あの、若い（未婚）女性！……277
アドレス教えて。……394	あの、若い（未婚）男性！……277
あなたが私の人生を台無しにしたのよ。……237	あはは。……53
あなたなしでは一日も生きていけない。……233	狎鴎亭へ行こうよ。……334
あなたなんて大嫌い！……343	甘いものがとてもおいしいですね。……209
あなたのせいじゃないよ。……58	甘皮の処理をお願いします。…165
あなたはいつもそうよ。……344	甘すぎです。……115
あなたへ走って行きたい。……231	あまりおいしくないですね。…114
あの、お客様！……277	あまり辛くしないでください。…106
あの、おじさん！……277	あまり飲めなくて…。……185
あの、おばさん（既婚）！……277	網を替えてください。……111
あの、おまわりさん！……277	

409

あら、1対のごきぶりみたいです。
............................357
あら、うっかりしていた。 ……234
あらためて電話をさしあげます。
............................281
ありえない！ 54
ありがとうございます。 ……40
ありがとね！ 40
あれください。 130
あれは誰ですか？ 48
あれ、もしかしてユンホじゃない?!
............................186
あんなにがんばっていたのに。 …58
あんまんください。 147
あんよが上手。 366
【い】
いいえ。 46
いいえ、いません。 210
いいお尻！ 227
いい子ね。 368
いい姿で、また会いましょう。 …201
いい大学へ入れてあげなくては。
............................371
いいです。 46
「いいね！」をありがとうございます。
............................397
いい話だね。 291
いい夢見てね！ 304
言い訳しようもありません。 ……43

言うこと聞かないと追い出すぞ！
............................372
家の中では口をききません。 358
胃が不調ですね。 154
行き方を教えてください。 ……95
いくらですか？ 48
行け〜！ 176
居酒屋で一杯飲みましょう！ …181
いじめられています。 269
慰謝料はもらえなかったの。 …361
急いで！ 262
急いでくれませんか？ 82
痛いところはない？ 381
痛くないように優しくしてください。
............................157
いただきます。 110
1号線ですよ。 87
1時間いくらですか？ 178
1時です。 316
いちずです。 327
一度だけ許してくれ。 341
1日延泊したいのですが。 ……77
一日疲れました。 283
一番小さいサイズください。 …119
一番近くのコンビニはどこですか？
............................146
1枚だけでもなんとかなりませんか？
............................195
1万ウォンしかありません。 …132

あ

1万ウォンでいいですよ。………**125**
1名です。………………………**100**
いつごろいい人に出会えますか？
　………………………………**168**
1歳のお誕生日おめでとうございます。………………………**312**
一緒にいるとむしろ疲れる。…**347**
行ってきます。………………**264**
いつですか？……………………**48**
いつでも言ってくださいね。…**59**
行ってらっしゃい。……**206, 264**
一杯、どうぞ。………………**184**
いつ引っ越し祝いをしますか？…**309**
いつも○○！…………………**203**
いつもお世話になっております。
　………………………………**278**
いつも素敵ですね。……………**56**
いとおしいあなた。…………**231**
いのしし (豚) 年です。…………**61**
いびきがうるさい！…………**305**
今、炒めものをしているから手が離せない。…………………**287**
今、韓国で注目されてる歌手は誰ですか？……………………**143**
今来たばかりだよ。…………**333**
今、起動中です。………………**388**
今ごろ、リハーサルしていると思うよ。…………………………**196**
今すぐ会いに来て。…………**335**

今付き合っている人と結婚してもいいでしょうか？……………**168**
今どこですか？………………**332**
今、どっちが勝ってますか？…**177**
今、どんなドラマを撮影中ですか？
　………………………………**212**
今、何時ですか？………**48, 316**
今何て言った？………………**234**
今、荷造り中です。…………**377**
(父母に) 今までお世話になりました。……………………………**355**
イメージを少し変えてみたいんです。……………………………**162**
いや、酒臭い。………………**282**
いや、高すぎですよー。……**132**
嫌です。…………………………**47**
いらいらする！…………………**55**
いらっしゃいませ！…………**101**
色あせた記憶の中にいつも君がいる。……………………………**233**
色違いはありませんか？……**139**
仁寺洞です。……………………**94**
仁寺洞へ行こうよ。…………**334**
仁寺洞へ行ってください。……**80**
飲食街はどこですか？………**135**
インストールに失敗しました。…**403**
インターネットで調べてください。
　………………………………**392**

インターネットで予約したんですが…。	195
インターネットにつながりません。	405
インターネットをしたいのですが。	392

【う】

ウイスキーください。	72
ウイスキー、ロックでください。	182
ウイルス対策ソフトをインストールしたいです。	404
ウイルスに感染してしまいました。	402
ううっ、苦いです。	115
ううっ、まずい。	114
ウーロン茶ください。	106
ううん。	46
う〜ん、極楽〜！	157
ウェットティッシュください。	109
ウオーキングダイエット中です。	299
ウオーキングにはまっています。	300
うかない顔してるね。	290
受付終了しました。	195
うそ！	45
うそをついてはいけないよ。	371
歌がじょうずですね。	57
歌番組を観覧したいなあ。	174
歌、ビッグヒット！	202
歌を知っている方は一緒に歌ってください。	201
うちは放任主義かなあ。	370
うっ、気もち悪い…。	183
うぶ毛もそってもらえますか？	151
うまくいきません。	273
生まれ変わった気分！	223
恨んでもかまわないよ。	349
うれしいです。	53
うれしくて、どうしよう。	52
浮気してないよ。	339
浮気してるでしょう？	338
浮気しないで、待っていますね。	206
浮気しました。	339
うん。	46
うんうん。	44
ウンジョンさんはいますか？	279
運転手さん、江南駅には行きますか？	84
運転手さん、トランクを開けてください。	81
運転手さん！私、降ります！	85

【え】

エアコンが調節できません。	78
エアコン効きすぎてない？	292
エアロビクスにはまっています。	301

英語でお願いします。 ……………51
英語は苦手です。 ………………267
A病棟はどこですか？ …………380
え〜、誤審だよ〜。 ……………177
駅で待ち合わせしましょう。 …332
駅の中にトイレはありますか？ …88
駅はどこですか？ ………………91
えくぼがチャームポイントです。
　………………………………220
SNSがきっかけで再会したよ。 …399
SNS全部やめよう。 ……………399
Sラインです。 …………………227
閲覧者数が増えました。 ………401
エプロンください。 ……………109
MT行こう！ ……………………269
選んで、選んで！ ………………131
エレベーターはどこですか？ ……88
演じた役には共感できますか？ …212
延長をお願いしまーす。 ………179
円で払ってもいいですか？ ……133
円は使えますか？ ………………75
円もチップに交換してもらえます
　か？ ………………………188

【お】
お会いできてうれしいです。 ……36
おいしそう！ ……………………111
おい、誰かおらんか？ …………238
オイルマッサージをお願いします。
　………………………………151

オーガニックコスメを探してるんで
　すが。 ………………………137
大きくなったらパパと結婚しようね。
　………………………………369
オークションで落札しました。 …393
オーラがすごい！ ………………216
お帰りなさい。 …………………282
おかゆを食べたいです。 ………105
お変わりありませんでしたか？ …37
おかわり、くださーい。 ………183
お気に入りの場所はどこですか？
　………………………………209
お気を付けて。 …………………39
奥さんと別れてよ。 ……………340
お口直しのガムをどうぞ。 ……125
遅れてごめんなさい。 …………333
遅れてすみません。 ……………43
お元気で。 ………………………39
お先にお風呂いただきます。 …302
お先に失礼します。 ……………273
お酒はありませんか？ …………147
お酒は飲めますか？ ………101, 178
惜しい人を亡くしました。 ……314
教えてください。 ………………50
おしっこしたか見よう。 ………367
おしぼりください。 ……………109
おしゃれなエリアはどこですか？
　………………………………98
お受験させたいです。 …………370

おすすめのエステサロンを教えてください。……150
おすすめのおみやげは何ですか?……99
おすすめのサイトは?……392
おすすめの名所はどこですか?……94
お世辞がじょうずですね。……57
お世話になっております。……272
恐れ入ります。……239
穏やかな性格です。……228
落ち着けるラウンジに通してください。……187
おちょこ1つください。……108
お疲れさま。……282
お疲れさまです。……273
OKです。……46
おっしゃるとおりです。……47
夫がゲイだったんです。……361
夫が子育てに無関心で…。……370
夫の浮気が原因です。……361
オッパ、いない。……297
オッパ、最高!……202
おつまみください。……72
おつりは結構です。……83
おでんありますか?……120
おでんの汁、ください。……121
大人3,000ウォン、子ども1,500ウォンですよ。……96
大人2名です。……69
おなかがとても痛いです。……379

おなかの肉を消したいです。……223
おなかぺこぺこ!……110
同じ趣味の人をフォローしてみました。……398
同じものをください。……119
お名前は?……60
お名前を教えていただけますか?……279
お墓の購入を検討しています。……375
お墓参りに行きました。……307
お花見、行きませんか?……308
おはよう。……258
おはようございます。……36
お人好しにもほどがあるよ。……229
お姫様ショットを撮りたいな。……172
お姫様みたいですね。……225
お昼に行ってきます。……272
オプションは何がありますか?……158
お風呂が沸きました。……302
お風呂掃除めんどくさい…。……303
オペラグラス、ありますか?……199
オペラグラスのレンタルはできますか?……175
おほめに預かり大変恐縮です。……239
おまけにもう1つください。……133
おまけはありませんか?……145
お見合いで出会いました。……356
お水ください。……109
お水もください。……185

おみやげ屋さんはどこですか？ …97
おむつ取り換えましょうね。 …382
おもしろいです。 …53
表参道がとても素敵でした。 …209
おやすみ。 …304
おやすみなさい。 …304
お湯が出ないんですが。 …78
降りる時もタッチしますか？ …85
俺が君を一生守ってあげる。 …353
俺が何したって言うんだよ。 …346
俺にもチャンスをくれ。 …341
オレンジジュースください。 …72
終わりましたよ。 …157
女の勘はだませない。 …341
女の子？男の子？ …362
女の子に優しそう。 …216
おんぶしよう。 …369

【か】
カーディガンを探してます。 …138
カードもご利用いただけます。 …75
海外移住を検討しています。 …375
海外赴任が決まりました。 …275
会議中です。 …272
買い食いって楽しいな。 …121
会計してください。 …50
介護うつかもしれません。 …383
介護問題は深刻です。 …383
会社に行きたくないなあ。 …275
書いてください。 …50

ガイドブックに載っていないお店を
　教えてください。 …98
カウンター席でお願いします。 …102
帰りはちゃんと送るよ。 …335
顔が小さいです。 …219
顔がむくんでます。 …259
顔に書いてありますよ。 …295
顔のアップもお願いします …173
顔のマッサージもしてくれますか？
　…156
顔を洗わなきゃ！ …262
カカオトークやってますか？ …399
鍵のかけ方がわかりません。 …77
鍵を探してくれない？ …263
学園祭、遊びに来てね！ …269
かけ直してもらえますか？ …280
火事だ！逃げろ！ …191
加湿器はありますか？ …77
家事はやっても気付いてもらえない
　のよね。 …261
風邪薬が欲しいです。 …77
かたつむりクリームありますか？ …136
肩にかかる長さにしたいんです。
　…160
価値観が違ったんだよね。 …360
勝ちました！ …189
がっかり…。 …177
かっこいい！ …202
勝手すぎるわ。 …343

勝手に携帯を見るなよ。	339	火曜日です。	319
恰幅がいいですね。	225	辛いですね。	115
カップケーキください。	118	辛くてとても食べられません。	115
家庭内別居は快適です。	359	体がすべて筋肉ですね。	224
金縛りにあいました。	305	体に気を付けてください。	207
悲しまないで。	232	柄違いはありますか？	141
彼女、結婚したらしいよ。	294	彼、結婚したらしいよ。	294
彼女と別れないかなあ…？	325	彼は自己中のようだね。	228
彼女は甘えん坊だよね。	228	彼、ユンホに似てるよね？	327
彼女、もてるよね。	325	街路樹道です。	94
かばんがなくなりました。	190	かわいい人が好きですね。	211
かばんが破損しています！	71	かわいそうに…。	58
かばんの中を見せてください。	197	（私は）変わりないですよ。	37
かばん２つください。	130	考える時間が欲しいわ。	351
かばん３つください。	130	換金所はどこですか？	189
かばん４つください。	130	観光ツアーを申し込みたくて。	96
株式購入を検討しています。	375	韓国には初めて来ました。	60
かぼちゃに線引いたからってすいかになるの？	297	韓国の人たちの日常生活に興味があります。	98
髪が白くなるまでお幸せに。	357	韓国のりを売っている店が見つかりません。	135
髪切ったね？	293		
かみそりで切っちゃった。	302	韓国の礼儀を習ってみたいです。	171
髪の毛が入っています。	126		
髪をアップにしたいんです。	163	韓国へお嫁に行きます。	354
髪を切ってください。	162	韓国らしいおみやげにしたいな。	144
かめません。	114		
カメラは持ち込めません。	197	韓国料理を作ってみたいです。	170
仮想夫婦になってから、けんかが減ったわ。	359	頑固ですね。	229
		韓紙工芸を習ってみたいです。	171

かき

韓紙を探してます。 … 141
韓定食を食べたいです。 … 105
乾電池ください。 … 147
感動的ですね。 … 53
感動の嵐でした。 … 205
江南に行きたいです。 … 87
江南へ行こうよ。 … 334
乾杯！ … 110
がんばれ！ … 176
韓服に似合うヘアスタイルは何ですか？ … 163
韓服の着付けを習ってみたいです。 … 171
韓方の風邪薬はありませんか？ … 148
還暦祝いに一緒に行きませんか？ … 313

【き】
聞いてよ、聞いてよ。 … 290
キーパーがいるからゴールが入らないの？ … 331
気おくれしちゃって…。 … 295
気が付くと、彼女ばかり見てるんだ。 … 326
期間限定で無料だって！ … 391
貴公子みたいです。 … 217
傷跡を消したいです。 … 223
キスして。 … 336
几帳面だといわれます。 … 229
喫煙所はどこですか？ … 95
喫煙席でお願いします。 … 102
ぎっくり腰で…。 … 378
切ってください。 … 111
きっと後悔すると思う。 … 351
きっと幸せにしますから。 … 330
切符を落としちゃいました。 … 88
起動しません。 … 405
機内に忘れ物をしてしまったんですが…。 … 71
気になりすぎて胸が痛いです。 … 324
きのうから気もちが悪くて…。 … 149
厳しく育てるつもりです。 … 370
（感情的な）気分悪いです。 … 55
基本コースには何が含まれますか？ … 156
基本的な流れを教えてください。 … 158
君と別れたくない。 … 350
君のために僕は命をささげるよ。 … 353
君、ばかなの？ なんで言えないの？ … 236
君は知らなくてもいいよ。 … 234
君は僕を好きになる。 … 230
君、僕のこと好き？ … 331
君を忘れないよ。 … 349
キムチを作ってみたいです。 … 170
キム・テヒと同じ髪形にしてください。 … 162

気もちいいです。……………152
気もちはうれしいけど…。……329
気もちを伝えたいな。……328
きゃしゃですね。……………225
キャンセルできますか？……111
救急車を呼んでください。……379
急上昇中の検索ワードです。……392
宮廷料理を食たいです。……105
急用ってなに？……………234
きゅうりパックをお願いします。…151
教育ママと呼ばれています。……370
きょう限りにしないか？……348
強制終了します。……………388
享年82歳です。……………315
きょうのDJって誰？……187
きょうのライブ、ファイト！……204
きょうは暖かったね！……292
きょうは帰らせたくない。……336
きょうは金曜日でしたっけ？……319
きょうは生理中だからだめ。……336
きょうは祖母の付き添いです。……382
きょうはとくに混雑してる。……265
きょうは何かの記念日ですか？…309
きょうは何月何日ですか？……318
きょうは何曜日ですか？……319
きょうは鼻がねじれるまで飲んでみよう。……………………237
きょうは僕に任せて。……334
きょう、晩ご飯は家で食べる？…265

興味ありません。……………57
きょうも残業です。……………275
きょうも死体遊びしたの？……297
巨乳ですね！………………227
景福宮です。………………94
起立！礼！…………………266
きれいな顔ですね。……………220
気を付けてくださいね。………59
気を付けてね！……………264
禁煙室をお願いします。………68
禁煙席でお願いします。………102
謹賀新年。…………………306
緊張して声をかけられません。…324
筋トレにはまっています。……301
金浦空港駅までいくらですか？…86

【く】

空気読んで。なんでそんなことするの？………………………237
腐ってるような気がします。……115
9時です。…………………316
くしゃみが止まりません。……379
くせになりそう！……………189
口が耳にかかりました。………52
口の中でさらりと溶けますね。…117
唇が最高！キスされたい！……221
靴下が見つからないよ！……262
靴下を探してます。……………138
グッズはどこで買えますか？……198
口説かないでください。………331

首を長くして待っていました。…207
（濡れ衣を着せられて）悔しいです。
………………………………………54
クラウドって便利ですね。………390
グラデーションにしたいんです。
………………………………………161
狂っちゃいそう…。………………55
車に気を付けて。…………………264
車酔いしそう…。……………………83
グルメスポットに連れて行ってください。………………………………98
クレジットカードで払ってもいいですか？…………………………124
クレジットカードも使えますか？…133

【け】
警察署はどこですか？……………91
警察を呼んでください。…………191
計算が合わないんですが。………125
携帯を忘れちゃったんです…。…386
K-POP ダンスを習ってみたいです。
………………………………………171
けがしないでください。…………206
けしからん。………………………239
景色のいい部屋は空いてますか？…68
消そうとしても消せない。………233
結婚おめでとう。…………………355
結婚記念日にもらった指輪です。
………………………………………312
結婚してください。………………352

結婚なんて、みんなこんなものよね。………………………………359
結婚20周年ですね。………………312
結婚指輪を見せて！………………356
月曜日です。………………………319
下痢止め薬はありますか？………148
元気出してくださいね。…………381
元気だった？…………………………37
元気です。……………………………37
元気な赤ちゃんを産んでね。……363
現金だと安くなりますか？………133
健康が一番です。…………………368
限定版はありませんか？…………142
現品なんだから安くなりますよね？
………………………………………133

【こ】
恋人はいますか？…………………210
恋人はいるのかな？………………325
更衣室はどこですか？……………159
合格おめでとうございます。……311
紅茶ください。………………………72
交通カードがないんですが…。……85
交通カードください。……………147
皇帝ダイエット中です。…………299
ご栄転おめでとうございます。…311
声が聴きたいなあ。………………323
コーヒーください。…………………72
コーラください。……………………72
氷は入れないでください。………119

ゴールが決まった！……176	ご昇進おめでとうございます。…311
小顔にしました。……222	腰をさすりましょうね。……381
小柄でかわいいですね。……225	ご進学おめでとうございます。…311
告白しちゃいなよ。……328	故人の冥福をお祈りします。…314
告別式を執り行います。……315	個性的な顔ですね。……220
ご結婚おめでとうございます。…310	小銭がありません。……85
ここ、お会計お願いします。…124	小銭、出せますよ。……285
ここから何分くらい歩きますか？…93	小銭にくずしてくれませんか？…125
午後5時半です。……317	午前7時40分です。……317
ここ、ちょっとうるさいね。……187	ご卒業おめでとうございます。…310
ここで飲んでもいいですか？……148	戸建ての購入を検討しています。
ここで待っていてはいけません。	……374
……205	ごちそうさまでした。……111
ここ、電波が悪いなあ。……386	コチュジャンください。……108
ここに署名してください。……75	こちらが先に注文しましたが。…127
ここの特産品は何ですか？……144	骨格矯正をやりたいです。……151
ここはどこですか？……91	こっちへ来い。……238
ここは何が有名ですか？……95	こっち向いて！……204
ここはWi-Fiつながりますか？…392	小道具は何がありますか？……173
心からお悔やみを申し上げます。	今年の金運はいかがですか？……167
……314	今年の結婚運はいかがですか？…166
5歳くらい若返ったみたい！……152	今年の健康運はいかがですか？…166
腰が痛みます。……150	今年の仕事運はいかがですか？…167
個室でお願いします。……103	今年の全体運はいかがですか？…167
5時です。……316	今年の恋愛運はいかがですか？…166
ご祝儀はどこに出せばいいですか？	今年もブラックデーに参加するのか
……357	なあ…。……308
ご自由にしてください。……51	子どもがかわいそうだから一緒にい
ご出産おめでとうございます。…310	るの。……358

こ

子ども連れでもお見舞いに行けますか？……380
子ども連れでも大丈夫ですか？…101
子どもに人気がありそうですね。……216
子どもは欲しくないけどいい？…353
子ども用はありますか？………107
子ども用メニューください。……106
断られたらどうしよう？…………328
こないだ、頭にくることがあったの。……289
こないだ、いいことがあったの。……288
こないだ、おかしいことがあったの。……288
こないだ、おもしろいことがあったの。……288
こないだ、悔しいことがあったの。……288
こないだ、困ったことがあったの。……288
こないだ、怖いことがあったの。……289
こないだ、信じられないことがあったの。……289
こないだ、すごいことがあったの。……289
こないだ、腹が立つことがあったの。……289

こないだ、びっくりすることがあったの。……289
こないだ、変なことがあったの。……289
こないだ、珍しいことがあったの。……289
ご入学おめでとうございます。…310
ご入賞おめでとうございます。…311
5年前より8キロ太りました。…298
この間のお返しです。……………295
このアルバムは売り切れですか？……143
この歌が入っているアルバムを探してるんですが。……142
この男、ほしい！……………………202
この歌手のアルバム、ありますか？……142
この壁紙、かわいくないですか？……390
このキーボード、使いやすい。 388
この子は水に溺れたら口だけ浮くだろう。……297
このコメント、うける。…………397
この雑誌は売り切れですか？……143
この写真集は売り切れですか？…143
この写真のようにしたいんです。……162
この席はどこですか？……………73
このセットください。……………119

421

この度はご愁傷さまです。……314
この地域の代表的な食べ物は何ですか？……99
この地図だと、どの辺ですか？…92
この動画がおもしろいんです。…393
このパン、もちもちしてるね。…116
この豚。……296
このブランドは取り扱ってますか？……137
このブログ、写真がきれいですね。……401
このページ、探しにくいなあ。…393
この本は売り切れですか？……143
この店のおすすめは？……106
この道で合ってますよね？……92
このモデルの髪形にしたいんです。……160
この問題、わかる人？……267
この焼き鳥、こりこりしてる。…117
この料理は頼んでいません。…126
ご飯、食べた？……37
コピーを5部、とってください。……272
こぼしちゃった。……293
ごみ、捨てなくちゃ。……260
ごみ箱を空にしてください。…389
ごめん。……345
コメントありがとうございます。……400

ごめんなさい。……42
これが住所です。……81
これからお酒でも飲まない？…330
これから麺をゆでます。……287
これ、機内に持ち込めますか？…70
これください。……130
これ、下げてください。……111
これ、ダウンロードしていいですか？……388
これだけで十分ですよ。……41
これっぽちの月給では生活が難しいです。……275
これと同じ色が欲しいんです。…137
これはいくらですか？……131
これは折り畳み傘です。……67
これはガイドブックです。……67
これはカメラです。……66
これは化粧ポーチです。……66
これは財布です。……67
これは充電器です。……66
これは常備薬です。……67
これはショーツです。……66
これは食べていません。……126
これはティッシュです。……66
これは手鏡です。……67
これは手帳です。……67
これはどうやって食べますか？…110
これは何に使う物ですか？……134
これは何ですか？……48

こ さ

これは何のクリームですか？……**136**
これはパスポートです。……………**67**
これはハンカチです。……………**67**
これはばんそうこうです。………**66**
これはブラジャーです。…………**66**
これ、まだ内緒ですよ。…………**291**
怖い夢、見ませんように。………**304**
小分けになっているインスタント
　ラーメンはありますか？………**145**
小分けになっている韓国のりはあり
　ますか？…………………………**145**
小分けになっているキムチはありま
　すか？……………………………**145**
小分けになっている緑茶はあります
　か？………………………………**145**
小分けの袋をください。…………**141**
壊れないように包んでください。
　……………………………………**140**
婚姻届を出しました。……………**354**
今回だけ許すよ。……………………**43**
コンクールで賞をとりました。…**268**
コンサート、とてもよかったです。
　……………………………………**205**
コンジゴンジ………………………**366**
混んでるのでここで降ろしてくださ
　い。…………………………………**83**
今度、同窓会があります。………**294**
今度の週末、どこへ行こうか？…**293**
今度は私がおごりますね。…………**41**

こんな形で終わるなんて嫌だ。…**351**
こんな修羅場、耐えられない。…**340**
こんにちは。…………………**36, 278**
コンビニに寄って帰ります。……**283**

【さ】

サーバーがダウンしたみたい。…**393**
再起動してください。……………**388**
最近、お母さんのこともわからない
　んです。…………………………**383**
最近、音楽にはまってます。……**291**
最近、彼が怪しいのよ。…………**338**
最近、化粧にはまってます。……**291**
最近、更新が滞っているなあ。…**401**
最近、ツイートやめました。……**398**
最近、ツイてるんです。…………**291**
最近、どう？………………………**290**
最近、物騒な事件が多いですね。
　……………………………………**294**
最近、料理にはまってます。……**291**
最近、歴史にはまってます。……**291**
最高！………………………………**203**
最後の曲です。……………………**201**
再婚します。………………………**361**
最新の髪形にしたいんです。……**160**
最前列だ！…………………………**197**
最大何人まで予約できますか？…**194**
最低ね。……………………………**343**
サイトのURLを送ってください。
　……………………………………**393**

| 財布を盗まれたみたいです。……190
| 材料費は別にかかりますか？……171
| サインしてください！……204
| サインを眺められる席でお願いします。……103
| 削除してください。……389
| 叫べ！……201
| 刺身を食べたいです。……105
| 誘われちゃった♡……187
| さっき、支払いましたよ。……127
| 砂糖とミルクはいりません。……119
| （孤独な）寂しいです。……54
| 寂しがり屋さんに見える。……217
| 寒い。……296
| 寒いから手袋はめてね。……263
| 寒いから帽子かぶってね。……263
| 寒いからマスクしてね。……263
| 寒いからマフラーしてね。……263
| サムギョプサルを食べたいです。……104
| 参鶏湯を食べたいです。……104
| さようなら。……38
| さよなら。……350
| 触ってもいいですか？……51
| 3か月間勉強しました。……318
| 3月1日です。……319
| サンキュー！……40
| サングラスを外してください。……205

産後の養生をよくしなければなりません。……365
3時15分前です。……317
3時です。……316
35ページを開いて。……268
30分だけ時間をください。……318
算数は苦手です。……267
3人で割るといくらですか？……125
サンプルを見せてください。……164
3名です。……100

【し】

幸せです。……53
幸せに暮らそう。……352
幸せになってね。……349
CC.で私にも送ってください。……395
ジーンズを探してます。……138
しおりを探してます。……141
次回作はいつごろ発売予定ですか？……213
時間延長も可能ですか？……155
時間があまりないんですが。……164
時間がないからシャワーだけにします。……303
仕事がたまっています。……273
試食してもいいですか？……135
静かな席でお願いします。……103
静かにしてもらえませんか？……153
静かに座っていなさい。……373
自然分娩です。……365

さ

○○時代！ …………………… 203
自体発光○○！ ……………… 202
舌が曲がったね。 …………… 297
舌を見せてください。 ……… 149
7月10日です。 ……………… 319
7時です。 …………………… 316
試着してみてもいいですか？ … 139
視聴できますか？ …………… 142
しつこいですね！ …………… 190
しつこくしないで。 ………… 331
しっとりしたケーキだね。 … 117
実年齢より若く見えます。 … 217
実は暴力を受けたの。 ……… 347
失礼いたします。 …………… 280
失礼ですが、年齢をお尋ねしてもいいですか？ ……………… 61
死に値する罪を犯しました。 … 239
死ぬ時も一緒だよ。 ………… 352
しばらく距離を置きましょう。 … 349
しばらくはシングルを楽しみましょ。
……………………………… 361
ジフンさんの恋人は幸せですね。
……………………………… 56
しまった！定期を落とした。 … 265
しみとしわで悩んでいます。 … 150
しみを消したいです。 ……… 223
ジム通いにはまっています。 … 300
しめにご飯を炒めてください。 … 107
じゃあ、買います。 ………… 133

じゃあね！ …………………… 38
じゃあ、またあしたね。 …… 283
じゃあ、またあとで来ますね。 … 134
しゃきしゃきしておいしいね。 … 116
写真撮ってもいいですか？ … 97
写真の修整もOKですか？ … 173
写真は何枚、撮ってもらえますか？
……………………………… 172
しゃっくりが止まらない。 … 295
じゃ、電話切るね。 ………… 281
社内恋愛は禁止です。 ……… 273
写メ撮って！ ………………… 386
11時です。 …………………… 316
10月23日です。 ……………… 319
10時です。 …………………… 316
就職活動、不安だなあ。 …… 271
充電が切れちゃった！ ……… 386
終電逃しちゃった…。 ……… 283
12時です。 …………………… 316
12番の人〜!! ………………… 157
18歳以上です。パスポートも持ってますよ。 …………………… 186
週末は暑くなるそうです。 … 292
週末は寒くなるそうです。 … 292
週末は涼しくなるそうです。 … 292
週末は蒸し暑くなるそうです。 … 292
十里も行けなくて足病になる。 … 351
授業を始めます！ …………… 266
塾の送り迎えが大変！ ……… 371

425

手術したことがわかりますか？	223	知らない！	343
10回たたいて折れない木はないよ。	331	尻に敷かれるなよ！	356
		しわ取りをしました。	222
出産おめでとうございます！	365	しわを消したいです。	223
出張が決まりました。	275	人格教育が重要です。	373
出発ゲートはどこですか？	70	親権は私にあります。	361
種類はこれだけですか？	145	新婚旅行はどこへ行きますか？	356
しょうがないですよ。	58	新車を検討しています。	374
滋養強壮ドリンクを探しています。	148	人生はそんなものね。	237
		心臓が不調ですね。	154
正午です。	317	腎臓が不調ですね。	154
昇進おめでとうございます！	274	陣痛が長く続きました。	364
招待されていないのですが。	313	深夜割増しの時間帯ですか？	81
商談成立です。	274	親友と同じ人を好きになっちゃった。	322
焼酎1本ください。	182		
焼酎店で一杯飲みましょう！	180	ジンライムをください。	184
小腸が不調ですね。	154	新郎の足裏をたたかなくちゃいけないのに。	357
衝動買いしそう！	140		
賞味期限はいつまでですか？	145	**【す】**	
（しょうゆ味の）薬味ください。	108	水泳にはまっています。	301
しょうゆください。	108	水泳部に入りたいです。	269
賞をつかわす。	239	すいかのファチェください。	118
ショートにしたいんです。	160	吹奏楽部に入りたいです。	269
食事されましたか？	37	水曜日です。	319
食事はどこでとりますか？	357	スープはあつあつに限るね。	116
女性スタッフに頼めますか？	151	末永くお幸せに。	355
除隊、おめでとう。	207	スカート風が強いです。	371
食器洗いしなきゃ！	260	スカートを探してます。	138
白髪を染めたいです。	163	好きすぎて嫌い…。	327

好きです。	328
好きな日本料理は何ですか？	208
好きな人ができたの。	348
好きな人の夢を見ました。	325
好きになったみたい。	322
少なめにできますか？	107
すぐに記憶も戻るわ。	237
すぐに退院できますよ。	381
すぐに召し上がりますか？	122
すぐはがれてしまいました。	165
すごい寝ぐせ！	259
すごい迫力！	175
すごいいよ。	337
少しお待ちください。	279
少し考えさせてください。	329
スタイルが健康的ですね。	224
スタイル抜群ですね。	224
スタントマンは使っていません。	213
頭痛がします。	379
ずっと一緒にいたいです。	322
ずっと片思いです。	322
ずっと並んでいたんです。	197
すっぱ〜い！	115
ステージ、大きいね！	199
素敵な俳優さんです。	220
ストーンは1粒いくらですか？	164
スパム業者の釣りに引っかかってはいけません。	399
すばらしいですね。	45
スプーンください。	109
すべすべ	157
すまなかった。	345
すみません。	42
すみません。降ります。	89
すみません、課長！	276
すみません、次長！	276
すみません、社長！	276
すみません、主任！	276
すみません、常務！	276
すみません、専務！	276
すみません、代理！	276
すみません、ちょっと道を教えてください。	92
すみません、部長！	276
すみません、間違えました。	281
スリッパは必要ですか？	380
ずるずると音を立てて食べないで。	117
座って食べられますか？	121
スンウさんはお休みです。	266
スンデありますか？	120

【せ】

聖恩の大きさは計り知れません。	238
性格がよさそうです。	216
性格の不一致かな？	360
生活感がないですね。	217

税関申告書はどう書けばいいです
　か？ …………………………… **73**
誠実な人ですね。 ……………… **229**
生年月日を教えてください。 … **168**
生命保険の加入を検討しています。
　………………………………… **374**
西洋的な顔ですね。 …………… **220**
生理用品は置いてますか？ …… **146**
世界遺産を見たいんですが。 …… **95**
席替えしまーす。 ……………… **268**
せきが出てのどが痛いです。 … **378**
席はどこかしら？ ……………… **197**
赤飯がもちもちしてて、おいしいで
　す。 …………………………… **116**
セクシーです。 ………………… **202**
せっかちだなあ。 ……………… **229**
石こうパックをお願いします。 … **151**
接戦ですね。 …………………… **177**
設定に失敗しました。 ………… **403**
背中が広いです。 ……………… **226**
背中を流しましょうか？ ……… **303**
線が細〜い。 …………………… **226**
1970年もののワインをください。
　………………………………… **184**
1982年1月13日です。 ……… **168**
千切りにしてくれる？ ………… **286**
先月、引っ越しました。 ……… **294**
先生、質問があります。 ……… **266**
先生のおかげです。 ……………… **41**

「先生の日」にカーネーションを贈り
　ましょう。 …………………… **309**
洗濯しなきゃ！ ………………… **260**
先着順だって。 ………………… **194**
全部でおいくらですか？ ……… **130**
全部で何分かかりますか？ …… **172**

【そ】

そう？ ……………………………… **44**
そういうことは結婚してからにした
　いの。 ………………………… **336**
そうざいがお買い得！ ………… **284**
掃除しなきゃ！ ………………… **260**
そうだったの？ ………………… **367**
そうです、そうです。 ………… **169**
そうね。 ………………………… **350**
ソウル駅に行きたいです。 ……… **87**
ソウル大学とコンパだって〜！ … **270**
そこの男子、うるさい！ ……… **268**
そこは触らないでください。 … **153**
そちら焼き肉レストランですよね？
　………………………………… **281**
そっとキスしてくれた君。 …… **230**
卒論、間に合わないよー！ …… **271**
外がうるさいですね。 ………… **294**
外ではいい夫なんだけど…。 … **358**
そのスタンプおもしろいね。 … **399**
そのネイル、ユジンさんらしいです
　ね。 ……………………………… **56**
その待ち受け画面いいね。 …… **386**

その店は反対側にあります。 …… **92**	太陽が昇る。 …… **230**
そばかすを消したいです。 …… **223**	体力がだいぶ落ちました。 …… **293**
ソヒのアカウント、見つけました。 …… **398**	タオル、もう1枚ください。 …… **158**
ソルティードッグをください。 …… **184**	タオルを1枚持ってきてくれませんか？ …… **76**
それください。 …… **130**	高いですね。安くなりませんか？ …… **81**
それで、それで？ …… **45**	互いのことに関心がもてないんです。 …… **358**
それ、何だったっけ？ …… **234**	高橋と申します。 …… **278**
それ、何のアプリですか？ …… **391**	たくさんあって迷いますね。 …… **140**
それは誤解だよ。 …… **345**	たくさんください。 …… **109**
それはセクハラです。 …… **274**	たくさんサービスしてくださいね。 …… **178**
それは違う気がします…。 …… **169**	たくさんサンプルをくださいね。 …… **137**
それはちょっと…。 …… **47**	
そろそろ部屋を片付けないと…。 …… **261**	タグ付けしてもいい？ …… **396**
そんなに見つめないで。 …… **336**	たくましい腕！ …… **226**
【た】	丈を短くできますか？ …… **139**
ダイエットは口だけでします。 …… **299**	たこ焼きありますか？ …… **120**
ダイエットは三日坊主ですね。 …… **299**	助けて！ …… **191**
大根、売り切れてる…。 …… **284**	ただいま〜。 …… **282**
体脂肪率20％が目標です。 …… **298**	ただいま帰りました。 …… **282**
大丈夫！ …… **59**	たったそれだけの人だったのね？ …… **236**
大丈夫です。 …… **46**	楽しみです。 …… **53**
大腸が不調ですね。 …… **154**	頼んだコースと違います。 …… **153**
大変お世話になりました。 …… **40**	たばこ、吸えますか？ …… **51**
大変だと思いますが、がんばってください。 …… **206**	食べちゃいたいくらい好き！ …… **335**
代返よろしく！ …… **270**	
たい焼きありますか？ …… **120**	

食べながらテレビは見ないようにね。 ……………………………371
食べ物を口に入れて話すんじゃないよ。 …………………………373
卵アレルギーなんです。 ………107
タメ口で話してください。 ……61
単位落としそう。 ………………271
断食ダイエット中です。 ………299
誕生日おめでとう。 ……………312
単色にしたいんです。 …………161
単身赴任が決まりました。 ……275
ダンスが超いいらしいよ。 ……174
男性用もありますか？ …………173
短髪もよく似合います。 ………206
タンバリン、貸してください。 …179

【ち】
済州島の漢拏山です。 ……………94
チェックアウトは何時ですか？ ……74
チェックアウトをお願いします。 …75
チェックインをしたいのですが。 …74
チェックにしたいんです。 ……161
チェボムさんのブログが好きです。 …………………………401
チェムジェム …………………366
違います。 ………………………47
近道でお願いしますね。 …………82
チケット売り場はどこですか？ …194
チゲを食べたいです。 …………105
遅刻だ！ …………………………259

父親似だね。 ……………………368
父の介護をしています。 ………382
チマチョゴリを着たいんです。 …172
着信拒否されてるのかな？ ……387
チャジャンジャジャン私たちの赤ちゃん。 ………………………369
昌徳宮へ行ってください。 ………80
ちゃんと避妊してね。 …………337
チャンミンの写真集を探しています。 ……………………………143
チャンミンも食べたメニューはどれですか？ ……………………106
チュー！ …………………………367
中学受験を検討しています。 …375
中絶してくれないか？ …………363
中火にしてくれる？ ……………286
注文した料理が来ません。 ……126
超過料金はかからないはずです。 …………………………………79
朝食付きですか？ ………………69
朝食はどこで食べられますか？ …76
朝礼を始めます。 ………………272
ちょっと痛い。 …………………337
ちょっと痛いですね。 …………155
ちょっと大きいみたい。 ………139
ちょっと、押さないでください。 ……………………………………196
ちょっと踊らない？ ……………187
ちょっと考えさせて。 …………353

ちょっと寒いです。	152
ちょっとしみます。	165
ちょっと、誰とメールしてるの？	338
ちょっとの間、荷物を見ていてください。	77
ちょっと話があるの。	290
ちょっと休まない？	93
チョンセです。	377
鍾路1街で降りたいんですが。	84
ちらしに出ていた目玉商品はどこですか？	284

【つ】

追加で文化体験をしたいなあ。	99
着いたらメールするね。	332
ツイッター、フォローしたよ。	397
ツインルームをお願いします。	68
通路側の席でお願いします。	71
疲れが吹っ飛ぶなあ！	302
付き合ってください。	329
月ぎめです。	377
次は明洞です。	89
作って、持って帰れますか？	170
妻にばれたよ。	348
つまらない！	57
爪が割れちゃったんです…。	165
冷たい性格です。	228
強火にしてくれる？	286
つわりがひどくて…。	363

【て】

出会うのが遅かっただけ。	340
Tシャツを探してます。	138
帝王切開でした。	365
Tマネーで払ってもいいですか？	146
Tマネーをチャージしたいんですが。	146
Tマネーをチャージする方法を教えてください。	88
大元ホテルへ行ってください。	80
データが飛んでしまいました。	402
データはもらえますか？	173
デートしたい！	334
テーブル席でお願いします。	102
テーブルで会計してもいいですか？	124
できあがるのはいつですか？	173
できちゃった婚です。	362
できますよ。	156
デコルテ美人ですね。	227
デザートは別腹だよね。	121
テジクッパですよ。	99
手伝ってください。	50
テッチ！	367
徹夜しました。	259
テニス部に入りたいです。	269
手に水を付けない日がありません。	261

では、失礼します。	280
手袋を探してます。	138
出前もできますか？	123
出戻りで〜す。	360
でも、みんながんばったね。	177
胎夢は見ましたか？	363
テラス席でお願いします。	103
テレビで見るより細いですね。	217
手をつなぎたいな。	334
○○天下	203
殿下、事情を推し量ってください。	238
電気がつきません。	78
転勤が決まりました。	275
天国で見守っていらっしゃると思います。	315
伝言をお願いします。	279
電車の切符はどこで買いますか？	86
天上の声！	202
転職を考えています。	275
伝統居酒屋で一杯飲みましょう！	180
伝統家屋には泊まれるんですか？	99
伝統食を食べたいです。	105
添付ファイルには気を付けて。	404
天ぷらありますか？	120
電話がつながらない！	195
電話した？	235
電話で予約したはずですよ。	127
電話番号は何番ですか？	49
電話番号を申し上げます。	279

【と】

ドアが閉まります。	89
トイレ掃除しますね。	261
トイレに行きたいんですが…。	95
トイレに付いてこい！	296
トイレの水が流れません。	78
トイレはどこですか？	48, 91
動画をアップロードしました。	389
同感だよ。	45
同期しておこうっと。	390
同期に失敗しました。	403
陶器を探してます。	141
どうしよう、すみません…。	41
どうしよう！とても緊張します。	198
投資を検討しています。	375
どうすれば運勢がよくなりますか？	169
どうぞ、ここに座ってください。	85
とうとう除隊ですね。	207
とうとうプロポーズを引き出したわ！	353
どう？派手すぎない？	139
どうやって日本語を勉強しましたか？	209

通り過ぎてしまったみたい。……**93**	友達申請するね。……………**396**
どきどきしてます。……………**198**	友達のままでいましょう。……**329**
ときめくのはあなたのせいだもの。	友達のリクエストは何だっけ？…**145**
………………………………………**231**	ドライヤーから熱風が出てきません。
独特な顔ですね。………………**220**	………………………………………**79**
とくに肩こりがひどくて…。…**150**	取扱注意のステッカーを貼ってくだ
とくに生ビールが最高です。…**209**	さい。……………………………**70**
どこでインターネットができます	取り皿ください。………………**109**
か？………………………………**76**	トリドリッカックン……………**366**
どこで乗り換えますか？………**86**	どれぐらい愛している？………**335**
どこにタッチすればいいですか？	ドレスコードはありますか？……**186**
………………………………………**85**	どれにしますか？………………**161**
どこまで行きますか？…………**80**	どれほど傷心が大きいでしょうか。
どこもベッドの空きがありません。	………………………………………**315**
………………………………………**383**	どれほど待ったかわかる？……**333**
年上の人を敬いなさい。………**372**	どろぼう！………………………**191**
年取ったみたい。一日がとても早	東大門市場はどこですか？……**90**
い。………………………………**293**	東大門に行きたいです。………**87**
途中で具合が悪くなりました。…**265**	どんな教育してるのかしら？…**373**
途中まで一緒に帰りませんか？…**283**	どんな効果がありますか？……**136**
撮ってください。………………**50**	どんなサウナがありますか？…**159**
ドットにしたいんです。………**161**	どんな人がタイプ知ってる？
トッポッキありますか？………**120**	………………………………………**326**
トッポッキください。…………**106**	どんなプレゼントがいいですか？
とても悲しいです。……………**54**	………………………………………**313**
とても興奮しました。…………**52**	**【な】**
とても残念ですね。……………**59**	仲直りしよう。…………………**345**
隣の席にしてください。………**70**	泣くのはやめて。………………**233**
どのくらい飲めますか？………**183**	なぜかとてもうれしいの。……**230**

なぜ、最近テレビに出ないんですか？	213
懐かしいですね。	291
夏休みが始まります。	309
夏休みに合宿があるんです。	268
何かいいことあった？	290
何かお困りですか？	131
何か隠してない？	338
何か買って行くものはない？	283
何が食べたい？	287
何？ 何と言った？	344
何をお探しですか？	131
ナプキンも忘れずにね。	123
鍋料理は１人前もできますか？	107
名前は決めましたか？	365
名前は作名所で決めます。	365
生ビール１杯ください。	182
生ビールください。	106
涙が出そう。	55
ならぬ。	238
なるほど！	44
何時からチェックインできますか？	69
何時間待たせるつもりですか？	79
何時にどこに集合ですか？	96
何時まで営業してますか？	134
なんだかピンとこないなあ。	139
ナンタ劇場へ行ってみたいです。	174
なんでこうなっちゃうんだろう？	347
なんでこんなに遅れたの？	333
南大門へは、何号線に乗ればいいですか？	87
「何でも」というメニューはないんだけど？	296
何とお呼びすればいいですか？	60
何とかなりますよ。	59
何なんですか？	190
何日ですか？	49
何年生まれですか？	61
何年ですか？	49
何番のバスに乗ればいいですか？	84
何名様ですか？	100
何曜日ですか？	49

【に】

２階のみなさんもよく見えますか？	200
２キロ、落としたいなあ。	298
肉が硬いですね。	114
肉店で一杯飲みましょう！	181
２時間でお願いします。	178
２時10分前です。	317
２時です。	316
偽物はいりませんよ。	132
2,924グラムの元気な女の子です。	364

なにぬね

日本から来ました。 ………… **196**
日本から見に来たかいがあったね。
 ………… **175**
日本語で案内してくれますか？ **95**
日本語でお願いします。 ………… **51**
日本語で説明もしてくれますか？
 ………… **171**
日本語のガイドはありますか？ **175**
日本語の先生が付いてくれています。
 ………… **209**
日本語話せる人はいますか？ …… **69**
日本人です。 ………… **60**
日本滞在中、オフはありますか？
 ………… **208**
日本で会いましょう。 ………… **39**
日本で印象に残ったことは何ですか？ ………… **208**
日本での公演はいかがでしたか？
 ………… **208**
日本では買えないものがいいな。
 ………… **140**
日本に送ってもらえますか？ …… **134**
日本の歌もありますか？ ………… **178**
日本の女性はいかがですか？ …… **211**
日本の新聞が読みたいです。 …… **73**
日本のファンの声援です。 ………… **208**
2枚ください。 ………… **195**
2名です。 ………… **100**
荷物が出てこないんです…。 …… **71**
荷物がないんですが。 ………… **153**
荷物が入りません。 ………… **73**
荷物の受取場所はどこですか？ … **71**
荷物はこれで全部です。 ………… **70**
荷物は全部持って行って。 ………… **350**
乳液ありますか？ ………… **136**
入場料はいくらですか？ ………… **96**
人気のおみやげは何ですか？ …… **144**
人気の柄はどれですか？ ………… **164**
人気のクラブを教えてください。
 ………… **186**
妊娠3か月です。 ………… **363**
認知症が進んでいますね。 ………… **383**

【ぬ・ね】

塗ってみてもいいですか？ ………… **136**
ねえねえ、一人？ ………… **330**
根が暗いんですよ。 ………… **228**
寝言を言ってたよ。 ………… **305**
寝過ごしちゃった！ ………… **89**
寝相が悪いんです。 ………… **305**
値段を書いてもらえますか？ …… **131**
寝違えたみたい。 ………… **259**
ね、チューして。 ………… **337**
熱があります。 ………… **378**
寝つきが悪いです。 ………… **369**
ネットショッピングで買ったんです。
 ………… **393**
ネットで買った商品がまだ届かないんです。 ………… **404**

ネットで検索してみてください。
......................................391
ねばねばしたものは何ですか？ 117
寝不足です…。..........................259
捻挫したみたいです。.............378
ねんねの時間よ。....................366

【の】
ノートパソコンを使ってもいいです
  か？.......................................73
ノートをコピーさせて！......270
のど・首が不調ですね。......154
飲みすぎたあ！.......................183
乗り継ぎがうまくいきました。 265
のり巻きありますか？...........120

【は】
はあ…。(ため息)....................55
バーで一杯飲みましょう！...181
はい。................................46, 280
はい！.......................................267
はい、います。.......................210
はい、お電話代わりました。....279
肺が不調ですね。....................154
はい、そうです。.......................47
はい、そうですが。................281
配達してもらえますか？......285
はい、チーズ！..........................97
バイバイ。................................281
バイバイ！..................................38
羽織るもの、ある？...............292

ばか！.......................................343
歯ぎしりがうるさい。...........305
ハグして！...............................204
ぱさぱさして食べにくいです。...116
箸とスプーンのセットを見せてくだ
  さい。..................................144
初めてだから優しくしてね。.....337
初めてなんです。大丈夫ですか？
......................................188
はじめまして。..........................36
破水しました。........................364
恥ずかしいな。........................337
バス停はどこですか？............90
バスとトイレは別がいいです。...376
バストは大きくできますか？......223
バス乗り場はどこですか？....84
パスポートをお見せください。...74
パスポートをなくしました。...190
パスポートを見せてください。...188
バス路線図はどこにありますか？
......................................84
パソコンの調子が悪くて…。...405
肌がきれい（清潔）です。......219
肌が白いです。........................219
肌が透明です。........................219
肌になじむカラーにしてください。
......................................165
8時です。................................316
バツイチです。........................360

ハッキングされました。………**404**
バックアップしておいたほうがいいですよ。………**390**
ハッシュタグ作りました。………**398**
ばっちいよ。………**367**
バッテリーが切れてしまいました。………**402**
8頭身ですね。………**224**
ハッピーニューイヤー！………**306**
パッピンスください。………**118**
花柄にしたいんです。………**161**
鼻毛出てますよ。………**295**
話がじょうずですね。………**57**
話と違うじゃないですか。………**79**
鼻筋を高くしました。………**222**
花火、見に行きましょう。………**309**
鼻水がひどいです。………**379**
母親似だね。………**368**
母が亡くなりました。………**314**
母が入院してるんです。………**380**
母の手が薬よ。………**369**
早く帰ってきてね。………**264**
早くしなさい！………**372**
早く！早く！………**197**
早すぎます…。………**315**
流行っているヘアスタイルは何ですか？………**163**
バラエティーショーを見てみたいな。………**174**
腹が立つ！………**342**
バレエにはまっています。………**301**
バレンタインデーの準備です。………**308**
ハングル入力の仕方がわかりません。………**389**
半鶏湯もできますか？………**107**
汗蒸幕用の服はいくらですか？………**158**
半身浴に凝っているんです。………**302**
ばんそうこうをください。………**148**
反対側のホームにはどうやって行きますか？………**89**

【ひ】

BBクリームありますか？………**136**
ビールください。………**72**
ビール店で一杯飲みましょう！………**180**
火が弱いみたいです。………**127**
光が見える。………**231**
ひきこもってばかりはよくないですよ。………**383**
ひげのそり残しがあるよ。………**262**
久しぶりですね。………**36**
日差しみたいな君の笑顔。………**231**
美術部に入りたいです。………**269**
美人だなあ！………**218**
左側のドアが開きます。………**89**
左に曲がってください。………**92**
美男子ですね！………**218**
引っ越しそばを食べていってくださいね。………**377**

437

引っ越しを手伝ってください。	377
引っ越すんです。	376
必要ありません。	57
ひどすぎ。	58
1つ買うと、もう1つさしあげます。	285
人なつっこい雰囲気がたまりません。	221
人の男を奪って幸せなの？	341
人の物をとってはいけません。	371
一目ぼれでした。	330
一人じゃ生活できないし。	359
1人でも入れますか？	185
1人何個までですか？	284
皮肉らないで。	344
美白パックありますか？	136
ビビンバですよ。	99
ビビンバを食べたいです。	104
姫病には薬もないそうよ。	296
100日記念日です。	309
ひょう柄にしたいんです。	161
ピラティスにはまっています。	300
ひりひりします。	153
広い席でお願いします。	103
敏感肌なんです。	137
瓶ビール2本ください。	182

【ふ】

ファイト！	176
ファイルが開きません。	405
ファイルを添付しました。	395
ファンクラブ会員だけが買えるチケットだよ。	194
『ファンジニ』みたいな衣装はありますか？	172
ファンと恋愛している気分です。	210
ふう。ぎりぎり間に合った。	265
風水にこだわりたいです。	377
夫婦関係はずっと前に終わりました。	359
フェイスブックやってますか？	396
フェロモンが漂います。	216
フォルダの中に保存してください。	389
フォローありがとうございます。	397
フォロワーが1,000人を超えました。	397
部活サボッちゃおうよ。	269
北村の韓屋村です。	94
（ビニール）袋に入れてください。	147
袋に入れてもらえませんか？	122
袋はいくらですか？	123
不細工だけど魅力があるよね。	221
ふざけないで！	342
釜山のチャガルチ市場です。	94

ひふへほ

無事に出産しました。	364
プジョクも書いてくれますか？	169
舞台そでが見えますね。	199
二人で幸せになります。	354
二人で食べて一人が死んでも気付かないくらいおいしいですね。	113
ブックマークしておこう。	390
フットもできますか？	164
物理は苦手です。	267
布団干してくれる？	261
フライドチキン店で一杯飲みましょう！	181
フラッシュたいてください。	97
フラれるくらいなら友達のままがいいです。	328
ブランケットが欲しいです。	73
フリーズしてしまいました。	402
プリンスです。	362
プリンセスです。	362
プリンターはどこにありますか？	389
不倫なんて傷付くだけよ。	340
プルコギを食べたいです。	105
無礼者！	239
フレンチにしたいんです。	161
ブログに写真をアップしてもいいですか？	401
ブログ見ていますよ。	400
ブログを更新しました。	400
プロポーズは何て言われたの？	356
雰囲気があります。	220

【へ】

ベールに包まれているような雰囲気です。	217
ヘッドスパをお願いします。	151
ペットは飼えますか？	377
ヘッドマッサージもお願いします。	163
別々にお会計できますか？	124
別々にしてください。	123
別々の道を歩もう。	349
幣帛も見られますか？	357
部屋にキーを忘れました。	78
部屋に虫がいます。	79
部屋のキーをください。	76
部屋の掃除は不要ですよ。	77
部屋まで荷物を持ってもらえますか？	76
部屋を替えていただけますか？	79
ベルトを探してます。	138
返信遅れてすみません！	394
返信待ってます！	395
変な味。	114

【ほ】

法事に参加します。	307
帽子を探してます。	138
包装してください。	50

忘年会しませんか？	306
ボーダーにしたいんです。	161
ほかに好きな人がいるんです。	329
ほかの男の前では泣くなよ。	236
ボクササイズにはまっています。	301
僕たち、ラブラブだね。	335
僕と結婚してくれる？	352
僕の声が聞こえますか？	233
僕の何がいけないんだ？	351
僕は会いたかったです。	200
僕は君に心臓をかけたよ。	235
ほこりが多いです。	261
欲しいものはない？	381
母子ともに健康です。	364
ポジャギを探してます。	141
ポジャギを作ってみたいです。	170
細すぎですね。	225
ぼったくられた…。	127, 191
ホットクありますか？	120
ホットドッグください。	147
ホテルまで送迎してくれますか？	175
骨が折れていませんか？	378
ほめすぎですよ。	41
彫りが深くて見とれちゃう。	218
保冷剤入れてください。	123
ほれちゃいそうな笑顔。	221
ホワイトデー、期待してるね！	308
弘大へ行こうよ。	334
ほんと、いらいらするっ。	342
本当?!	44
本当だ。一度だけ信じてくれ。	341
本当ですか？	49
本当に愛きょうのかたまりです。	215
本当に頭にくる。	54
本当にいいね。	45
本当においしいですね。	113
本当に男らしいです。	214
本当におもしろい人！	229
本当におもしろい人なんです。	323
本当に女らしいです。	214
本当にかっこいいです。	214
本当に体があったまりますね。	112
本当にかわいいです。	214
本当にきれいです。	214
本当にけちです。	215
本当に香ばしいですね。	112
本当に心が広い人なんです。	323
本当にさくさくですね。	112
本当にさっぱりしていておいしいですね。	113
本当に消極的です。	215
本当に素敵な人なんです。	323
本当にスリムです。	214
本当にセクシーです。	214
本当に積極的です。	215

本当に善良な人なんです。……**323**	マスクシートはどこにありますか？
本当に楽しかったです！…………**205**	……………………………………**137**
本当に知的です。…………………**215**	また会いましょう。………………**39**
本当に努力派です。………………**215**	また会えますよね？……………**331**
本当に何ともいえない珍しい味です	また合コンに行ったのね？……**338**
ね。………………………………**113**	まだ実感がわきませんね。……**315**
本当に日本人好みの味ですね。…**113**	まだ着きませんか？………………**83**
本当にピリ辛でいいですね。……**112**	また熱を出しました。……………**368**
本当に魅力が多いです。…………**214**	まだまだ初心者なんです…。……**396**
本当にやんちゃです。……………**215**	待合室はどこですか？……………**71**
本当によく当たりますね。………**169**	間違えました。……………………**43**
本当にワイルドです。……………**214**	待ち遠しい！………………………**198**
ほんの遊びだったんだ。…………**339**	マッコリ1おけください。……**182**
ほんの気もちです。………………**41**	マッコリを作ってみたいです。…**170**

【ま】

マーブルにしたいんです。………**161**	マッサージに行きましょう。……**150**
マイクの音が出ません。…………**179**	待った？……………………………**333**
毎日けんかばかり。………………**347**	待っていますね！…………………**203**
マウスが反応しないのですが。…**405**	マティーニをください。…………**184**
前売り券を買わないといけないね。	窓側の席でお願いします。………**71**
……………………………………**194**	まとめ買いすると安くなりますか？
前髪だけ切ってください。………**162**	……………………………………**131**
前の車に付いて行ってください。	窓を開けてください。……………**205**
……………………………………**82**	窓を開けてもいいですか？………**81**
前の人の頭のせいで見えない〜。	マナーモードにしてください。…**387**
……………………………………**199**	まぶたを二重にしました。………**222**
まけてください。…………**50, 132**	迷っちゃった。……………………**332**
負けました…。……………………**189**	マルガリータをください。………**184**
マジで？……………………………**44**	マンション購入を検討しています。
	……………………………………**374**

満席です。 …………………… 101
まんま食べよう。 ………… 367
【み】
右側のドアが開きます。 …… 89
右に曲がってください。 …… 92
みじん切りにしてくれる？ … 286
水をたくさん飲んでくださいね。
　 ……………………………… 159
見せてください。 …………… 50
3日も連絡が来ないんだ。 … 347
見つけた！ ………………… 235
みなさん、愛しています。 … 200
みなさんのそばに私がいます。 200
南向きの部屋がいいな。 … 376
ミネラルウオーターを探しています。
　 ……………………………… 147
耳が不調ですね。 ………… 154
脈を診ましょう。 …………… 149
ミュージカルも要チェックだね。
　 ……………………………… 174
明洞に行きたいです。 ……… 87
明洞へ行ってください。 …… 80
明洞までいくらですか？ …… 81
明洞まで大人1枚ください。 … 86
明洞まで大人3枚ください。 … 86
明洞まで大人2枚ください。 … 86
明洞まで子ども1枚ください。 … 86
見るだけで胸が躍ります。 … 327
見るのも嫌です。 …………… 57

みんな、ありがとうございます！ 355
みんな立ち上がって！ …… 201
【む】
迎えにきてください。 ……… 50
昔はもっと優しかった。 … 346
むかつく！ ………………… 342
無線ＬＡＮは利用できますか？ … 69
無炭水化物ダイエット中です。 299
無断転載お断り。 ………… 400
胸がいっぱいです。 ……… 327
胸がキュンとします。 …… 324
無理しないでください。 …… 59
【め】
名節はゆっくり休めましたか？ 307
命日の食事を作りました。 … 307
迷惑メールが多くて困ります。 395
迷惑メールフォルダを確認してみます。 ……………………………… 405
目上の人にちゃんとあいさつしなさい。 ……………………………… 372
メールアドレスを変更しました。
　 ……………………………… 394
メールを送ったんですが、届いていますか？ ……………………… 395
目が合うだけで幸せ♡ …… 327
目が大きいです。 ………… 218
目がシャープです。 ……… 218
目が小さいです。 ………… 218
目が不調ですね。 ………… 154

目が魅力的です。 ……………218
目覚まし時計はセットした？ 304
メニューください。 ……………106
目の保養になりますね。 ……221
めまいがします。 ………………379
メリークリスマス！ ……………307
メリハリボディがうらやましい。
　 ……………………………………226
目を切開しました。 ……………222
面会時間はいつですか？ ……380
免税店に寄りたいです。 ………96

【も】
もう…。 ……………………………55
もう行くね。 ………………………38
もう一度考え直して。 …………350
もう一度話してください。 ………51
もう、嫌になっちゃった。 ……346
もう、うんざり。 ………………343
もう怒らないで。 ………………345
もうおしまいなの？ ……………236
もう寂しくない。 ………………230
もう3年になります。 …………382
申し訳ありません。 ………………42
もうすぐ着きます。 ……83, 333
もうすぐ出ると思います。 ……213
もう少しスピードを落としてもらえませんか？ ………………82
もう少し強くしてもらえますか？
　 ……………………………………155

もう卒業かあ、早いなあ。 ……271
もうちょっと広い部屋がいいんですけど…。 …………………179
もう、ふらふら…。 ……………183
もう別れよう。 …………………348
もう、私の手には負えないわ。
　 ……………………………………237
木曜日です。 ……………………319
文字化けしていました。 ………395
文字メッセージが届きました。 387
もしもし。 ………………………278
持ち帰りできますか？ …………135
持ち帰りもできますか？ ………122
もちろん。 ………………………353
もちろん！ …………………………46
持って帰ります。 ………………122
持ってください。 …………………50
もっといい人がいるかもしれない。
　 ……………………………………347
もっと大きく！ …………………201
もっと手ごろなものはありませんか？ ………………………144
もっと話したいなあ。 …………323
元彼と比較しないでほしい。 …346
もらってうれしいものは何ですか？
　 ……………………………………211
盛り上がってきたね。 …………187
もれないように、しっかり包んでください。 …………………122

【や】

やきもち焼くなよ。……………**339**
約束ですよ。…………………**332**
約束守れなくてごめん。………**42**
薬味ください。………………**108**
優しい性格です。……………**228**
休みの日は何をしていますか？…**211**
痩せるぞ～!!…………………**298**
屋台で一杯飲みましょう！……**181**
屋台で食べてみたかったんです。
　………………………………**121**
家賃が高いですねえ。…………**376**
家賃はどうやって払いますか？…**376**
薬局はどこですか？……………**91**
やった！………………**52, 176**
やったあ！休講だ。……………**270**
やってみたい役柄はありますか？
　………………………………**212**
やっと別れたと気付いた。……**232**
やっぱり！……………………**45**
やっぱりやめます。……………**134**
夜分遅くすみません。…………**278**
やめてください！………………**191**
やり直してもらえますか？……**165**

【ゆ】

ユウさんのために乾杯！………**183**
有名人も来るんですか？………**185**
雪だるまを作ろう！……………**308**
ゆず茶はどこにありますか？…**284**
ゆっくり走ってください。………**82**
ゆっくり召し上がってください。
　………………………………**110**
ゆで卵とシッケください。……**159**
指が長くてきれいですね。……**225**
夢みたい。………………………**52**
ゆるウエーブにしたいんです。…**160**
許してください。………………**43**
ユンホが座った席はどこですか？
　………………………………**103**

【よ】

よいお年をお迎えください。…**306**
よいお盆をお迎えください。…**307**
酔いたい気分なの。……………**185**
ようじください。………………**109**
よ～し！一獲千金だ！…………**188**
よかったら一緒に遊ぼうよ？…**330**
よかったら私のブログ見てください
　ね。……………………………**400**
ヨガにはまっています。………**300**
よく効く薬がいいです。………**149**
よく食べてよく生きろ。………**351**
よくなるよう、祈っています。…**381**
よく寝て、うちの赤ちゃん。…**369**
よく眠れましたか？……………**258**
よく見える席はどこですか？…**195**
よく見えるといいな。…………**196**
よく見られたいな。……………**326**
よく笑う人が好きですね。……**211**

やゆよらり

横になってください。 ……………… 157
予算、達成した〜！ ……………… 274
4時10分です。 ………………… 317
4時です。 ………………………… 316
よそ見しないでね。 ……………… 335
予定日はいつですか？ …………… 362
ヨナが承認してくれました。 …… 396
4人、予約できますか？ ………… 100
世の中はすべてピンク色。 ……… 231
予防接種が大変です。 …………… 368
よもぎ蒸しもできますか？ ……… 156
予約した高橋です。 ……………… 74
予約の変更をお願いします。 …… 69
予約は受け付けておりません。
 ………………………………………… 100
予約をしたいのですが。 ………… 68
よろしくお伝えください。 ……… 39
弱火にしてくれる？ ……………… 286
4名です。 ………………………… 100

【ら】
来週、補講あるんだって。 ……… 271
ライバルが多そう…。 …………… 325
LINEやってる？ ………………… 399
ラッキーだね！ …………………… 53
ラップが切れちゃった。 ………… 287
ラメにしたいんです。 …………… 161
乱切りにしてくれる？ …………… 286
ランニングにはまっています。
 ………………………………………… 300

【り】
離婚カウンセリングに通ってます。
 ………………………………………… 358
離婚するエネルギーも失せました。
 ………………………………………… 359
離婚することになりました。 …… 360
理想はどんなタイプですか？ …… 210
リツイート（拡散）希望！ ……… 397
リバウンドでもっと太りました。
 ………………………………………… 298
リフォームを検討しています。 … 374
リプライ（返信）が来なくて不安です。
 ………………………………………… 398
りぼんにしたいんです。 ………… 161
リモコンの使い方を教えてください。
 ………………………………………… 179
流産しました。 …………………… 363
両思いになったら死んじゃう！ … 325
両替所はどこですか？ …………… 91
量が少なすぎませんか？ ………… 126
料金の目安を教えてください。 … 223
領収書ください。 ………………… 125
領収書をください。 ……………… 75
両親と同居を検討しています。 … 375
料理がじょうずですね。 ………… 57
料理は手の味です。 ……………… 287
旅行用の歯ブラシセットはありますか？ ……………………………… 146
りんごジュースください。 ……… 72

【る・れ・ろ】

ルームサービスは利用していません。……75
ルーレットに挑戦してみますね。……188
零時です。……317
冷麺ですよ。……99
冷麺を食べたいです。……104
歴史は苦手です。……267
歴史物です。……212
レシートはいりません。……285
レジ袋をください。……285
レモンサワー1杯ください。……182
恋愛に国籍は関係ありませんよ。……211
連絡するね。……39
ロールケーキください。……118
6時です。……316
ロッカーのキーを落としちゃったみたい…。……153

【わ】

わあ！かわいい♡……140
わあ、すっごいゴージャス！……186
わあ!!たくさんの人！……196
ワインください。……72
ワイン、ボトルでください。……182
若いですね。……56
わかった、僕が死ぬ罪を犯した。……344
わかった？まだわからないの？……372

わかめスープは食べましたか？……312
わかりました。……280
わき腹がしびれる。……297
わくわくする！……53
わさびがつんとしていいですね。……117
和食を食べたいです。……105
忘れ物預かり所はどこですか？……88
忘れ物はない？……263
私からのメールは破棄してください。……404
私たちがいます！……203
私たち結婚することになりました。……354
私たちの部屋は何号室ですか？……74
私とよく合う人が好きですね。……211
私に会いたかったですか？……200
私におごらせてください。……124
私にかまわないで。……349
私に付いてきてください。……93
私の愛○○！……203
私の意見と同じです。……47
私の靴がないのですが。……127
私のこと好きだったらいいのに。……326
私のこと、どう思ってるんだろう？……326
私のせいです。……43
私の天使！……203

私の話最後まで聞いて。	344
私のほうが年上ですね。	61
私のメールアドレスはこれです。	394
私のラッキーカラーは何ですか？	169
私のラッキーナンバーは7番です。	189
私は跡継ぎです。	63
私は会社員です。	62
私は学生です。	62
私は次女です。	63
私は次男です。	63
私は主婦です。	62
私は末っ子です。	63
私は1982年生まれです。	61
私は高橋ユウと申します。	60
私は長女です。	63
私は長男です。	63
私は25歳です。	62
私は韓流ファンです。	62
私は一人っ子です。	63
私は無職です。	62
私は悪い女。	232
私は悪くないのに。	346
私、面食いなんですよ。	324
私も好きでした。	329
私もヘルパーの勉強をしています。	382
私をイメージしてカクテル作ってください。	185
わっ、イケメン！	175
ワッフルください。	118
和風居酒屋で一杯飲みましょう！	181
割り箸ください。	109
割り箸も入れてくださいね。	123
割引券は使えますか？	152
悪かった。	42
悪かった。二度とやらない。	341
悪かったよ。	345
ワンピースを探してます。	138

著者

徐銀河 ソ ウナ

韓国・ソウル生まれ。崇實(スンシル)大学(工学部)に入学。在学中の短期語学研修での来日がきっかけで、日本語の魅力に引かれる。韓国で留学試験を受け、留学試験優秀奨学金でお茶の水女子大学に入学し、心理学を専攻。韓国語を教える仕事に魅了され、講師のほか、校正や編集、教材のナレーション、NHKラジオ「まいにちハングル」の出演など活躍の場は広い。

すぐに使える!
韓国語 日常会話フレーズ集

著 者	徐銀河
発行者	清水美成
発行所	**株式会社 高橋書店** 〒170-6014 東京都豊島区東池袋3-1-1 サンシャイン60 14階 電話 03-5957-7103

ISBN978-4-471-11326-1　©TAKAHASHI SHOTEN　Printed in Japan
定価は帯に表示してあります。
本書および本書の付属物の内容を許可なく転載することを禁じます。また、本書および付属物の無断複写(コピー、スキャン、デジタル化等)、複製物の譲渡および配信は著作権法上での例外を除き禁止されています。

本書の内容についてのご質問は「書名、質問事項(ページ、内容)、お客様のご連絡先」を明記のうえ、郵送、FAX、ホームページお問い合わせフォームから小社へお送りください。
回答にはお時間をいただく場合がございます。また、電話によるお問い合わせ、本書の内容を超えたご質問にはお答えできませんので、ご了承ください。
本書に関する正誤等の情報は、小社ホームページもご参照ください。

【内容についての問い合わせ先】

　書　面　〒170-6014　東京都豊島区東池袋3-1-1
　　　　　　　　　　サンシャイン60 14階　高橋書店編集部
　ＦＡＸ　03-5957-7079
　メール　小社ホームページお問い合わせフォームから
　　　　　(https://www.takahashishoten.co.jp/)

【不良品についての問い合わせ先】

　ページの順序間違い・抜けなど物理的欠陥がございましたら、電話03-5957-7076へお問い合わせください。ただし、古書店等で購入・入手された商品の交換には一切応じられません。